T&P BOOKS

I0156013

HONGAARS
WOORDENSCHAT

THEMATISCHE WOORDENLIJST

NEDERLANDS HONGAARS

De meest bruikbare woorden
Om uw woordenschat uit te breiden en
uw taalvaardigheid aan te scherpen

9000 woorden

Thematische woordenschat Nederlands-Hongaars - 9000 woorden

Door Andrey Taranov

Woordenlijsten van T&P Books zijn bedoeld om u woorden van een vreemde taal te helpen leren, onthouden, en bestudering. Dit woordenboek is ingedeeld in thema's en behandelt alle belangrijk terreinen van het dagelijkse leven, bedrijven, wetenschap, cultuur, etc.

Het proces van het leren van woorden met behulp van de op thema's gebaseerde aanpak van T&P Books biedt u de volgende voordelen:

- Correct gegroepeerde informatie is bepalend voor succes bij opeenvolgende stadia van het leren van woorden
- De beschikbaarheid van woorden die van dezelfde stam zijn maakt het mogelijk om woordgroepen te onthouden (in plaats van losse woorden)
- Kleine groepen van woorden faciliteren het proces van het aanmaken van associatieve verbindingen, die nodig zijn bij het consolideren van de woordenschat
- Het niveau van talenkennis kan worden ingeschat door het aantal geleerde woorden

T&P Books Publishing
www.tpbooks.com

ISBN: 978-1-78492-269-6

Dit boek is ook beschikbaar in e-boek formaat.
Gelieve www.tpbooks.com te bezoeken of de belangrijkste online boekwinkels.

HONGAARSE WOORDENSCHAT
nieuwe woorden leren

T&P Books woordenlijsten zijn bedoeld om u te helpen vreemde woorden te leren, te onthouden, en te bestuderen. De woordenschat bevat meer dan 9000 veel gebruikte woorden die thematisch geordend zijn.

*   De woordenlijst bevat de meest gebruikte woorden
*   Aanbevolen als aanvulling bij welke taalcursus dan ook
*   Voldoet aan de behoeften van de beginnende en gevorderde student in vreemde talen
*   Geschikt voor dagelijks gebruik, bestudering en zelftestactiviteiten
*   Maakt het mogelijk om uw woordenschat te evalueren

Bijzondere kenmerken van de woordenschat

*   De woorden zijn gerangschikt naar hun betekenis, niet volgens alfabet
*   De woorden worden weergegeven in drie kolommen om bestudering en zelftesten te vergemakkelijken
*   Woorden in groepen worden verdeeld in kleine blokken om het leerproces te vergemakkelijken
*   De woordenschat biedt een handige en eenvoudige beschrijving van elk buitenlands woord

De woordenschat bevat 256 onderwerpen zoals:

Basisconcepten, getallen, kleuren, maanden, seizoenen, meeteenheden, kleding en accessoires, eten & voeding, restaurant, familieleden, verwanten, karakter, gevoelens, emoties, ziekten, stad, dorp, bezienswaardigheden, winkelen, geld, huis, thuis, kantoor, werken op kantoor, import & export, marketing, werk zoeken, sport, onderwijs, computer, internet, gereedschap, natuur, landen, nationaliteiten en meer ...

INHOUDSOPGAVE

UITSPRAAKGIDS

T&P fonetisch alfabet	Hongaars voorbeeld	Nederlands voorbeeld

Klinkers

[ɒ]	takaró [tɒkɒroː]	Fries - 'hanne'
[aː]	bátor [baːtor]	aan, maart
[ɛ]	öreg [ørɛg]	elf, zwembad
[eː]	csésze [ʧeːsɛ]	twee, ongeveer
[i]	viccel [vitsɛl]	bidden, tint
[iː]	híd [hiːd]	team, portier
[o]	komoly [komoj]	overeenkomst
[oː]	óvoda [oːvodɒ]	rood, knoop
[ø]	könny [køɲː]	neus, beu
[øː]	rendőr [rɛndøːr]	lange 'uh' als in deur
[u]	tud [tud]	hoed, doe
[uː]	bútor [buːtor]	fuut, uur
[y]	üveg [yvɛg]	fuut, uur
[yː]	tűzoltó [tyːzoltoː]	jullie

Medeklinkers

[b]	borsó [borʃoː]	hebben
[c]	kutya [kucɒ]	petje
[ts]	recept [rɛtsɛpt]	niets, plaats
[ʧ]	bocsát [boʧaːt]	Tsjechië, cello
[d]	dal [dɒl]	Dank u, honderd
[dz]	edző [ɛdzøː]	zeldzaam
[ʤ]	dzsem [ʤɛm]	jeans, jungle
[f]	feltétel [fɛlteːtɛl]	feestdag, informeren
[g]	régen [reːgɛn]	goal, tango
[h]	homok [homok]	het, herhalen
[j]	játszik [jaːtsik]	New York, januari
[ʎ]	negyven [nɛɟvɛn]	Djengiz Khan
[k]	katalógus [kɒtɒloːguʃ]	kennen, kleur
[l]	olcsó [olʧoː]	delen, luchter
[m]	megment [mɛgmɛnt]	morgen, etmaal
[n]	négyzet [neːɟzɛt]	nemen, zonder
[ŋ]	senki [ʃɛŋki]	optelling
[ɲ]	kanyar [kɒɲɒr]	cognac, nieuw
[p]	pizsama [piʒomɒ]	parallel, koper
[r]	köröm [kørøm]	roepen, breken

T&P fonetisch alfabet	Hongaars voorbeeld	Nederlands voorbeeld
[s]	szoknya [sokɲɒ]	spreken, kosten
[ʃ]	siet [ʃiɛt]	shampoo, machine
[t]	táska [taːʃkɒ]	tomaat, taart
[v]	vezető [vɛzɛtøː]	beloven, schrijven
[z]	frizura [frizurɒ]	zeven, zesde
[ʒ]	mazsola [mɒʒolɒ]	journalist, rouge

AFKORTINGEN
gebruikt in de woordenschat

Nederlandse afkortingen

abn	-	als bijvoeglijk naamwoord
bijv.	-	bijvoorbeeld
bn	-	bijvoeglijk naamwoord
bw	-	bijwoord
enk.	-	enkelvoud
enz.	-	enzovoort
form.	-	formele taal
inform.	-	informele taal
mann.	-	mannelijk
mil.	-	militair
mv.	-	meervoud
on.ww.	-	onovergankelijk werkwoord
ontelb.	-	ontelbaar
ov.	-	over
ov.ww.	-	overgankelijk werkwoord
telb.	-	telbaar
vn	-	voornaamwoord
vrouw.	-	vrouwelijk
vw	-	voegwoord
vz	-	voorzetsel
wisk.	-	wiskunde
ww	-	werkwoord

Nederlandse artikelen

de	-	gemeenschappelijk geslacht
de/het	-	gemeenschappelijk geslacht, onzijdig
het	-	onzijdig

BASISBEGRIPPEN

Basisbegrippen Deel 1

1. Voornaamwoorden

ik	én	[e:n]
jij, je	te	[tɛ]
hij, zij, het	ő	[ø:]

wij, we	mi	[mi]
jullie	ti	[ti]
zij, ze	ők	[ø:k]

2. Begroetingen. Begroetingen. Afscheid

Hallo! Dag!	Szervusz!	[sɛrvus]
Hallo!	Szervusztok!	[sɛrvustok]
Goedemorgen!	Jó reggelt!	[jo: rɛggɛlt]
Goedemiddag!	Jó napot!	[jo: nɒpot]
Goedenavond!	Jó estét!	[jo: ɛʃte:t]

gedag zeggen (groeten)	köszönt	[køsønt]
Hoi!	Szia!	[siɒ]
groeten (het)	üdvözlet	[ydvøzlɛt]
verwelkomen (ww)	üdvözöl	[ydvøzøl]
Hoe gaat het?	Hogy vagy?	[hoɟ vɒɟ]
Is er nog nieuws?	Mi újság?	[mi u:jʃa:g]

Dag! Tot ziens!	Viszontlátásra!	[visont la:ta:ʃrɒ]
Tot snel! Tot ziens!	A közeli viszontlátásra!	[ɒ køzɛli visont la:ta:ʃrɒ]
Vaarwel! (inform.)	Isten veled!	[iʃtɛn vɛlɛd]
Vaarwel! (form.)	Isten vele!	[iʃtɛn vɛlɛ]
afscheid nemen (ww)	elbúcsúzik	[ɛlbu:tʃu:zik]
Tot kijk!	Viszlát!	[visla:t]

Dank u!	Köszönöm!	[køsønøm]
Dank u wel!	Köszönöm szépen!	[køsønøm se:pɛn]
Graag gedaan	Kérem.	[ke:rɛm]
Geen dank!	szóra sem érdemes	[so:rɒ ʃɛm e:rdɛmɛʃ]
Geen moeite.	nincs mit	[nintʃ mit]

Excuseer me, ...	Bocsánat!	[botʃa:nɒt]
excuseren (verontschuldigen)	bocsát	[botʃa:t]

zich verontschuldigen	bocsánatot kér	[botʃa:nɒtot ke:r]
Mijn excuses.	bocsánatot kérek	[botʃa:nɒtot ke:rɛk]

Het spijt me!	Elnézést!	[ɛlne:ze:ʃt]
vergeven (ww)	bocsát	[botʃa:t]
alsjeblieft	kérem szépen	[ke:rɛm se:pɛn]

Vergeet het niet!	Ne felejtse!	[nɛ fɛlɛjtʃɛ]
Natuurlijk!	Persze!	[pɛrsɛ]
Natuurlijk niet!	Persze nem!	[pɛrsɛ nɛm]
Akkoord!	Jól van!	[jo:l vɒn]
Zo is het genoeg!	Elég!	[ɛle:g]

3. Hoe aan te spreken

meneer	Uram	[urɒm]
mevrouw	Asszonyom	[ɒssonøm]
juffrouw	Fiatalasszony	[fiɒtɒl ɒssoɲ]
jongeman	Fiatalember	[fiɒtɒl ɛmbɛr]
jongen	Kisfiú	[kiʃfiu:]
meisje	Kislány	[kiʃla:ɲ]

4. Kardinale getallen. Deel 1

nul	nulla	[nullɒ]
een	egy	[ɛɟ]
twee	kettő, két	[kɛttø:], [ke:t]
drie	három	[ha:rom]
vier	négy	[ne:ɟ]

vijf	öt	[øt]
zes	hat	[hɒt]
zeven	hét	[he:t]
acht	nyolc	[ɲolts]
negen	kilenc	[kilɛnts]

tien	tíz	[ti:z]
elf	tizenegy	[tizɛnɛɟ]
twaalf	tizenkettő	[tizɛŋkɛttø:]
dertien	tizenhárom	[tizɛnha:rom]
veertien	tizennégy	[tizɛnne:ɟ]

vijftien	tizenöt	[tizɛnøt]
zestien	tizenhat	[tizɛnhɒt]
zeventien	tizenhét	[tizɛnhe:t]
achttien	tizennyolc	[tizɛɲɲølts]
negentien	tizenkilenc	[tizɛŋkilɛnts]

twintig	húsz	[hu:s]
eenentwintig	huszonegy	[husonɛɟ]
tweeëntwintig	huszonkettő	[huson kɛttø:]
drieëntwintig	huszonhárom	[huson ha:rom]

| dertig | harminc | [hɒrmints] |
| eenendertig | harmincegy | [hɒrmintsɛɟ] |

tweeëndertig	harminckettő	[hɔrmints kɛttø:]
drieëndertig	harminchárom	[hɔrmintsha:rom]

veertig	negyven	[nɛɟvɛn]
eenenveertig	negyvenegy	[nɛɟvɛnɛɟ]
tweeënveertig	negyvenkettő	[nɛɟvɛn kɛttø:]
drieënveertig	negyvenhárom	[nɛɟvɛn ha:rom]

vijftig	ötven	[øtvɛn]
eenenvijftig	ötvenegy	[øtvɛnɛɟ]
tweeënvijftig	ötvenkettő	[øtvɛn kɛttø:]
drieënvijftig	ötvenhárom	[øtvɛn ha:rom]

zestig	hatvan	[hɒtvɒn]
eenenzestig	hatvanegy	[hɒtvɒnɛɟ]
tweeënzestig	hatvankettő	[hɒtvɒn kɛttø:]
drieënzestig	hatvanhárom	[hɒtvɒn ha:rom]

zeventig	hetven	[hɛtvɛn]
eenenzeventig	hetvenegy	[hɛtvɛnɛɟ]
tweeënzeventig	hetvenkettő	[hɛtvɛn kɛttø:]
drieënzeventig	hetvenhárom	[hɛtvɛn ha:rom]

tachtig	nyolcvan	[ɲoltsvɒn]
eenentachtig	nyolcvanegy	[ɲoltsvɒnɛɟ]
tweeëntachtig	nyolcvankettő	[ɲoltsvɒn kɛttø:]
drieëntachtig	nyolcvanhárom	[ɲoltsvɒn ha:rom]

negentig	kilencven	[kilɛntsvɛn]
eenennegentig	kilencvenegy	[kilɛntsvɛnɛɟ]
tweeënnegentig	kilencvenkettő	[kilɛntsvɛn kɛttø:]
drieënnegentig	kilencvenhárom	[kilɛntsvɛn ha:rom]

5. Kardinale getallen. Deel 2

honderd	száz	[sa:z]
tweehonderd	kétszáz	[ke:tsa:z]
driehonderd	háromszáz	[ha:romsa:z]
vierhonderd	négyszáz	[ne:ɟsa:z]
vijfhonderd	ötszáz	[øtsa:z]

zeshonderd	hatszáz	[hɒtsa:z]
zevenhonderd	hétszáz	[he:tsa:z]

achthonderd	nyolcszáz	[ɲoltssa:z]
negenhonderd	kilencszáz	[kilɛntssa:z]

duizend	ezer	[ɛzɛr]
tweeduizend	kétezer	[ke:tɛzɛr]
drieduizend	háromezer	[ha:romɛzɛr]
tienduizend	tízezer	[ti:zɛzɛr]
honderdduizend	százezer	[sa:zɛzɛr]
miljoen (het)	millió	[millio:]
miljard (het)	milliárd	[millia:rd]

6. Ordinale getallen

eerste (bn)	első	[ɛlʃøː]
tweede (bn)	második	[maːʃodik]
derde (bn)	harmadik	[hɒrmɒdik]
vierde (bn)	negyedik	[nɛɟɛdik]
vijfde (bn)	ötödik	[øtødik]
zesde (bn)	hatodik	[hɒtodik]
zevende (bn)	hetedik	[hɛtɛdik]
achtste (bn)	nyolcadik	[ɲoltsɒdik]
negende (bn)	kilencedik	[kilɛntsɛdik]
tiende (bn)	tizedik	[tizɛdik]

7. Getallen. Breuken

breukgetal (het)	tört	[tørt]
half	fél	[feːl]
een derde	egy harmad	[ɛɟ hɒrmɒd]
kwart	egy negyed	[ɛɟ nɛɟɛd]
een achtste	egy nyolcad	[ɛɟ nøltsɒd]
een tiende	egy tized	[ɛɟ tizɛd]
twee derde	két harmad	[keːt hɒrmɒd]
driekwart	három negyed	[haːrom nɛɟɛd]

8. Getallen. Eenvoudige berekeningen

aftrekking (de)	kivonás	[kivonaːʃ]
aftrekken (ww)	kivon	[kivon]
deling (de)	osztás	[ostaːʃ]
delen (ww)	oszt	[ost]
optelling (de)	összeadás	[øssɛɒdaːʃ]
erbij optellen	összead	[øssɛɒd]
(bij elkaar voegen)		
optellen (ww)	hozzáad	[hozzaːɒd]
vermenigvuldiging (de)	szorzás	[sorzaːʃ]
vermenigvuldigen (ww)	megszoroz	[mɛgsoroz]

9. Getallen. Diversen

cijfer (het)	számjegy	[saːmjɛɟ]
nummer (het)	szám	[saːm]
telwoord (het)	számnév	[saːmneːv]
minteken (het)	mínusz	[miːnus]
plusteken (het)	plusz	[plus]
formule (de)	formula	[formulɒ]
berekening (de)	kiszámítás	[kisaːmiːtaːʃ]

tellen (ww)	számol	[saːmol]
bijrekenen (ww)	összeszámol	[øssɛsaːmol]
vergelijken (ww)	összehasonlít	[øssɛhoʃonliːt]

| Hoeveel? (ontelb.) | Mennyi? | [mɛɲɲi] |
| Hoeveel? (telb.) | Hány? | [haːɲ] |

som (de), totaal (het)	összeg	[øssɛg]
uitkomst (de)	eredmény	[ɛrɛdmeːɲ]
rest (de)	maradék	[mɒrɒdeːk]

enkele (bijv. ~ minuten)	néhány	[neːhaːɲ]
weinig (bw)	kevés ...	[kɛveːʃ]
restant (het)	egyéb	[ɛɟeːb]
anderhalf	másfél	[maːʃfeːl]
dozijn (het)	tucat	[tutsɒt]

middendoor (bw)	ketté	[kɛtteː]
even (bw)	egyenlően	[ɛɟɛnløːɛn]
helft (de)	fél	[feːl]
keer (de)	egyszer	[ɛcsɛr]

10. De belangrijkste werkwoorden. Deel 1

aanbevelen (ww)	ajánl	[ɒjaːnl]
aandringen (ww)	ragaszkodik	[rɒgɒskodik]
aankomen (per auto, enz.)	érkezik	[eːrkɛzik]
aanraken (ww)	érint	[eːrint]
adviseren (ww)	tanácsol	[tɒnaːʧol]

afdalen (on.ww.)	lemegy	[lɛmɛɟ]
afslaan (naar rechts ~)	fordul	[fordul]
antwoorden (ww)	válaszol	[vaːlɒsol]
bang zijn (ww)	fél	[feːl]
bedreigen (bijv. met een pistool)	fenyeget	[fɛnɛgɛt]

bedriegen (ww)	csal	[ʧɒl]
beëindigen (ww)	befejez	[bɛfɛjɛz]
beginnen (ww)	kezd	[kɛzd]
begrijpen (ww)	ért	[eːrt]
beheren (managen)	irányít	[iraːniːt]

beledigen (met scheldwoorden)	megsért	[mɛgʃeːrt]
beloven (ww)	ígér	[iːgeːr]
bereiden (koken)	készít	[keːsiːt]
bespreken (spreken over)	megbeszél	[mɛgbɛseːl]

bestellen (eten ~)	rendel	[rɛndɛl]
bestraffen (een stout kind ~)	büntet	[byntɛt]
betalen (ww)	fizet	[fizɛt]
betekenen (beduiden)	jelent	[jɛlɛnt]
betreuren (ww)	sajnál	[ʃɒjnaːl]

bevallen (prettig vinden)	tetszik	[tɛtsik]
bevelen (mil.)	parancsol	[pɒrɒntʃol]
bevrijden (stad, enz.)	felszabadít	[fɛlsɒbɒdiːt]
bewaren (ww)	megőriz	[mɛgøːriz]
bezitten (ww)	rendelkezik	[rɛndɛlkɛzik]

bidden (praten met God)	imádkozik	[imaːdkozik]
binnengaan (een kamer ~)	bemegy	[bɛmɛɟ]
breken (ww)	tör	[tør]
controleren (ww)	ellenőriz	[ɛllɛnøːriz]
creëren (ww)	teremt	[tɛrɛmt]

deelnemen (ww)	részt vesz	[reːst vɛs]
denken (ww)	gondol	[gondol]
doden (ww)	megöl	[mɛgøl]
doen (ww)	csinál	[tʃinaːl]
dorst hebben (ww)	szomjas van	[somjɒʃ vɒn]

11. De belangrijkste werkwoorden. Deel 2

een hint geven	céloz	[tseːloz]
eisen (met klem vragen)	követel	[køvɛtɛl]
existeren (bestaan)	létezik	[leːtɛzik]
gaan (te voet)	megy	[mɛɟ]

gaan zitten (ww)	leül	[lɛyl]
gaan zwemmen	úszni megy	[uːsni mɛɟ]
geven (ww)	ad	[ɒd]
glimlachen (ww)	mosolyog	[moʃojog]
goed raden (ww)	kitalál	[kitɒlaːl]

| grappen maken (ww) | viccel | [vitsɛl] |
| graven (ww) | ás | [aːʃ] |

hebben (ww)	van	[vɒn]
helpen (ww)	segít	[ʃɛgiːt]
herhalen (opnieuw zeggen)	ismétel	[iʃmeːtɛl]
honger hebben (ww)	éhes van	[eːhɛʃ vɒn]

hopen (ww)	remél	[rɛmeːl]
horen	hall	[hɒll]
(waarnemen met het oor)		
huilen (wenen)	sír	[ʃiːr]
huren (huis, kamer)	bérel	[beːrɛl]
informeren (informatie geven)	tájékoztat	[taːjeːkoztɒt]

instemmen (akkoord gaan)	beleegyezik	[bɛlɛɛɟɛzik]
jagen (ww)	vadászik	[vɒdaːsik]
kennen (kennis hebben van iemand)	ismer	[iʃmɛr]
kiezen (ww)	választ	[vaːlɒst]
klagen (ww)	panaszkodik	[pɒnɒskodik]
kosten (ww)	kerül	[kɛryl]
kunnen (ww)	tud	[tud]

lachen (ww)	nevet	[nɛvɛt]
laten vallen (ww)	leejt	[lɛɛjt]
lezen (ww)	olvas	[olvɒʃ]

liefhebben (ww)	szeret	[sɛrɛt]
lunchen (ww)	ebédel	[ɛbe:dɛl]
nemen (ww)	vesz	[vɛs]
nodig zijn (ww)	szükség van	[sykʃe:g vɒn]

12. De belangrijkste werkwoorden. Deel 3

onderschatten (ww)	aláértékel	[ɒla:e:rte:kɛl]
ondertekenen (ww)	aláír	[ɒla:i:r]
ontbijten (ww)	reggelizik	[rɛggɛlizik]
openen (ww)	nyit	[ɲit]
ophouden (ww)	abbahagy	[ɒbbɒhɒɟ]
opmerken (zien)	észrevesz	[e:srɛvɛs]

opscheppen (ww)	dicsekedik	[ditʃɛkɛdik]
opschrijven (ww)	feljegyez	[fɛljɛɟɛz]
plannen (ww)	tervez	[tɛrvɛz]
prefereren (verkiezen)	többre becsül	[tøbbrɛ bɛtʃyl]
proberen (trachten)	próbál	[pro:ba:l]
redden (ww)	megment	[mɛgmɛnt]

rekenen op ...	számít ...re	[sa:mi:t ...rɛ]
rennen (ww)	fut	[fut]
reserveren (een hotelkamer ~)	rezervál	[rɛzɛrva:l]
roepen (om hulp)	hív	[hi:v]
schieten (ww)	lő	[lø:]
schreeuwen (ww)	kiabál	[kiɒba:l]

schrijven (ww)	ír	[i:r]
souperen (ww)	vacsorázik	[vɒtʃora:zik]
spelen (kinderen)	játszik	[ja:tsik]
spreken (ww)	beszélget	[bɛse:lgɛt]

| stelen (ww) | lop | [lop] |
| stoppen (pauzeren) | megáll | [mɛga:ll] |

studeren (Nederlands ~)	tanul	[tɒnul]
sturen (zenden)	felad	[fɛlɒd]
tellen (optellen)	számol	[sa:mol]
toebehoren aan ...	tartozik	[tɒrtozik]

| toestaan (ww) | enged | [ɛŋgɛd] |
| tonen (ww) | mutat | [mutɒt] |

twijfelen (onzeker zijn)	kételkedik	[ke:tɛlkɛdik]
uitgaan (ww)	kimegy	[kimɛɟ]
uitnodigen (ww)	meghív	[mɛghi:v]
uitspreken (ww)	kiejt	[kiɛjt]
uitvaren tegen (ww)	szid	[sid]

13. De belangrijkste werkwoorden. Deel 4

vallen (ww)	esik	[ɛʃik]
vangen (ww)	fog	[fog]
veranderen (anders maken)	változtat	[vɑːltoztɒt]
verbaasd zijn (ww)	csodálkozik	[tʃodɑːlkozik]
verbergen (ww)	rejt	[rɛjt]
verdedigen (je land ~)	véd	[veːd]
verenigen (ww)	egyesít	[ɛɟɛʃiːt]
vergelijken (ww)	összehasonlít	[øssɛhɒʃonliːt]
vergeten (ww)	elfelejt	[ɛlfɛlɛjt]
vergeven (ww)	bocsát	[botʃɑːt]
verklaren (uitleggen)	magyaráz	[mɒɟɒrɑːz]
verkopen (per stuk ~)	elad	[ɛlɒd]
vermelden (praten over)	megemlít	[mɛgɛmliːt]
versieren (decoreren)	díszít	[diːsiːt]
vertalen (ww)	fordít	[fordiːt]
vertrouwen (ww)	rábíz	[rɑːbiːz]
vervolgen (ww)	folytat	[fojtɒt]
verwarren (met elkaar ~)	összetéveszt	[øssɛteːvɛst]
verzoeken (ww)	kér	[keːr]
verzuimen (school, enz.)	elmulaszt	[ɛlmulɒst]
vinden (ww)	talál	[tɒlɑːl]
vliegen (ww)	repül	[rɛpyl]
volgen (ww)	követ	[køvɛt]
voorstellen (ww)	javasol	[jɒvɒʃol]
voorzien (verwachten)	előre lát	[ɛløːrɛ lɑːt]
vragen (ww)	kérdez	[keːrdɛz]
waarnemen (ww)	figyel	[fiɟɛl]
waarschuwen (ww)	figyelmeztet	[fiɟɛlmɛztɛt]
wachten (ww)	vár	[vɑːr]
weerspreken (ww)	ellentmond	[ɛllɛntmond]
weigeren (ww)	lemond	[lɛmond]
werken (ww)	dolgozik	[dolgozik]
weten (ww)	tud	[tud]
willen (verlangen)	akar	[ɒkɒr]
zeggen (ww)	mond	[mond]
zich haasten (ww)	siet	[ʃiɛt]
zich interesseren voor ...	érdeklődik	[eːrdɛkløːdik]
zich vergissen (ww)	hibázik	[hibɑːzik]
zich verontschuldigen	bocsánatot kér	[botʃɑːnɒtot keːr]
zien (ww)	lát	[lɑːt]
zoeken (ww)	keres	[kɛrɛʃ]
zwemmen (ww)	úszik	[uːsik]
zwijgen (ww)	hallgat	[hɒllgɒt]

14. Kleuren

kleur (de)	szín	[siːn]
tint (de)	árnyalat	[aːrɲɒlɒt]
kleurnuance (de)	tónus	[toːnuʃ]
regenboog (de)	szivárvány	[sivaːrvaːɲ]
wit (bn)	fehér	[fɛheːr]
zwart (bn)	fekete	[fɛkɛtɛ]
grijs (bn)	szürke	[syrkɛ]
groen (bn)	zöld	[zøld]
geel (bn)	sárga	[ʃaːrgɒ]
rood (bn)	piros	[piroʃ]
blauw (bn)	kék	[keːk]
lichtblauw (bn)	világoskék	[vilaːgoʃkeːk]
roze (bn)	rózsaszínű	[roːʒɒsiːnyː]
oranje (bn)	narancssárga	[nɒrɒntʃ ʃaːrgɒ]
violet (bn)	lila	[lilɒ]
bruin (bn)	barna	[bɒrnɒ]
goud (bn)	arany	[ɒrɒɲ]
zilverkleurig (bn)	ezüstös	[ɛzyʃtøʃ]
beige (bn)	bézs	[beːʒ]
roomkleurig (bn)	krémszínű	[kreːmsiːnyː]
turkoois (bn)	türkizkék	[tyrkiskeːk]
kersrood (bn)	meggyszínű	[mɛdɟ siːnyː]
lila (bn)	lila	[lilɒ]
karmijnrood (bn)	málnaszínű	[maːlnɒ siːnyː]
licht (bn)	világos	[vilaːgoʃ]
donker (bn)	sötét	[ʃøteːt]
fel (bn)	élénk	[eːleːŋk]
kleur-, kleurig (bn)	színes	[siːnɛʃ]
kleuren- (abn)	színes	[siːnɛʃ]
zwart-wit (bn)	feketefehér	[fɛkɛtɛfɛheːr]
eenkleurig (bn)	egyszínű	[ɛcsiːnyː]
veelkleurig (bn)	sokszínű	[ʃoksiːnyː]

15. Vragen

Wie?	Ki?	[ki]
Wat?	Mi?	[mi]
Waar?	Hol?	[hol]
Waarheen?	Hová?	[hovaː]
Waarvandaan?	Honnan?	[honnɒn]
Wanneer?	Mikor?	[mikor]
Waarom?	Minek?	[minɛk]
Waarom?	Miért?	[mieːrt]
Waarvoor dan ook?	Miért?	[mieːrt]

Hoe?	Hogy? Hogyan?	[hoɟ], [hoɟɒn]
Wat voor …?	Milyen?	[mijɛn]
Welk?	Melyik?	[mɛjik]

Aan wie?	Kinek?	[kinɛk]
Over wie?	Kiről?	[kirø:l]
Waarover?	Miről?	[mirø:l]
Met wie?	Kivel?	[kivɛl]

| Hoeveel? (telb.) | Hány? | [ha:ɲ] |
| Van wie? (mann.) | Kié? | [kie:] |

16. Voorzetsels

met (bijv. ~ beleg)	val, -vel	[-vɒl, -vɛl]
zonder (~ accent)	nélkül	[ne:lkyl]
naar (in de richting van)	ba, -be	[bɒ, -bɛ]
over (praten ~)	ról, -ről	[ro:l, -rø:l]
voor (in tijd)	előtt	[ɛlø:tt]
voor (aan de voorkant)	előtt	[ɛlø:tt]

onder (lager dan)	alatt	[ɒlɒtt]
boven (hoger dan)	fölött	[føløtt]
op (bovenop)	n	[n]
van (uit, afkomstig van)	ból, -ből	[bo:l, -bø:l]
van (gemaakt van)	ból, -ből	[bo:l, -bø:l]

| over (bijv. ~ een uur) | múlva | [mu:lvɒ] |
| over (over de bovenkant) | keresztül | [kɛrɛstyl] |

17. Functiewoorden. Bijwoorden. Deel 1

Waar?	Hol?	[hol]
hier (bw)	itt	[itt]
daar (bw)	ott	[ott]

| ergens (bw) | valahol | [vɒlɒhol] |
| nergens (bw) | sehol | [ʃɛhol] |

| bij … (in de buurt) | mellett, nál, -nél | [mɛllɛtt], [na:l, -ne:l] |
| bij het raam | az ablaknál | [ɒz ɒblɒkna:l] |

Waarheen?	Hová?	[hova:]
hierheen (bw)	ide	[idɛ]
daarheen (bw)	oda	[odɒ]
hiervandaan (bw)	innen	[innɛn]
daarvandaan (bw)	onnan	[onnɒn]

dichtbij (bw)	közel	[køzɛl]
ver (bw)	messze	[mɛssɛ]
in de buurt (van …)	mellett	[mɛllɛtt]
dichtbij (bw)	a közelben	[ɒ køzɛlbɛn]

23

niet ver (bw)	nem messze	[nɛm mɛssɛ]
linker (bn)	bal	[bɒl]
links (bw)	balra	[bɒlrɒ]
linksaf, naar links (bw)	balra	[bɒlrɒ]
rechter (bn)	jobb	[jobb]
rechts (bw)	jobbra	[jobbrɒ]
rechtsaf, naar rechts (bw)	jobbra	[jobbrɒ]
vooraan (bw)	elöl	[ɛløl]
voorste (bn)	elülső	[ɛlylʃøː]
vooruit (bw)	előre	[ɛløːrɛ]
achter (bw)	hátul	[haːtul]
van achteren (bw)	hátulról	[haːtulroːl]
achteruit (naar achteren)	hátra	[haːtrɒ]
midden (het)	közép	[køzeːp]
in het midden (bw)	középen	[køzeːpɛn]
opzij (bw)	oldalról	[oldɒlroːl]
overal (bw)	mindenütt	[mindɛnytt]
omheen (bw)	körül	[køryl]
binnenuit (bw)	belülről	[bɛlylrøːl]
naar ergens (bw)	valahova	[vɒlɒhovɒ]
rechtdoor (bw)	egyenesen	[ɛɟɛnɛʃɛn]
terug (bijv. ~ komen)	visszafelé	[vissɒfɛleː]
ergens vandaan (bw)	valahonnan	[vɒlɒhonnɒn]
ergens vandaan (en dit geld moet ~ komen)	valahonnan	[vɒlɒhonnɒn]
ten eerste (bw)	először	[ɛløːsør]
ten tweede (bw)	másodszor	[maːʃodsor]
ten derde (bw)	harmadszor	[hɒrmɒdsor]
plotseling (bw)	hirtelen	[hirtɛlɛn]
in het begin (bw)	eleinte	[ɛlɛintɛ]
voor de eerste keer (bw)	először	[ɛløːsør]
lang voor ... (bw)	jóval ... előtt	[joːvɒl ... ɛløːtt]
opnieuw (bw)	újra	[uːjrɒ]
voor eeuwig (bw)	mindörökre	[mindørøkrɛ]
nooit (bw)	soha	[ʃohɒ]
weer (bw)	ismét	[iʃmeːt]
nu (bw)	most	[moʃt]
vaak (bw)	gyakran	[ɟokrɒn]
toen (bw)	akkor	[ɒkkor]
urgent (bw)	sürgősen	[ʃyrgøːʃɛn]
meestal (bw)	általában	[aːltɒlaːbɒn]
trouwens, ... (tussen haakjes)	apropó	[ɒpropoː]
mogelijk (bw)	lehetséges	[lɛhɛtʃeːgɛʃ]
waarschijnlijk (bw)	valószínűleg	[vɒloːsiːnyːlɛg]

misschien (bw)	talán	[tɔlaːn]
trouwens (bw)	azon kívül ...	[ɒzon kiːvyl]
daarom ...	ezért	[ɛzeːrt]
in weerwil van ...	nek ellenére	[nɛk ɛllɛneːrɛ]
dankzij ...	... köszenhetően	[køsɛnhɛtøːɛn]

wat (vn)	mi	[mi]
dat (vw)	ami	[ɒmi]
iets (vn)	valami	[vɒlɒmi]
iets	valami	[vɒlɒmi]
niets (vn)	semmi	[ʃɛmmi]

wie (~ is daar?)	ki	[ki]
iemand (een onbekende)	valaki	[vɒlɒki]
iemand (een bepaald persoon)	valaki	[vɒlɒki]

niemand (vn)	senki	[ʃɛŋki]
nergens (bw)	sehol	[ʃɛhol]
niemands (bn)	senkié	[ʃɛŋkieː]
iemands (bn)	valakié	[vɒlɒkieː]

zo (Ik ben ~ blij)	így	[iːɟ]
ook (evenals)	is	[iʃ]
alsook (eveneens)	is	[iʃ]

18. Functiewoorden. Bijwoorden. Deel 2

Waarom?	Miért?	[mieːrt]
om een bepaalde reden	valamiért	[vɒlɒmieːrt]
omdat ...	azért, mert ,,.	[ɒzeːrt], [mɛrt]
voor een bepaald doel	valamiért	[vɒlɒmieːrt]

en (vw)	és	[eːʃ]
of (vw)	vagy	[vɒɟ]
maar (vw)	de	[dɛ]
voor (vz)	... céljából	[tseːjaːboːl]

te (~ veel mensen)	túl	[tuːl]
alleen (bw)	csak	[tʃɒk]
precies (bw)	pontosan	[pontoʃɒn]
ongeveer (~ 10 kg)	körülbelül	[kørylbɛlyl]

omstreeks (bw)	körülbelül	[kørylbɛlyl]
bij benadering (bn)	megközelítő	[mɛgkøzɛliːtøː]
bijna (bw)	majdnem	[mɒjdnɛm]
rest (de)	a többi	[ɒ tøbbi]

elk (bn)	minden	[mindɛn]
om het even welk	bármilyen	[baːrmijɛn]
veel (grote hoeveelheid)	sok	[ʃok]
veel mensen	sokan	[ʃokɒn]
iedereen (alle personen)	mindenki	[mindɛŋki]
in ruil voor ...	ért cserébe	[eːrt tʃɛrɛːbɛ]

in ruil (bw)	viszonzásul	[visonza:ʃul]
met de hand (bw)	kézzel	[ke:zzɛl]
onwaarschijnlijk (bw)	aligha	[ɒlighɒ]

waarschijnlijk (bw)	valószínűleg	[vɒlo:si:ny:lɛg]
met opzet (bw)	szándékosan	[sa:nde:koʃɒn]
toevallig (bw)	véletlenül	[ve:lɛtlɛnyl]

zeer (bw)	nagyon	[nɒɟøn]
bijvoorbeeld (bw)	például	[pe:lda:ul]
tussen (~ twee steden)	között	[køzøtt]
tussen (te midden van)	körében	[køre:bɛn]
zoveel (bw)	annyi	[ɒɲɲi]
vooral (bw)	különösen	[kylønøʃɛn]

Basisbegrippen Deel 2

19. Dagen van de week

maandag (de)	hétfő	[heːtføː]
dinsdag (de)	kedd	[kɛdd]
woensdag (de)	szerda	[sɛrdɒ]
donderdag (de)	csütörtök	[ʧytørtøk]
vrijdag (de)	péntek	[peːntɛk]
zaterdag (de)	szombat	[sombɒt]
zondag (de)	vasárnap	[vɒʃaːrnɒp]
vandaag (bw)	ma	[mɒ]
morgen (bw)	holnap	[holnɒp]
overmorgen (bw)	holnapután	[holnɒputaːn]
gisteren (bw)	tegnap	[tɛgnɒp]
eergisteren (bw)	tegnapelőtt	[tɛgnɒpɛløːtt]
dag (de)	nap	[nɒp]
werkdag (de)	munkanap	[muŋkɒnɒp]
feestdag (de)	ünnepnap	[ynnɛpnɒp]
verlofdag (de)	szabadnap	[sɒbɒdnɒp]
weekend (het)	hétvég	[heːtveːg]
de hele dag (bw)	egész nap	[ɛgeːs nɒp]
de volgende dag (bw)	másnap	[maːʃnɒp]
twee dagen geleden	két nappal ezelőtt	[keːt nɒppɒl ɛzɛløːtt]
aan de vooravond (bw)	az előző nap	[ɒz ɛløːzøː nɒp]
dag-, dagelijks (bn)	napi	[nɒpi]
elke dag (bw)	naponta	[nɒpontɒ]
week (de)	hét	[heːt]
vorige week (bw)	a múlt héten	[ɒ muːlt heːtɛn]
volgende week (bw)	a következő héten	[ɒ køvɛtkɛzøː heːtɛn]
wekelijks (bn)	heti	[hɛti]
elke week (bw)	hetente	[hɛtɛntɛ]
twee keer per week	kétszer hetente	[keːtsɛr hɛtɛntɛ]
elke dinsdag	minden kedd	[mindɛn kɛdd]

20. Uren. Dag en nacht

morgen (de)	reggel	[rɛggɛl]
's morgens (bw)	reggel	[rɛggɛl]
middag (de)	délidő	[deːlidøː]
's middags (bw)	délután	[deːlutaːn]
avond (de)	este	[ɛʃtɛ]
's avonds (bw)	este	[ɛʃtɛ]

nacht (de)	éjszak	[e:jsɒk]
's nachts (bw)	éjjel	[e:jjɛl]
middernacht (de)	éjfél	[e:jfe:l]

seconde (de)	másodperc	[ma:ʃodpɛrts]
minuut (de)	perc	[pɛrts]
uur (het)	óra	[o:rɒ]
halfuur (het)	félóra	[fe:lo:rɒ]
kwartier (het)	negyedóra	[nɛɟɛdo:rɒ]
vijftien minuten	tizenöt perc	[tizɛnøt pɛrts]
etmaal (het)	teljes nap	[tɛjɛʃ nɒp]

zonsopgang (de)	napkelte	[nɒpkɛltɛ]
dageraad (de)	virradat	[virrɒdɒt]
vroege morgen (de)	kora reggel	[korɒ rɛggɛl]
zonsondergang (de)	naplemente	[nɒplɛmɛntɛ]

's morgens vroeg (bw)	kora reggel	[korɒ rɛggɛl]
vanmorgen (bw)	ma reggel	[mɒ rɛggɛl]
morgenochtend (bw)	holnap reggel	[holnɒp rɛggɛl]
vanmiddag (bw)	ma nappal	[mɒ nɒppɒl]
's middags (bw)	délután	[de:luta:n]
morgenmiddag (bw)	holnap délután	[holnɒp de:luta:n]
vanavond (bw)	ma este	[mɒ ɛʃtɛ]
morgenavond (bw)	holnap este	[holnɒp ɛʃtɛ]

klokslag drie uur	pont három órakor	[pont ha:rom o:rɒkor]
ongeveer vier uur	körülbelül négy órakor	[kørylbɛlyl ne:ɟ o:rɒkor]
tegen twaalf uur	tizenkét órára	[tizɛŋke:t o:ra:rɒ]

over twintig minuten	húsz perc múlva	[hu:s pɛrts mu:lvɒ]
over een uur	egy óra múlva	[ɛɟ o:rɒ mu:lvɒ]
op tijd (bw)	időben	[idø:bɛn]

kwart voor ...	háromnegyed	[ha:romnɛɟɛd]
binnen een uur	egy óra folyamán	[ɛɟ: o:rɒ fojɒma:n]
elk kwartier	minden tizenöt perc	[mindɛn tizɛnøt pɛrts]
de klok rond	éjjel nappal	[e:jjɛl nɒppɒl]

21. Maanden. Seizoenen

januari (de)	január	[jɒnua:r]
februari (de)	február	[fɛbrua:r]
maart (de)	március	[ma:rtsiuʃ]
april (de)	április	[a:priliʃ]
mei (de)	május	[ma:juʃ]
juni (de)	június	[ju:niuʃ]

juli (de)	július	[ju:liuʃ]
augustus (de)	augusztus	[ɒugustuʃ]
september (de)	szeptember	[sɛptɛmbɛr]
oktober (de)	október	[okto:bɛr]
november (de)	november	[novɛmbɛr]
december (de)	december	[dɛtsɛmbɛr]

lente (de)	tavasz	[tɒvɒs]
in de lente (bw)	tavasszal	[tɒvɒssɒl]
lente- (abn)	tavaszi	[tɒvɒsi]

zomer (de)	nyár	[ɲaːr]
in de zomer (bw)	nyáron	[ɲaːron]
zomer-, zomers (bn)	nyári	[ɲaːri]

herfst (de)	ősz	[øːs]
in de herfst (bw)	ősszel	[øːssɛl]
herfst- (abn)	őszi	[øːsi]

winter (de)	tél	[teːl]
in de winter (bw)	télen	[teːlɛn]
winter- (abn)	téli	[teːli]

maand (de)	hónap	[hoːnɒp]
deze maand (bw)	ebben a hónapban	[ɛbbɛn ɒ hoːnɒpbɒn]
volgende maand (bw)	a következő hónapban	[ɒ køvɛtkɛzøː hoːnɒpbɒn]
vorige maand (bw)	a múlt hónapban	[ɒ muːlt hoːnɒpbɒn]

een maand geleden (bw)	egy hónappal ezelőtt	[ɛɟ hoːnɒppɒl ɛzɛløːtt]
over een maand (bw)	egy hónap múlva	[ɛɟ hoːnɒp muːlvɒ]
over twee maanden (bw)	két hónap múlva	[keːt hoːnɒp muːlvɒ]
de hele maand (bw)	az egész hónap	[ɒz ɛgeːs hoːnɒp]
een volle maand (bw)	az egész hónap	[ɒz ɛgeːs hoːnɒp]

maand-, maandelijks (bn)	havi	[hɒvi]
maandelijks (bw)	havonta	[hɒvontɒ]
elke maand (bw)	minden hónap	[mindɛn hoːnɒp]
twee keer per maand	kétszer havonta	[keːtsɛr hɒvontɒ]

jaar (het)	év	[eːv]
dit jaar (bw)	ebben az évben	[ɛbbɛn ɒz eːvbɛn]
volgend jaar (bw)	a következő évben	[ɒ køvɛtkɛzøː eːvbɛn]
vorig jaar (bw)	a múlt évben	[ɒ muːlt eːvbɛn]

een jaar geleden (bw)	egy évvel ezelőtt	[ɛɟ eːvvɛl ɛzɛløːtt]
over een jaar	egy év múlva	[ɛɟ eːv muːlvɒ]
over twee jaar	két év múlva	[keːt eːv muːlvɒ]
het hele jaar	az egész év	[ɒz ɛgeːs eːv]
een vol jaar	az egész év	[ɒz ɛgeːs eːv]

elk jaar	minden év	[mindɛn eːv]
jaar-, jaarlijks (bn)	évi	[eːvi]
jaarlijks (bw)	évente	[eːvɛntɛ]
4 keer per jaar	négyszer évente	[neːɟsɛr eːvɛntɛ]

datum (de)	nap	[nɒp]
datum (de)	dátum	[daːtum]
kalender (de)	naptár	[nɒptaːr]

een half jaar	fél év	[feːl eːv]
zes maanden	félév	[feːleːv]
seizoen (bijv. lente, zomer)	évszak	[eːvsɒk]
eeuw (de)	század	[saːzɒd]

22. Tijd. Diversen

tijd (de)	idő	[idø:]
ogenblik (het)	pillanat	[pillɒnɒt]
moment (het)	pillanat	[pillɒnɒt]
ogenblikkelijk (bn)	pillanatnyi	[pillɒnɒtni]
tijdsbestek (het)	szakasz	[sɒkɒs]
leven (het)	élet	[e:lɛt]
eeuwigheid (de)	örökkévalóság	[ørøkke:vɒlo:ʃa:g]

epoche (de), tijdperk (het)	korszak	[korsɒk]
era (de), tijdperk (het)	korszak	[korsɒk]
cyclus (de)	ciklus	[tsikluʃ]
periode (de)	időköz	[idø:køz]
termijn (vastgestelde periode)	határidő	[hɒta:ridø:]

toekomst (de)	jövő	[jøvø:]
toekomstig (bn)	jövő	[jøvø:]
de volgende keer	máskor	[ma:ʃkor]
verleden (het)	múlt	[mu:lt]
vorig (bn)	elmúlt	[ɛlmu:lt]
de vorige keer	legutóbb	[lɛguto:bb]

later (bw)	később	[ke:ʃø:bb]
na (~ het diner)	után	[uta:n]
tegenwoordig (bw)	mostanában	[moʃtɒna:bɒn]
nu (bw)	most	[moʃt]
onmiddellijk (bw)	azonnal	[ɒzonnɒl]
snel (bw)	hamarosan	[hɒmɒroʃɒn]
bij voorbaat (bw)	előre	[ɛlø:rɛ]

lang geleden (bw)	régen	[re:gɛn]
kort geleden (bw)	nemrég	[nɛmre:g]
noodlot (het)	sors	[ʃorʃ]
herinneringen (mv.)	emlék	[ɛmle:k]
archief (het)	irattár	[irɒtta:r]

tijdens ... (ten tijde van)	... közben	[køzbɛn]
lang (bw)	sokáig	[ʃoka:ig]
niet lang (bw)	röviden	[røvidɛn]
vroeg (bijv. ~ in de ochtend)	korán	[kora:n]
laat (bw)	későn	[ke:ʃø:n]

voor altijd (bw)	örökre	[ørøkrɛ]
beginnen (ww)	kezd	[kɛzd]
uitstellen (ww)	elhalaszt	[ɛlhɒlɒst]

tegelijkertijd (bw)	egyszerre	[ɛcsɛrrɛ]
voortdurend (bw)	állandóan	[a:llondo:ɒn]
voortdurend	állandó	[a:llondo:]
tijdelijk (bn)	ideiglenes	[idɛiglɛnɛʃ]

soms (bw)	néha	[ne:hɒ]
zelden (bw)	ritkán	[ritka:n]
vaak (bw)	gyakran	[jokrɒn]

23. Tegenovergestelden

| rijk (bn) | gazdag | [gɒzdɒg] |
| arm (bn) | szegény | [sɛgeːɲ] |

| ziek (bn) | beteg | [bɛtɛg] |
| gezond (bn) | egészséges | [ɛgeːʃɛgɛʃ] |

| groot (bn) | nagy | [nɒɟ] |
| klein (bn) | kicsi | [kitʃi] |

| snel (bw) | gyorsan | [ɟɒrʃɒn] |
| langzaam (bw) | lassan | [lɒʃɒn] |

| snel (bn) | gyors | [ɟɒrʃ] |
| langzaam (bn) | lassú | [lɒʃuː] |

| vrolijk (bn) | vidám | [vidaːm] |
| treurig (bn) | szomorú | [somoruː] |

| samen (bw) | együtt | [ɛɟytt] |
| apart (bw) | külön | [kyløn] |

| hardop (~ lezen) | hangosan | [hɒŋgoʃɒn] |
| stil (~ lezen) | magában | [mɒgaːbɒn] |

| hoog (bn) | magas | [mɒgɒʃ] |
| laag (bn) | alacsony | [ɒlɒtʃoɲ] |

| diep (bn) | mély | [meːj] |
| ondiep (bn) | sekély | [ʃɛkeːj] |

| ja | igen | [igɛn] |
| nee | nem | [nɛm] |

| ver (bn) | távoli | [taːvoli] |
| dicht (bn) | közeli | [køzɛli] |

| ver (bw) | messze | [mɛssɛ] |
| dichtbij (bw) | közel | [køzɛl] |

| lang (bn) | hosszú | [hossuː] |
| kort (bn) | rövid | [røvid] |

| vriendelijk (goedhartig) | kedves | [kɛdvɛʃ] |
| kwaad (bn) | gonosz | [gonos] |

| gehuwd (mann.) | nős | [nøːʃ] |
| ongehuwd (mann.) | nőtlen | [nøːtlɛn] |

| verbieden (ww) | tilt | [tilt] |
| toestaan (ww) | enged | [ɛŋgɛd] |

| einde (het) | vég | [veːg] |
| begin (het) | kezdet | [kɛzdɛt] |

31

| linker (bn) | bal | [bɔl] |
| rechter (bn) | jobb | [jobb] |

| eerste (bn) | első | [ɛlʃøː] |
| laatste (bn) | utolsó | [utolʃoː] |

| misdaad (de) | bűncselekmény | [byːntʃɛlɛkmeːɲ] |
| bestraffing (de) | büntetés | [byntɛteːʃ] |

| bevelen (ww) | parancsol | [pɔrɔntʃol] |
| gehoorzamen (ww) | engedelmeskedik | [ɛŋgɛdɛlmɛʃkɛdik] |

| recht (bn) | egyenes | [ɛɟɛnɛʃ] |
| krom (bn) | ferde | [fɛrdɛ] |

| paradijs (het) | paradicsom | [pɔrɔditʃom] |
| hel (de) | pokol | [pokol] |

| geboren worden (ww) | születik | [sylɛtik] |
| sterven (ww) | meghal | [mɛghɔl] |

| sterk (bn) | erős | [ɛrøːʃ] |
| zwak (bn) | gyenge | [ɟɛŋgɛ] |

| oud (bn) | öreg | [ørɛg] |
| jong (bn) | fiatal | [fiɔtɔl] |

| oud (bn) | régi | [reːgi] |
| nieuw (bn) | új | [uːj] |

| hard (bn) | kemény | [kɛmeːɲ] |
| zacht (bn) | puha | [puhɔ] |

| warm (bn) | meleg | [mɛlɛg] |
| koud (bn) | hideg | [hidɛg] |

| dik (bn) | kövér | [køveːr] |
| dun (bn) | sovány | [ʃovaːɲ] |

| smal (bn) | keskeny | [kɛʃkɛɲ] |
| breed (bn) | széles | [seːlɛʃ] |

| goed (bn) | jó | [joː] |
| slecht (bn) | rossz | [ross] |

| moedig (bn) | bátor | [baːtor] |
| laf (bn) | gyáva | [ɟaːvɔ] |

24. Lijnen en vormen

vierkant (het)	négyzet	[neːɟzɛt]
vierkant (bn)	négyszögletes	[neːɟsøglɛtɛʃ]
cirkel (de)	kör	[kør]
rond (bn)	kerek	[kɛrɛk]

| driehoek (de) | háromszög | [ha:romsøg] |
| driehoekig (bn) | háromszögű | [ha:romsøgy:] |

ovaal (het)	tojásidom	[toja:ʃidom]
ovaal (bn)	ovális	[ova:liʃ]
rechthoek (de)	téglalap	[te:glɒlɒp]
rechthoekig (bn)	derékszögű	[dɛre:ksøgy:]

piramide (de)	gúla	[gu:lɒ]
ruit (de)	rombusz	[rombus]
trapezium (het)	trapéz	[trɒpe:z]
kubus (de)	kocka	[kotskɒ]
prisma (het)	prizma	[prizmɒ]

omtrek (de)	körvonal	[kørvonɒl]
bol, sfeer (de)	gömb	[gømb]
bal (de)	gömb	[gømb]
diameter (de)	átmérő	[a:tme:rø:]
straal (de)	sugár	[ʃuga:r]
omtrek (~ van een cirkel)	kerület	[kɛrylɛt]
middelpunt (het)	középpont	[køze:ppont]

horizontaal (bn)	vízszintes	[vi:zsintɛʃ]
verticaal (bn)	függőleges	[fyggø:lɛgɛʃ]
parallel (de)	párhuzamos egyenes	[pa:rhuzɒmoʃ ɛɟɛnɛʃ]
parallel (bn)	párhuzamos	[pa:rhuzɒmoʃ]

lijn (de)	vonal	[vonɒl]
streep (de)	vonal	[vonɒl]
rechte lijn (de)	egyenes	[ɛɟɛnɛʃ]
kromme (de)	görbe	[gørbɛ]
dun (bn)	vékony	[ve:koɲ]
omlijning (de)	körvonal	[kørvonɒl]

snijpunt (het)	metszés	[mɛtse:ʃ]
rechte hoek (de)	derékszög	[dɛre:ksøg]
segment (het)	körszelet	[kørsɛlɛt]
sector (de)	szektor	[sɛktor]
zijde (de)	oldal	[oldɒl]
hoek (de)	szög	[søg]

25. Meeteenheden

gewicht (het)	súly	[ʃu:j]
lengte (de)	hosszúság	[hossu:ʃa:g]
breedte (de)	szélesség	[se:lɛʃe:g]
hoogte (de)	magasság	[mɒgɒʃa:g]
diepte (de)	mélység	[me:jʃe:g]
volume (het)	térfogat	[te:rfogɒt]
oppervlakte (de)	terület	[tɛrylɛt]

gram (het)	gramm	[grɒmm]
milligram (het)	milligramm	[milligrɒmm]
kilogram (het)	kilógramm	[kilo:grɒmm]

ton (duizend kilo)	tonna	[tonnɒ]
pond (het)	font	[font]
ons (het)	uncia	[untsiɒ]

meter (de)	méter	[me:tɛr]
millimeter (de)	milliméter	[millime:tɛr]
centimeter (de)	centiméter	[tsɛntime:tɛr]
kilometer (de)	kilométer	[kilome:tɛr]
mijl (de)	mérföld	[me:rføld]

duim (de)	hüvelyk	[hyvɛjk]
voet (de)	láb	[la:b]
yard (de)	yard	[jard]

| vierkante meter (de) | négyzetméter | [ne:ɟzɛtme:tɛr] |
| hectare (de) | hektár | [hɛkta:r] |

liter (de)	liter	[litɛr]
graad (de)	fok	[fok]
volt (de)	volt	[volt]
ampère (de)	amper	[ɒmpɛr]
paardenkracht (de)	lóerő	[lo:ɛrø:]

hoeveelheid (de)	mennyiség	[mɛɲɲiʃe:g]
een beetje ...	egy kicsit ...	[ɛɟ: kitʃit]
helft (de)	fél	[fe:l]
dozijn (het)	tucat	[tutsɒt]
stuk (het)	darab	[dɒrɒb]

| afmeting (de) | méret | [me:rɛt] |
| schaal (bijv. ~ van 1 op 50) | lépték | [le:pte:k] |

minimaal (bn)	minimális	[minima:liʃ]
minste (bn)	legkisebb	[lɛgkiʃɛbb]
medium (bn)	közép	[køze:p]
maximaal (bn)	maximális	[mɒksima:liʃ]
grootste (bn)	legnagyobb	[lɛgnɒɟøbb]

26. Containers

glazen pot (de)	befőttes üveg	[bɛfø:tɛs yvɛg]
blik (conserven~)	bádogdoboz	[ba:dogdoboz]
emmer (de)	vödör	[vødør]
ton (bijv. regenton)	hordó	[hordo:]

ronde waterbak (de)	tál	[ta:l]
tank (bijv. watertank-70-ltr)	tartály	[tɒrta:j]
heupfles (de)	kulacs	[kulɒtʃ]
jerrycan (de)	kanna	[kɒnnɒ]
tank (bijv. ketelwagen)	ciszterna	[tsistɛrnɒ]

beker (de)	bögre	[bøgrɛ]
kopje (het)	csésze	[tʃe:sɛ]
schoteltje (het)	csészealj	[tʃe:sɛɒj]

glas (het)	pohár	[poha:r]
wijnglas (het)	borospohár	[boroʃpoha:r]
pan (de)	lábas	[la:boʃ]

| fles (de) | üveg | [yvɛg] |
| flessenhals (de) | nyak | [ɲɒk] |

karaf (de)	butélia	[bute:liɒ]
kruik (de)	korsó	[korʃo:]
vat (het)	edény	[ɛde:ɲ]
pot (de)	köcsög	[køʧøg]
vaas (de)	váza	[va:zɒ]

flacon (de)	kölnisüveg	[kølniʃyvɛg]
flesje (het)	üvegcse	[yvɛgʧɛ]
tube (bijv. ~ tandpasta)	tubus	[tubuʃ]

zak (bijv. ~ aardappelen)	zsák	[ʒa:k]
tasje (het)	zacskó	[zɒʧko:]
pakje (~ sigaretten, enz.)	csomag	[ʧomɒg]

doos (de)	doboz	[doboz]
kist (de)	láda	[la:dɒ]
mand (de)	kosár	[koʃa:r]

27. Materialen

materiaal (het)	anyag	[ɒɲɒg]
hout (het)	fa	[fɒ]
houten (bn)	fa, fából való	[fɒ], [fa:bo:l vɒlo:]

| glas (het) | üveg | [yvɛg] |
| glazen (bn) | üveges | [yvɛgɛʃ] |

| steen (de) | kő | [kø:] |
| stenen (bn) | köves | [køvɛʃ] |

| plastic (het) | műanyag | [my:ɒɲɒg] |
| plastic (bn) | műanyagos | [my:ɒɲɒgoʃ] |

| rubber (het) | gumi | [gumi] |
| rubber-, rubberen (bn) | gumi | [gumi] |

| stof (de) | szövet | [søvɛt] |
| van stof (bn) | szövetből készült | [søvɛtbø:l ke:sy:lt] |

| papier (het) | papír | [pɒpi:r] |
| papieren (bn) | papír | [pɒpi:r] |

karton (het)	karton	[kɒrton]
kartonnen (bn)	karton	[kɒrton]
polyethyleen (het)	polietilén	[poliɛtile:n]
cellofaan (het)	celofán	[tsɛlofa:n]
multiplex (het)	furnérlap	[furne:rlɒp]

porselein (het)	porcelán	[portsɛla:n]
porseleinen (bn)	porcelán	[portsɛla:n]
klei (de)	agyag	[ɒɟog]
klei-, van klei (bn)	agyag	[ɒɟog]
keramiek (de)	kerámia	[kɛra:miɒ]
keramieken (bn)	kerámiai	[kɛra:miɒi]

28. Metalen

metaal (het)	fém	[fe:m]
metalen (bn)	fémes	[fe:mɛʃ]
legering (de)	ötvözet	[øtvøzɛt]

goud (het)	arany	[ɒrɒɲ]
gouden (bn)	arany	[ɒrɒɲ]
zilver (het)	ezüst	[ɛzyʃt]
zilveren (bn)	ezüst, ezüstös	[ɛzyʃt], [ɛzyʃtøʃ]

ijzer (het)	vas	[vɒʃ]
ijzeren	vas	[vɒʃ]
staal (het)	acél	[ɒtse:l]
stalen (bn)	acél	[ɒtse:l]
koper (het)	réz	[re:z]
koperen (bn)	réz	[re:z]

aluminium (het)	alumínium	[ɒlumi:nium]
aluminium (bn)	alumínium	[ɒlumi:nium]
brons (het)	bronz	[bronz]
bronzen (bn)	bronz	[bronz-]

messing (het)	sárgaréz	[ʃa:rgɒre:z]
nikkel (het)	nikkel	[nikkɛl]
platina (het)	platina	[plɒtinɒ]
kwik (het)	higany	[higɒɲ]
tin (het)	ón	[o:n]
lood (het)	ólom	[o:lom]
zink (het)	horgany	[horgɒɲ]

MENS

Mens. Het lichaam

29. Mensen. Basisbegrippen

mens (de)	ember	[ɛmbɛr]
man (de)	férfi	[fe:rfi]
vrouw (de)	nő	[nø:]
kind (het)	gyerek	[ɟɛrɛk]
meisje (het)	lány	[la:ɲ]
jongen (de)	fiú	[fiu:]
tiener, adolescent (de)	kamasz	[kɒmɒs]
oude man (de)	öregember	[ørɛgɛmbɛr]
oude vrouw (de)	öregasszony	[ørɛgɒssoɲ]

30. Menselijke anatomie

organisme (het)	szervezet	[sɛrvɛzɛt]
hart (het)	szív	[si:v]
bloed (het)	vér	[ve:r]
slagader (de)	ütőér	[ytø:e:r]
ader (de)	véna	[ve:nɒ]
hersenen (mv.)	agy	[ɒɟ]
zenuw (de)	ideg	[idɛg]
zenuwen (mv.)	idegek	[idɛgɛk]
wervel (de)	csigolya	[ʧigojɒ]
ruggengraat (de)	gerinc	[gɛrints]
maag (de)	gyomor	[ɟømor]
darmen (mv.)	bélcsatorna	[be:lʧɒtornɒ]
darm (de)	bél	[be:l]
lever (de)	máj	[ma:j]
nier (de)	vese	[vɛʃɛ]
been (deel van het skelet)	csont	[ʧont]
skelet (het)	csontváz	[ʧontva:z]
rib (de)	borda	[bordɒ]
schedel (de)	koponya	[koponɒ]
spier (de)	izom	[izom]
biceps (de)	bicepsz	[bitsɛps]
pees (de)	ín	[i:n]
gewricht (het)	ízület	[i:zylɛt]

longen (mv.)	tüdő	[tydø:]
geslachtsorganen (mv.)	nemi szervek	[nɛmi sɛrvɛk]
huid (de)	bőr	[bø:r]

31. Hoofd

hoofd (het)	fej	[fɛj]
gezicht (het)	arc	[ɒrts]
neus (de)	orr	[orr]
mond (de)	száj	[sa:j]

oog (het)	szem	[sɛm]
ogen (mv.)	szem	[sɛm]
pupil (de)	pupilla	[pupillɒ]
wenkbrauw (de)	szemöldök	[sɛmøldøk]
wimper (de)	szempilla	[sɛmpillɒ]
ooglid (het)	szemhéj	[sɛmhe:j]

tong (de)	nyelv	[ɲɛlv]
tand (de)	fog	[fog]
lippen (mv.)	ajak	[ɒjɒk]
jukbeenderen (mv.)	pofacsont	[pofɒtʃont]
tandvlees (het)	íny	[i:ɲ]
gehemelte (het)	szájpadlás	[sa:jpɒdla:ʃ]

neusgaten (mv.)	orrlyuk	[orrjuk]
kin (de)	áll	[a:ll]
kaak (de)	állkapocs	[a:llkɒpotʃ]
wang (de)	orca	[ortsɒ]

voorhoofd (het)	homlok	[homlok]
slaap (de)	halánték	[hɒla:nte:k]
oor (het)	fül	[fyl]
achterhoofd (het)	tarkó	[tɒrko:]
hals (de)	nyak	[ɲɒk]
keel (de)	torok	[torok]

haren (mv.)	haj	[hɒj]
kapsel (het)	frizura	[frizurɒ]
haarsnit (de)	hajvágás	[hɒjva:ga:ʃ]
pruik (de)	paróka	[pɒro:kɒ]

snor (de)	bajusz	[bɒjus]
baard (de)	szakáll	[sɒka:ll]
dragen (een baard, enz.)	visel	[viʃɛl]
vlecht (de)	copf	[tsopf]
bakkebaarden (mv.)	pofaszakáll	[pofɒsɒka:ll]

ros (roodachtig, rossig)	vörös hajú	[vørøʃ hɒju:]
grijs (~ haar)	ősz hajú	[ø:s hɒju:]
kaal (bn)	kopasz	[kopɒs]
kale plek (de)	kopaszság	[kopɒʃa:g]
paardenstaart (de)	lófarok	[lo:fɒrok]
pony (de)	sörény	[ʃøre:ɲ]

32. Menselijk lichaam

hand (de)	kéz, kézfej	[ke:z], [ke:sfɛj]
arm (de)	kar	[kɒr]
vinger (de)	ujj	[ujj]
duim (de)	hüvelykujj	[hyvɛjkujj]
pink (de)	kisujj	[kiʃujj]
nagel (de)	köröm	[kørøm]
vuist (de)	ököl	[økøl]
handpalm (de)	tenyér	[tɛne:r]
pols (de)	csukló	[ʧuklo:]
voorarm (de)	alkar	[ɒlkɒr]
elleboog (de)	könyök	[køɲøk]
schouder (de)	váll	[va:ll]
been (rechter ~)	láb	[la:b]
voet (de)	talp	[tɒlp]
knie (de)	térd	[te:rd]
kuit (de)	lábikra	[la:bikrɒ]
heup (de)	csípő	[ʧi:pø:]
hiel (de)	sarok	[ʃɒrok]
lichaam (het)	test	[tɛʃt]
buik (de)	has	[hɒʃ]
borst (de)	mell	[mɛll]
borst (de)	mell	[mɛll]
zijde (de)	oldal	[oldɒl]
rug (de)	hát	[ha:t]
lage rug (de)	derék	[dɛre:k]
taille (de)	derék	[dɛre:k]
navel (de)	köldök	[køldøk]
billen (mv.)	far	[fɒr]
achterwerk (het)	fenék	[fɛne:k]
huidvlek (de)	anyajegy	[ɒɲɒjɛj]
tatoeage (de)	tetoválás	[tɛtova:la:ʃ]
litteken (het)	forradás	[forrɒda:ʃ]

Kleding en accessoires

33. Bovenkleding. Jassen

kleren (mv.)	ruha	[ruhɒ]
bovenkleding (de)	felsőruha	[fɛlʃøːruhɒ]
winterkleding (de)	téli ruha	[teːli ruhɒ]
jas (de)	kabát	[kɒbaːt]
bontjas (de)	bunda	[bundɒ]
bontjasje (het)	bekecs	[bɛkɛtʃ]
donzen jas (de)	pehelykabát	[pɛhɛj kɒbaːt]
jasje (bijv. een leren ~)	zeke	[zɛkɛ]
regenjas (de)	ballonkabát	[bɒlloŋkɒbaːt]
waterdicht (bn)	vízhatlan	[viːzhɒtlɒn]

34. Heren & dames kleding

overhemd (het)	ing	[iŋg]
broek (de)	nadrág	[nɒdraːg]
jeans (de)	farmernadrág	[fɒrmɛrnɒdraːg]
colbert (de)	zakó	[zɒkoː]
kostuum (het)	kosztüm	[kostym]
jurk (de)	ruha	[ruhɒ]
rok (de)	szoknya	[sokɲɒ]
blouse (de)	blúz	[bluːz]
wollen vest (de)	kardigán	[kɒrdigaːn]
blazer (kort jasje)	blézer	[bleːzɛr]
T-shirt (het)	trikó	[trikoː]
shorts (mv.)	rövidnadrág	[røvidnɒdraːg]
trainingspak (het)	sportruha	[ʃportruhɒ]
badjas (de)	köntös	[køntøʃ]
pyjama (de)	pizsama	[piʒɒmɒ]
sweater (de)	pulóver	[puloːvɛr]
pullover (de)	pulóver	[puloːvɛr]
gilet (het)	mellény	[mɛlleːɲ]
rokkostuum (het)	frakk	[frɒkk]
smoking (de)	szmoking	[smokiŋg]
uniform (het)	egyenruha	[ɛɟɛnruhɒ]
werkkleding (de)	munkaruha	[muŋkɒruhɒ]
overall (de)	kezeslábas	[kɛzɛʃlaːbɒʃ]
doktersjas (de)	köpeny	[køpɛɲ]

35. Kleding. Ondergoed

ondergoed (het)	fehérnemű	[fɛheːrnɛmyː]
onderhemd (het)	alsóing	[ɒlʃoːiŋg]
sokken (mv.)	zokni	[zokni]

nachthemd (het)	hálóing	[haːloːiŋg]
beha (de)	melltartó	[mɛlltɒrtoː]
kniekousen (mv.)	térdzokni	[teːrdzokni]
panty (de)	harisnya	[hɒriʃnɒ]
nylonkousen (mv.)	harisnya	[hɒriʃnɒ]
badpak (het)	fürdőruha	[fyrdøːruhɒ]

36. Hoofddeksels

hoed (de)	sapka	[ʃɒpkɒ]
deukhoed (de)	kalap	[kɒlɒp]
honkbalpet (de)	baseball sapka	[bɛjsbɒll ʃɒpkɒ]
kleppet (de)	sport sapka	[ʃport ʃɒpkɒ]

baret (de)	svájci sapka	[ʃvaːjtsi ʃɒpkɒ]
kap (de)	csuklya	[ʧukjɒ]
panamahoed (de)	panamakalap	[pɒnɒmɒ kɒlɒp]
gebreide muts (de)	kötött sapka	[køtøtt ʃɒpkɒ]

hoofddoek (de)	kendő	[kɛndøː]
dameshoed (de)	női kalap	[nøːi kɒlɒp]

veiligheidshelm (de)	sisak	[ʃiʃɒk]
veldmuts (de)	pilótasapka	[piloːtɒ ʃɒpkɒ]
helm, valhelm (de)	sisak	[ʃiʃɒk]
bolhoed (de)	keménykalap	[kɛmeːɲkɒlɒp]

37. Schoeisel

schoeisel (het)	cipő	[tsipøː]
schoenen (mv.)	bakancs	[bɒkɒnʧ]
vrouwenschoenen (mv.)	félcipő	[feːltsipøː]
laarzen (mv.)	csizma	[ʧizmɒ]
pantoffels (mv.)	papucs	[pɒpuʧ]

sportschoenen (mv.)	edzőcipő	[ɛdzøːtsipøː]
sneakers (mv.)	tornacipő	[tornɒtsipøː]
sandalen (mv.)	szandál	[sɒndaːl]

schoenlapper (de)	cipész	[tsipeːs]
hiel (de)	sarok	[ʃɒrok]
paar (een ~ schoenen)	pár	[paːr]

veter (de)	cipőfűző	[tsipøːfyːzøː]
rijgen (schoenen ~)	befűz	[bɛfyːz]

| schoenlepel (de) | cipőkanál | [tsipø:kɔna:l] |
| schoensmeer (de/het) | cipőkrém | [tsipø:kre:m] |

38. Textiel. Weefsel

katoen (de/het)	pamut	[pɔmut]
katoenen (bn)	pamut	[pɔmut]
vlas (het)	len	[lɛn]
vlas-, van vlas (bn)	len	[lɛn]

zijde (de)	selyem	[ʃɛjɛm]
zijden (bn)	selyem	[ʃɛjɛm]
wol (de)	gyapjú	[ɟopju:]
wollen (bn)	gyapjú	[ɟopju:]

fluweel (het)	bársony	[ba:rʃoɲ]
suède (de)	szarvasbőr	[sɒrvɒʃbø:r]
ribfluweel (het)	kordbársony	[kordba:rʃoɲ]

nylon (de/het)	nejlon	[nɛjlon]
nylon-, van nylon (bn)	nejlon	[nɛjlon]
polyester (het)	poliészter	[polie:stɛr]
polyester- (abn)	poliészter	[polie:stɛr]

leer (het)	bőr	[bø:r]
leren (van leer gemaak)	bőr	[bø:r]
bont (het)	szőrme	[sø:rmɛ]
bont- (abn)	szőrme	[sø:rmɛ]

39. Persoonlijke accessoires

handschoenen (mv.)	kesztyű	[kɛscy:]
wanten (mv.)	egyujjas kesztyű	[ɛɟujjoʃ kɛscy:]
sjaal (fleece ~)	sál	[ʃa:l]

bril (de)	szemüveg	[sɛmyvɛg]
brilmontuur (het)	keret	[kɛrɛt]
paraplu (de)	esernyő	[ɛʃɛrɲø:]
wandelstok (de)	sétabot	[ʃe:tɔbot]
haarborstel (de)	hajkefe	[hɒjkɛfɛ]
waaier (de)	legyező	[lɛɟɛzø:]

das (de)	nyakkendő	[ɲɒkkɛndø:]
strikje (het)	csokornyakkendő	[ʧokorɲɒkkɛndø:]
bretels (mv.)	nadrágtartó	[nɒdra:gtɒrto:]
zakdoek (de)	zsebkendő	[ʒɛbkɛndø:]

kam (de)	fésű	[fe:ʃy:]
haarspeldje (het)	hajcsat	[hɒjʧɒt]
schuifspeldje (het)	hajtű	[hɒjty:]
gesp (de)	csat	[ʧɒt]
broekriem (de)	öv	[øv]

draagriem (de)	táskaszíj	[ta:ʃkɒsi:j]
handtas (de)	táska	[ta:ʃkɒ]
damestas (de)	kézitáska	[ke:zita:ʃkɒ]
rugzak (de)	hátizsák	[ha:tiʒa:k]

40. Kleding. Diversen

mode (de)	divat	[divɒt]
de mode (bn)	divatos	[divɒtoʃ]
kledingstilist (de)	divattervező	[divɒt tɛrvɛzø:]

kraag (de)	gallér	[gɒlle:r]
zak (de)	zseb	[ʒɛb]
zak- (abn)	zseb	[ʒɛb]
mouw (de)	ruhaujj	[ruhɒujj]
lusje (het)	akasztó	[ɒkɒsto:]
gulp (de)	slicc	[ʃlits]

rits (de)	cipzár	[tsipza:r]
sluiting (de)	kapocs	[kɒpoʧ]
knoop (de)	gomb	[gomb]
knoopsgat (het)	gomblyuk	[gombjuk]
losraken (bijv. knopen)	elszakad	[ɛlsɒkɒd]

naaien (kleren, enz.)	varr	[vɒrr]
borduren (ww)	hímez	[hi:mɛz]
borduursel (het)	hímzés	[hi:mze:ʃ]
naald (de)	tű	[ty:]
draad (de)	cérna	[tse:rnɒ]
naad (de)	varrás	[vɒrra:ʃ]

vies worden (ww)	bepiszkolódik	[bɛpiskolo:dik]
vlek (de)	folt	[folt]
gekreukt raken (ov. kleren)	gyűrődik	[ɟy:rø:dik]
scheuren (ov.ww.)	megszakad	[mɛgsɒkɒd]
mot (de)	molylepke	[mojlɛpkɛ]

41. Persoonlijke verzorging. Schoonheidsmiddelen

tandpasta (de)	fogkrém	[fogkre:m]
tandenborstel (de)	fogkefe	[fokkɛfɛ]
tanden poetsen (ww)	fogat mos	[fogɒt moʃ]

scheermes (het)	borotva	[borotvɒ]
scheerschuim (het)	borotvakrém	[borotvɒkre:m]
zich scheren (ww)	borotválkozik	[borotva:lkozik]

| zeep (de) | szappan | [sɒppɒn] |
| shampoo (de) | sampon | [ʃɒmpon] |

| schaar (de) | olló | [ollo:] |
| nagelvijl (de) | körömreszelő | [kørømrɛsɛlø:] |

| nagelknipper (de) | körömvágó | [kørømvaːgoː] |
| pincet (het) | csipesz | [ʧipɛs] |

cosmetica (mv.)	kozmetika	[kozmɛtikɒ]
masker (het)	maszk	[mɒsk]
manicure (de)	manikűr	[mɒnikyːr]
manicure doen	manikűrözik	[mɒnikyːrøzik]
pedicure (de)	pedikűr	[pɛdikyːr]

cosmetica tasje (het)	piperetáska	[pipɛrɛtaːʃkɒ]
poeder (de/het)	púder	[puːdɛr]
poederdoos (de)	púderdoboz	[puːdɛrdoboz]
rouge (de)	arcpirosító	[ɒrtspiroʃiːtoː]

parfum (de/het)	illatszer	[illɒtsɛr]
eau de toilet (de)	parfüm	[pɒrfym]
lotion (de)	arcápoló	[ɒrtsaːpoloː]
eau de cologne (de)	kölnivíz	[kølniviːz]

oogschaduw (de)	szemhéjfesték	[sɛmheːjfɛʃteːk]
oogpotlood (het)	szemceruza	[sɛmtsɛruzɒ]
mascara (de)	szempillafesték	[sɛmpillɒfɛʃteːk]

lippenstift (de)	rúzs	[ruːʒ]
nagellak (de)	körömlakk	[kørømlɒkk]
haarlak (de)	hajrögzítő	[hɒjrøgziːtøː]
deodorant (de)	dezodor	[dɛzodor]

crème (de)	krém	[kreːm]
gezichtscrème (de)	arckrém	[ɒrtskreːm]
handcrème (de)	kézkrém	[keːskreːm]
antirimpelcrème (de)	ránc elleni krém	[raːnts ɛllɛni kreːm]
dag- (abn)	nappali	[nɒppɒli]
nacht- (abn)	éjjeli	[eːjjɛli]

tampon (de)	tampon	[tɒmpon]
toiletpapier (het)	vécépapír	[veːtsɛpɒpiːr]
föhn (de)	hajszárító	[hɒjsaːriːtoː]

42. Juwelen

sieraden (mv.)	ékszerek	[eːksɛrɛk]
edel (bijv. ~ stenen)	drágakő	[draːgakøː]
keurmerk (het)	fémjelzés	[feːmjɛlzeːʃ]

ring (de)	gyűrű	[ɟyːryː]
trouwring (de)	jegygyűrű	[jɛɟɟyːryː]
armband (de)	karkötő	[kɒrkøtøː]

oorringen (mv.)	fülbevaló	[fylbɛvɒloː]
halssnoer (het)	nyaklánc	[ɲɒklaːnts]
kroon (de)	korona	[koronɒ]
kralen snoer (het)	gyöngydíszítés	[ɟøɲɟdiːsiːteːʃ]
diamant (de)	briliáns	[brilia:nʃ]

smaragd (de)	smaragd	[ʃmɒrɒgd]
robijn (de)	rubin	[rubin]
saffier (de)	zafír	[zɒfir]
parel (de)	gyöngy	[ɟøɲɟ]
barnsteen (de)	borostyán	[boroʃca:n]

43. Horloges. Klokken

polshorloge (het)	karóra	[kɒro:rɒ]
wijzerplaat (de)	számlap	[sa:mlɒp]
wijzer (de)	mutató	[mutɒto:]
metalen horlogeband (de)	karkötő	[kɒrkøtø:]
horlogebandje (het)	óraszíj	[o:rɒsi:j]

batterij (de)	elem	[ɛlɛm]
leeg zijn (ww)	lemerül	[lɛmɛryl]
batterij vervangen	kicseréli az elemet	[kitʃɛre:li ɒz ɛlɛmɛt]
voorlopen (ww)	siet	[ʃiɛt]
achterlopen (ww)	késik	[ke:ʃik]

wandklok (de)	fali óra	[fɒli o:rɒ]
zandloper (de)	homokóra	[homoko:rɒ]
zonnewijzer (de)	napóra	[nɒpo:rɒ]
wekker (de)	ébresztőóra	[e:brɛstø:o:rɒ]
horlogemaker (de)	órás	[o:ra:ʃ]
repareren (ww)	javít	[jɒvi:t]

Voedsel. Voeding

44. Voedsel

vlees (het)	hús	[huːʃ]
kip (de)	csirke	[ʧirkɛ]
kuiken (het)	csirke	[ʧirkɛ]
eend (de)	kacsa	[kɒʧɒ]
gans (de)	liba	[libɒ]
wild (het)	vadhús	[vɒdhuːʃ]
kalkoen (de)	pulyka	[pujkɒ]

varkensvlees (het)	sertés	[ʃɛrteːʃ]
kalfsvlees (het)	borjúhús	[borjuːhuːʃ]
schapenvlees (het)	birkahús	[birkɒhuːʃ]
rundvlees (het)	marhahús	[mɒrhɒhuːʃ]
konijnenvlees (het)	nyúl	[ɲuːl]

worst (de)	kolbász	[kolbaːs]
saucijs (de)	virsli	[virʃli]
spek (het)	húsos szalonna	[huːʃoʃ sɒlonnɒ]
ham (de)	sonka	[ʃoŋkɒ]
gerookte achterham (de)	sonka	[ʃoŋkɒ]

paté (de)	pástétom	[paːʃteːtom]
lever (de)	máj	[maːj]
gehakt (het)	darált hús	[dɒraːlt huːʃ]
tong (de)	nyelv	[ɲɛlv]

ei (het)	tojás	[tojaːʃ]
eieren (mv.)	tojások	[tojaːʃok]
eiwit (het)	tojásfehérje	[tojaːʃfɛheːrjɛ]
eigeel (het)	tojássárgája	[tojaːʃaːrgaːjɒ]

vis (de)	hal	[hɒl]
zeevruchten (mv.)	tenger gyümölcsei	[tɛŋgɛr ɟymølʧɛi]
kaviaar (de)	halikra	[hɒlikrɒ]

krab (de)	tarisznyarák	[tɒrisɲɒraːk]
garnaal (de)	garnélarák	[gɒrneːlɒraːk]
oester (de)	osztriga	[ostrigɒ]
langoest (de)	languszta	[lɒŋgustɒ]
octopus (de)	nyolckarú polip	[ɲoltskɒruː polip]
inktvis (de)	kalmár	[kɒlmaːr]

steur (de)	tokhal	[tokhɒl]
zalm (de)	lazac	[lɒzɒts]
heilbot (de)	óriás laposhal	[oːriaːʃ lɒpoʃhɒl]
kabeljauw (de)	tőkehal	[tøːkɛhɒl]
makreel (de)	makréla	[mɒkreːlɒ]

| tonijn (de) | tonhal | [tonhɒl] |
| paling (de) | angolna | [ɒŋgolnɒ] |

forel (de)	pisztráng	[pistra:ŋg]
sardine (de)	szardínia	[sɒrdi:niɒ]
snoek (de)	csuka	[ʧukɒ]
haring (de)	hering	[hɛriŋg]

brood (het)	kenyér	[kɛne:r]
kaas (de)	sajt	[ʃɒjt]
suiker (de)	cukor	[tsukor]
zout (het)	só	[ʃo:]

rijst (de)	rizs	[riʒ]
pasta (de)	makaróni	[mɒkɒro:ni]
noedels (mv.)	metélttészta	[mɛte:ltte:stɒ]

boter (de)	vaj	[vɒj]
plantaardige olie (de)	olaj	[olɒj]
zonnebloemolie (de)	napraforgóolaj	[nɒprɒforgo:olɒj]
margarine (de)	margarin	[mɒrgɒrin]

| olijven (mv.) | olajbogyó | [olɒjboɟø:] |
| olijfolie (de) | olívaolaj | [oli:vɒ olɒj] |

melk (de)	tej	[tɛj]
gecondenseerde melk (de)	sűrített tej	[ʃy:ri:tɛtt tɛj]
yoghurt (de)	joghurt	[jogurt]
zure room (de)	tejföl	[tɛjføl]
room (de)	tejszín	[tɛjsi:n]

| mayonaise (de) | majonéz | [mɒjone:z] |
| crème (de) | krém | [kre:m] |

graan (het)	dara	[dɒrɒ]
meel (het), bloem (de)	liszt	[list]
conserven (mv.)	konzerv	[konzɛrv]

maïsvlokken (mv.)	kukoricapehely	[kukoritsɒpɛhɛj]
honing (de)	méz	[me:z]
jam (de)	dzsem	[ʤɛm]
kauwgom (de)	rágógumi	[ra:go:gumi]

45. Drankjes

water (het)	víz	[vi:z]
drinkwater (het)	ivóvíz	[ivo:vi:z]
mineraalwater (het)	ásványvíz	[a:ʃva:ɲvi:z]

zonder gas	szóda nélkül	[so:dɒ ne:lkyl]
koolzuurhoudend (bn)	szóda	[so:dɒ]
bruisend (bn)	szóda	[so:dɒ]
ijs (het)	jég	[je:g]
met ijs	jeges	[jɛgɛʃ]

alcohol vrij (bn)	alkoholmentes	[ɒlkoholmɛntɛʃ]
alcohol vrije drank (de)	alkoholmentes ital	[ɒlkoholmɛntɛʃ itɒl]
frisdrank (de)	üdítő	[y:di:tø:]
limonade (de)	limonádé	[limona:de:]

alcoholische dranken (mv.)	szeszesitalok	[sɛsɛʃ itɒlok]
wijn (de)	bor	[bor]
witte wijn (de)	fehérbor	[fɛhe:rbor]
rode wijn (de)	vörösbor	[vørøʃbor]

likeur (de)	likőr	[likø:r]
champagne (de)	pezsgő	[pɛʒgø:]
vermout (de)	vermut	[vɛrmut]

whisky (de)	whisky	[viski]
wodka (de)	vodka	[vodkɒ]
gin (de)	gin	[dʒin]
cognac (de)	konyak	[koɲɒk]
rum (de)	rum	[rum]

koffie (de)	kávé	[ka:ve:]
zwarte koffie (de)	feketekávé	[fɛkɛtɛ ka:ve:]
koffie (de) met melk	tejeskávé	[tɛjɛʃka:ve:]
cappuccino (de)	tejszínes kávé	[tɛjsi:nɛʃ ka:ve:]
oploskoffie (de)	neszkávé	[nɛska:ve:]

melk (de)	tej	[tɛj]
cocktail (de)	koktél	[kokte:l]
milkshake (de)	tejkoktél	[tɛjkokte:l]

sap (het)	lé	[le:]
tomatensap (het)	paradicsomlé	[pɒrɒditʃomle:]
sinaasappelsap (het)	narancslé	[nɒrɒntʃle:]
vers geperst sap (het)	frissen kifacsart lé	[friʃɛn kifɒtʃort le:]

bier (het)	sör	[ʃør]
licht bier (het)	világos sör	[vila:goʃ ʃør]
donker bier (het)	barna sör	[bɒrnɒ ʃør]

thee (de)	tea	[tɛɒ]
zwarte thee (de)	feketetea	[fɛkɛtɛ tɛɒ]
groene thee (de)	zöldtea	[zølt tɛɒ]

46. Groenten

groenten (mv.)	zöldségek	[zøldʃe:gɛk]
verse kruiden (mv.)	zöldség	[zøldʃe:g]

tomaat (de)	paradicsom	[pɒrɒditʃom]
augurk (de)	uborka	[uborkɒ]
wortel (de)	sárgarépa	[ʃa:rgɒre:pɒ]
aardappel (de)	krumpli	[krumpli]
ui (de)	hagyma	[hɒɟmɒ]
knoflook (de)	fokhagyma	[fokhɒɟmɒ]

kool (de)	káposzta	[ka:postɒ]
bloemkool (de)	karfiol	[kɒrfiol]
spruitkool (de)	kelbimbó	[kɛlbimbo:]
broccoli (de)	brokkoli	[brokkoli]

rode biet (de)	cékla	[tse:klɒ]
aubergine (de)	padlizsán	[pɒdliʒa:n]
courgette (de)	cukkini	[tsukkini]
pompoen (de)	tök	[tøk]
raap (de)	répa	[re:pɒ]

peterselie (de)	petrezselyem	[pɛtrɛʒɛjɛm]
dille (de)	kapor	[kɒpor]
sla (de)	saláta	[ʃɒla:tɒ]
selderij (de)	zeller	[zɛllɛr]
asperge (de)	spárga	[ʃpa:rgɒ]
spinazie (de)	spenót	[ʃpɛno:t]

erwt (de)	borsó	[borʃo:]
bonen (mv.)	bab	[bɒb]
maïs (de)	kukorica	[kukoritsɒ]
nierboon (de)	bab	[bɒb]

peper (de)	paprika	[pɒprikɒ]
radijs (de)	hónapos retek	[ho:nɒpoʃ rɛtɛk]
artisjok (de)	articsóka	[ɒrtitʃo:kɒ]

47. Vruchten. Noten

vrucht (de)	gyümölcs	[ɟymølʧ]
appel (de)	alma	[ɒlmɒ]
peer (de)	körte	[kørtɛ]
citroen (de)	citrom	[tsitrom]
sinaasappel (de)	narancs	[nɒronʧ]
aardbei (de)	eper	[ɛpɛr]

mandarijn (de)	mandarin	[mɒndɒrin]
pruim (de)	szilva	[silvɒ]
perzik (de)	őszibarack	[ø:sibɒrɒtsk]
abrikoos (de)	sárgabarack	[ʃa:rgɒbɒrɒtsk]
framboos (de)	málna	[ma:lnɒ]
ananas (de)	ananász	[ɒnɒna:s]

banaan (de)	banán	[bɒna:n]
watermeloen (de)	görögdinnye	[gørøgdinɲɛ]
druif (de)	szőlő	[sø:lø:]
zure kers (de)	meggy	[mɛdɟ]
zoete kers (de)	cseresznye	[ʧɛrɛsnɛ]
meloen (de)	dinnye	[dinɲɛ]

grapefruit (de)	citrancs	[tsitrɒnʧ]
avocado (de)	avokádó	[ɒvoka:do:]
papaja (de)	papaya	[pɒpɒjɒ]
mango (de)	mangó	[mɒŋgo:]

granaatappel (de)	gránátalma	[graːnaːtɔlmɒ]
rode bes (de)	pirosribizli	[piroʃribizli]
zwarte bes (de)	feketeribizli	[fɛkɛtɛ ribizli]
kruisbes (de)	egres	[ɛgrɛʃ]
blauwe bosbes (de)	fekete áfonya	[fɛkɛtɛ aːfoɲɒ]
braambes (de)	szeder	[sɛdɛr]

rozijn (de)	mazsola	[mɒʒolɒ]
vijg (de)	füge	[fygɛ]
dadel (de)	datolya	[dɒtojɒ]

pinda (de)	földimogyoró	[føldimoɟøroː]
amandel (de)	mandula	[mɒndulɒ]
walnoot (de)	dió	[dioː]
hazelnoot (de)	mogyoró	[moɟøroː]
kokosnoot (de)	kókuszdió	[koːkusdioː]
pistaches (mv.)	pisztácia	[pistaːtsiɒ]

48. Brood. Snoep

suikerbakkerij (de)	édesipari áruk	[eːdɛʃipɒri aːruk]
brood (het)	kenyér	[kɛneːr]
koekje (het)	sütemény	[ʃytɛmeːɲ]

chocolade (de)	csokoládé	[ʧokolaːdeː]
chocolade- (abn)	csokoládé	[ʧokolaːdeː]
snoepje (het)	cukorka	[tsukorkɒ]
cakeje (het)	torta	[tortɒ]
taart (bijv. verjaardags~)	torta	[tortɒ]

| pastei (de) | töltött lepény | [tøltøtt lɛpeːɲ] |
| vulling (de) | töltelék | [tøltɛleːk] |

confituur (de)	lekvár	[lɛkvaːr]
marmelade (de)	gyümölcszselé	[ɟymølʧ ʒɛleː]
wafel (de)	ostya	[oʃcɒ]
ijsje (het)	fagylalt	[fɒɟlɒlt]

49. Bereide gerechten

gerecht (het)	étel	[eːtɛl]
keuken (bijv. Franse ~)	konyha	[koɲhɒ]
recept (het)	recept	[rɛtsɛpt]
portie (de)	adag	[ɒdɒg]

| salade (de) | saláta | [ʃɒlaːtɒ] |
| soep (de) | leves | [lɛvɛʃ] |

bouillon (de)	erőleves	[ɛrøːlɛvɛʃ]
boterham (de)	szendvics	[sɛndviʧ]
spiegelei (het)	tojásrántotta	[tojaːʃraːntottɒ]
hamburger (de)	hamburger	[hɒmburgɛr]

biefstuk (de)	bifsztek	[bifstɛk]
garnering (de)	köret	[kørɛt]
spaghetti (de)	spagetti	[ʃpɒgɛtti]
aardappelpuree (de)	burgonyapüré	[burgoɲɒpyre:]
pizza (de)	pizza	[pitsɒ]
pap (de)	kása	[ka:ʃɒ]
omelet (de)	tojáslepény	[toja:ʃlɛpe:ɲ]

gekookt (in water)	főtt	[fø:tt]
gerookt (bn)	füstölt	[fyʃtølt]
gebakken (bn)	sült	[ʃylt]
gedroogd (bn)	aszalt	[ɒsɒlt]
diepvries (bn)	fagyasztott	[fɒɟɒstott]
gemarineerd (bn)	ecetben eltett	[ɛtsɛtbɛn ɛltɛtt]

zoet (bn)	édes	[e:dɛʃ]
gezouten (bn)	sós	[ʃo:ʃ]
koud (bn)	hideg	[hidɛg]
heet (bn)	meleg	[mɛlɛg]
bitter (bn)	keserű	[kɛʃɛry:]
lekker (bn)	finom	[finom]

koken (in kokend water)	főz	[fø:z]
bereiden (avondmaaltijd ~)	készít	[ke:si:t]
bakken (ww)	süt	[ʃyt]
opwarmen (ww)	melegít	[mɛlɛgi:t]

zouten (ww)	sóz	[ʃo:z]
peperen (ww)	borsoz	[borʃoz]
raspen (ww)	reszel	[rɛsɛl]
schil (de)	héj	[he:j]
schillen (ww)	hámoz	[ha:moz]

50. Kruiden

zout (het)	só	[ʃo:]
gezouten (bn)	sós	[ʃo:ʃ]
zouten (ww)	sóz	[ʃo:z]

zwarte peper (de)	feketebors	[fɛkɛtɛ borʃ]
rode peper (de)	pirospaprika	[piroʃpɒprikɒ]
mosterd (de)	mustár	[muʃta:r]
mierikswortel (de)	torma	[tormɒ]

condiment (het)	fűszer	[fy:sɛr]
specerij, kruiderij (de)	fűszer	[fy:sɛr]
saus (de)	szósz	[so:s]
azijn (de)	ecet	[ɛtsɛt]

anijs (de)	ánizs	[a:niʃ]
basilicum (de)	bazsalikom	[bɒʒɒlikom]
kruidnagel (de)	szegfű	[sɛgfy:]
gember (de)	gyömbér	[ɟømbe:r]
koriander (de)	koriander	[koriɒndɛr]

kaneel (de/het)	fahéj	[fɒheːj]
sesamzaad (het)	szezámmag	[sɛzaːmmɒg]
laurierblad (het)	babérlevél	[bɒbeːrlɛveːl]
paprika (de)	paprika	[pɒprikɒ]
komijn (de)	kömény	[kømeːɲ]
saffraan (de)	sáfrány	[ʃaːfraːɲ]

51. Maaltijden

| eten (het) | étel | [eːtɛl] |
| eten (ww) | eszik | [ɛsik] |

ontbijt (het)	reggeli	[rɛggɛli]
ontbijten (ww)	reggelizik	[rɛggɛlizik]
lunch (de)	ebéd	[ɛbeːd]
lunchen (ww)	ebédel	[ɛbeːdɛl]
avondeten (het)	vacsora	[vɒtʃorɒ]
souperen (ww)	vacsorázik	[vɒtʃoraːzik]

| eetlust (de) | étvágy | [eːtvaːɟ] |
| Eet smakelijk! | Jó étvágyat! | [joː eːtvaːɟot] |

openen (een fles ~)	nyit	[ɲit]
morsen (koffie, enz.)	kiönt	[kiønt]
zijn gemorst	kiömlik	[kiømlik]
koken (water kookt bij 100°C)	forr	[forr]
koken (Hoe om water te ~)	forral	[forrɒl]
gekookt (~ water)	forralt	[forrɒlt]
afkoelen (koeler maken)	lehűt	[lɛhyːt]
afkoelen (koeler worden)	lehűl	[lɛhyːl]

| smaak (de) | íz | [iːz] |
| nasmaak (de) | utóíz | [utoːiːz] |

volgen een dieet	lefogy	[lɛfoɟ]
dieet (het)	diéta	[dieːtɒ]
vitamine (de)	vitamin	[vitɒmin]
calorie (de)	kalória	[kɒloːriɒ]
vegetariër (de)	vegetáriánus	[vɛgɛtaːriaːnuʃ]
vegetarisch (bn)	vegetáriánus	[vɛgɛtaːriaːnuʃ]

vetten (mv.)	zsír	[ʒiːr]
eiwitten (mv.)	fehérje	[fɛheːrjɛ]
koolhydraten (mv.)	szénhidrát	[seːnhidraːt]
snede (de)	szelet	[sɛlɛt]
stuk (bijv. een ~ taart)	szelet	[sɛlɛt]
kruimel (de)	morzsa	[morʒɒ]

52. Tafelschikking

| lepel (de) | kanál | [kɒnaːl] |
| mes (het) | kés | [keːʃ] |

vork (de)	villa	[villɒ]
kopje (het)	csésze	[ʧe:sɛ]
bord (het)	tányér	[ta:ne:r]
schoteltje (het)	csészealj	[ʧe:sɛɒj]
servet (het)	szalvéta	[sɒlve:tɒ]
tandenstoker (de)	fogpiszkáló	[fokpiska:lo:]

53. Restaurant

restaurant (het)	étterem	[e:ttɛrɛm]
koffiehuis (het)	kávézó	[ka:ve:zo:]
bar (de)	bár	[ba:r]
tearoom (de)	tea szalon	[tɛɒ sɒlon]

kelner, ober (de)	pincér	[pintse:r]
serveerster (de)	pincérnő	[pintse:rnø:]
barman (de)	bármixer	[ba:rmiksɛr]

menu (het)	étlap	[e:tlɒp]
wijnkaart (de)	borlap	[borlɒp]
een tafel reserveren	asztalt foglal	[ɒstɒlt foglɒl]

gerecht (het)	étel	[e:tɛl]
bestellen (eten ~)	rendel	[rɛndɛl]
een bestelling maken	rendel	[rɛndɛl]

aperitief (de/het)	aperitif	[ɒpɛritif]
voorgerecht (het)	előétel	[ɛlø:e:tɛl]
dessert (het)	desszert	[dɛssɛrt]

rekening (de)	számla	[sa:mlɒ]
de rekening betalen	számlát fizet	[sa:mla:t fizɛt]
wisselgeld teruggeven	visszajáró pénzt ad	[vissɒja:ro: pe:nzt ɒd]
fooi (de)	borravaló	[borrɒvɒlo:]

Familie, verwanten en vrienden

54. Persoonlijke informatie. Formulieren

naam (de)	név	[ne:v]
achternaam (de)	vezetéknév	[vɛzɛte:k ne:v]
geboortedatum (de)	születési dátum	[sylɛte:ʃi da:tum]
geboorteplaats (de)	születési hely	[sylɛte:ʃi hɛj]

nationaliteit (de)	nemzetiség	[nɛmzɛtiʃe:g]
woonplaats (de)	lakcím	[lɒktsi:m]
land (het)	ország	[orsa:g]
beroep (het)	foglalkozás	[foglɒlkoza:ʃ]

geslacht (ov. het vrouwelijk ~)	nem	[nɛm]
lengte (de)	magasság	[mɒgɒʃa:g]
gewicht (het)	súly	[ʃu:j]

55. Familieleden. Verwanten

moeder (de)	anya	[ɒɲɒ]
vader (de)	apa	[ɒpɒ]
zoon (de)	fiú	[fiu:]
dochter (de)	lány	[la:ɲ]

jongste dochter (de)	fiatalabb lány	[fiɒtɒlɒbb la:ɲ]
jongste zoon (de)	fiatalabb fiú	[fiɒtɒlɒbb fiu:]
oudste dochter (de)	idősebb lány	[idø:ʃɛbb la:ɲ]
oudste zoon (de)	idősebb fiú	[idø:ʃɛbb fiu:]

oudere broer (de)	báty	[ba:c]
jongere broer (de)	öcs	[øʧ]
oudere zuster (de)	nővér	[nø:ve:r]
jongere zuster (de)	húg	[hu:g]

neef (zoon van oom, tante)	unokabáty	[unokɒ ba:c]
nicht (dochter van oom, tante)	unokanővér	[unokɒ nø:ve:r]
mama (de)	anya	[ɒɲɒ]
papa (de)	apa	[ɒpɒ]
ouders (mv.)	szülők	[sylø:k]
kind (het)	gyerek	[ɟɛrɛk]
kinderen (mv.)	gyerekek	[ɟɛrɛkɛk]

oma (de)	nagyanya	[nɒɟɒɲɒ]
opa (de)	nagyapa	[nɒɟɒpɒ]
kleinzoon (de)	unoka	[unokɒ]

| kleindochter (de) | unoka | [unokɒ] |
| kleinkinderen (mv.) | unokák | [unoka:k] |

oom (de)	bácsi	[ba:ʧi]
tante (de)	néni	[ne:ni]
neef (zoon van broer, zus)	unokaöcs	[unokɒøʧ]
nicht (dochter van broer, zus)	unokahúg	[unokɒhu:g]

schoonmoeder (de)	anyós	[ɒɲø:ʃ]
schoonvader (de)	após	[ɒpo:ʃ]
schoonzoon (de)	vő	[vø:]
stiefmoeder (de)	mostohaanya	[moʃtohɒɒɲɒ]
stiefvader (de)	mostohaapa	[moʃtohɒɒpɒ]

zuigeling (de)	csecsemő	[ʧeʧɛmø:]
wiegenkind (het)	csecsemő	[ʧeʧɛmø:]
kleuter (de)	kisgyermek	[kiɟɛrmɛk]

vrouw (de)	feleség	[fɛlɛʃe:g]
man (de)	férj	[fe:rj]
echtgenoot (de)	házastárs	[ha:zɒʃta:rʃ]
echtgenote (de)	hitves	[hitvɛʃ]

gehuwd (mann.)	nős	[nø:ʃ]
gehuwd (vrouw.)	férjnél	[fe:rjne:l]
ongehuwd (mann.)	nőtlen	[nø:tlɛn]
vrijgezel (de)	nőtlen ember	[nø:tlɛn ɛmbɛr]
gescheiden (bn)	elvált	[ɛlva:lt]
weduwe (de)	özvegy	[øzvɛɟ]
weduwnaar (de)	özvegy	[øzvɛɟ]

familielid (het)	rokon	[rokon]
dichte familielid (het)	közeli rokon	[køzɛli rokon]
verre familielid (het)	távoli rokon	[ta:voli rokon]
familieleden (mv.)	rokonok	[rokonok]

wees (de), weeskind (het)	árva	[a:rvɒ]
voogd (de)	gyám	[ɟa:m]
adopteren (een jongen te ~)	örökbe fogad	[ørøkbɛ fogɒd]
adopteren (een meisje te ~)	örökbe fogad	[ørøkbɛ fogɒd]

56. Vrienden. Collega's

vriend (de)	barát	[bɒra:t]
vriendin (de)	barátnő	[bɒra:tnø:]
vriendschap (de)	barátság	[bɒra:ʧa:g]
bevriend zijn (ww)	barátkozik	[bɒra:tkozik]

makker (de)	barát	[bɒra:t]
vriendin (de)	barátnő	[bɒra:tnø:]
partner (de)	partner	[pɒrtnɛr]

| chef (de) | főnök | [fø:nøk] |
| baas (de) | főnök | [fø:nøk] |

| ondergeschikte (de) | alárendelt | [ɒlaːrɛndɛlt] |
| collega (de) | kolléga | [kolleːgɒ] |

kennis (de)	ismerős	[iʃmɛrøːʃ]
medereiziger (de)	útitárs	[uːtitaːrʃ]
klasgenoot (de)	osztálytárs	[ostaːjtaːrʃ]

buurman (de)	szomszéd	[somseːd]
buurvrouw (de)	szomszéd	[somseːd]
buren (mv.)	szomszédok	[somseːdok]

57. Man. Vrouw

vrouw (de)	nő	[nøː]
meisje (het)	lány	[laːɲ]
bruid (de)	mennyasszony	[mɛɲɲɒssoɲ]

mooi(e) (vrouw, meisje)	szép	[seːp]
groot, grote (vrouw, meisje)	magas	[mɒgɒʃ]
slank(e) (vrouw, meisje)	karcsú	[kɒrtʃuː]
korte, kleine (vrouw, meisje)	alacsony	[ɒlɒtʃoɲ]

| blondine (de) | szőke nő | [søːkɛ nøː] |
| brunette (de) | barna nő | [bɒrnɒ nøː] |

dames- (abn)	női	[nøːi]
maagd (de)	szűz	[syːz]
zwanger (bn)	terhes	[tɛrhɛʃ]

man (de)	férfi	[feːrfi]
blonde man (de)	szőke férfi	[søːkɛ feːrfi]
bruinharige man (de)	barna férfi	[bɒrnɒ feːrfi]
groot (bn)	magas	[mɒgɒʃ]
klein (bn)	alacsony	[ɒlɒtʃoɲ]

onbeleefd (bn)	goromba	[gorombɒ]
gedrongen (bn)	zömök	[zømøk]
robuust (bn)	erős	[ɛrøːʃ]
sterk (bn)	erős	[ɛrøːʃ]
sterkte (de)	erő	[ɛrøː]

mollig (bn)	kövér	[køveːr]
getaand (bn)	barna	[bɒrnɒ]
slank (bn)	jó alakú	[joː ɒlɒkuː]
elegant (bn)	elegáns	[ɛlɛgaːnʃ]

58. Leeftijd

leeftijd (de)	kor	[kor]
jeugd (de)	ifjúság	[ifjuːʃaːg]
jong (bn)	fiatal	[fiɒtɒl]
jonger (bn)	fiatalabb	[fiɒtɒlɒbb]

ouder (bn)	idősebb	[idø:ʃɛbb]
jongen (de)	fiatalember	[fiɒtɒl ɛmbɛr]
tiener, adolescent (de)	kamasz	[kɒmɒs]
kerel (de)	fickó	[fitsko:]
oude man (de)	öregember	[ørɛgɛmbɛr]
oude vrouw (de)	öregasszony	[ørɛgɒssoɲ]
volwassen (bn)	felnőtt	[fɛlnø:tt]
van middelbare leeftijd (bn)	középkorú	[køze:pkoru:]
bejaard (bn)	idős	[idø:ʃ]
oud (bn)	öreg	[ørɛg]
pensioen (het)	nyugdíj	[ɲugdi:j]
met pensioen gaan	nyugdíjba megy	[ɲugdi:jbɒ mɛɟ]
gepensioneerde (de)	nyugdíjas	[ɲugdi:jɒʃ]

59. Kinderen

kind (het)	gyerek	[ɟɛrɛk]
kinderen (mv.)	gyerekek	[ɟɛrɛkɛk]
tweeling (de)	ikrek	[ikrɛk]
wieg (de)	bölcső	[bølʧø:]
rammelaar (de)	csörgő	[ʧørgø:]
luier (de)	pelenka	[pɛlɛŋkɒ]
speen (de)	cucli	[tsutsli]
kinderwagen (de)	gyerekkocsi	[ɟɛrɛkkoʧi]
kleuterschool (de)	óvoda	[o:vodɒ]
babysitter (de)	dajka	[dɒjkɒ]
kindertijd (de)	gyermekkor	[ɟɛrmɛkkor]
pop (de)	baba	[bɒbɒ]
speelgoed (het)	játék	[ja:te:k]
bouwspeelgoed (het)	építő játék	[e:pi:tø: ja:te:k]
welopgevoed (bn)	jól nevelt	[jol nɛvɛlt]
onopgevoed (bn)	neveletlen	[nɛvɛlɛtlɛn]
verwend (bn)	elkényeztetett	[ɛlke:nɛztɛtɛtt]
stout zijn (ww)	csintalankodik	[ʧintɒlɒŋkodik]
stout (bn)	csintalan	[ʧintɒlɒn]
stoutheid (de)	csintalanság	[ʧintɒlɒnʃa:g]
stouterd (de)	kópé	[ko:pe:]
gehoorzaam (bn)	engedelmes	[ɛŋgɛdɛlmɛʃ]
ongehoorzaam (bn)	engedetlen	[ɛŋgɛdɛtlɛn]
braaf (bn)	okos	[okoʃ]
slim (verstandig)	okos	[okoʃ]
wonderkind (het)	csodagyerek	[ʧodɒɟɛrɛk]

60. Gehuwde paren. Gezinsleven

kussen (een kus geven)	csókol	[ʧoːkol]
elkaar kussen (ww)	csókolózik	[ʧoːkoloːzik]
gezin (het)	család	[ʧɒlaːd]
gezins- (abn)	családos	[ʧɒlaːdoʃ]
paar (het)	pár	[paːr]
huwelijk (het)	házasság	[haːzɒʃaːg]
thuis (het)	otthon	[otthon]
dynastie (de)	dinasztia	[dinɒstiɒ]
date (de)	randevú	[rondɛvuː]
zoen (de)	csók	[ʧoːk]
liefde (de)	szerelem	[sɛrɛlɛm]
liefhebben (ww)	szeret	[sɛrɛt]
geliefde (bn)	szerető	[sɛrɛtøː]
tederheid (de)	gyengédség	[ɟɛŋgeːdʃeːg]
teder (bn)	gyengéd	[ɟɛŋgeːd]
trouw (de)	hűség	[hyːʃeːg]
trouw (bn)	hűséges	[hyːʃeːgɛʃ]
zorg (bijv. bejaarden~)	gondoskodás	[gondoʃkodaːʃ]
zorgzaam (bn)	gondos	[gondoʃ]
jonggehuwden (mv.)	fiatal házasok	[fiɒtɒl haːzoʃok]
wittebroodsweken (mv.)	mézeshetek	[meːzɛʃ hɛtɛk]
trouwen (vrouw)	férjhez megy	[feːrjhɛz mɛɟ]
trouwen (man)	feleségül vesz	[fɛlɛʃeːgyl vɛs]
bruiloft (de)	lakodalom	[lokodɒlom]
gouden bruiloft (de)	aranylakodalom	[ɒrɒnlɒkodɒlom]
verjaardag (de)	évforduló	[eːvforduloː]
minnaar (de)	szerető	[sɛrɛtøː]
minnares (de)	szerető	[sɛrɛtøː]
overspel (het)	megcsalás	[mɛgʧɒlaːʃ]
overspel plegen (ww)	megcsal	[mɛgʧɒl]
jaloers (bn)	féltékeny	[feːlteːkɛɲ]
jaloers zijn (echtgenoot, enz.)	féltékenykedik	[feːlteːkɛɲkɛdik]
echtscheiding (de)	válás	[vaːlaːʃ]
scheiden (ww)	elválik	[ɛlvaːlik]
ruzie hebben (ww)	veszekedik	[vɛsɛkɛdik]
vrede sluiten (ww)	békül	[beːkyl]
samen (bw)	együtt	[ɛɟytt]
seks (de)	szex	[sɛks]
geluk (het)	boldogság	[boldogʃaːg]
gelukkig (bn)	boldog	[boldog]
ongeluk (het)	boldogtalanság	[boldogtɒlɒnʃaːg]
ongelukkig (bn)	boldogtalan	[boldogtɒlɒn]

Karakter. Gevoelens. Emoties

61. Gevoelens. Emoties

gevoel (het)	érzelem	[eːrzɛlɛm]
gevoelens (mv.)	érzelmek	[eːrzɛlmɛk]
voelen (ww)	érez	[eːrɛz]
honger (de)	éhség	[eːhʃeːg]
honger hebben (ww)	éhes van	[eːhɛʃ vɒn]
dorst (de)	szomjúság	[somjuːʃaːg]
dorst hebben	szomjas van	[somjɒʃ vɒn]
slaperigheid (de)	álmosság	[aːlmoʃaːg]
willen slapen	álmos van	[aːlmoʃ vɒn]
moeheid (de)	fáradtság	[faːrɒtʧaːg]
moe (bn)	fáradt	[faːrɒtt]
vermoeid raken (ww)	elfárad	[ɛlfaːrɒd]
stemming (de)	kedv	[kɛdv]
verveling (de)	unalom	[unɒlom]
zich vervelen (ww)	unatkozik	[unɒtkozik]
afzondering (de)	magány	[mɒgaːɲ]
zich afzonderen (ww)	magányba vonul	[mɒgaːɲbɒ vonul]
bezorgd maken	nyugtalanít	[ɲugtɒlɒniːt]
bezorgd zijn (ww)	nyugtalankodik	[ɲugtɒlɒŋkodik]
zorg (bijv. geld~en)	nyugtalanság	[ɲugtɒlɒnʃaːg]
ongerustheid (de)	aggodalom	[ɒggodɒlom]
ongerust (bn)	nyugtalan	[ɲugtɒlɒn]
zenuwachtig zijn (ww)	izgul	[izgul]
in paniek raken	pánikba esik	[paːnikbɒ ɛʃik]
hoop (de)	remény	[rɛmeːɲ]
hopen (ww)	remél	[rɛmeːl]
zekerheid (de)	biztosság	[biztoʃaːg]
zeker (bn)	biztos	[biztoʃ]
onzekerheid (de)	bizonytalanság	[bizoɲtɒlɒnʃaːg]
onzeker (bn)	bizonytalan	[bizoɲtɒlɒn]
dronken (bn)	részeg	[reːsɛg]
nuchter (bn)	józan	[joːzɒn]
zwak (bn)	gyenge	[ɟɛŋgɛ]
gelukkig (bn)	boldog	[boldog]
doen schrikken (ww)	megijeszt	[mɛgijɛst]
toorn (de)	dühöngés	[dyhøŋgeːʃ]
woede (de)	düh	[dy]
depressie (de)	depresszió	[dɛprɛssioː]
ongemak (het)	kényelmetlenségérzet	[keːnɛlmɛtlɛnʃeːg eːrzɛt]

gemak, comfort (het)	kényelem	[ke:nɛlɛm]
spijt hebben (ww)	sajnál	[ʃɒjna:l]
spijt (de)	sajnálom	[ʃɒjna:lom]
pech (de)	balszerencse	[bɒlsɛrɛntʃɛ]
bedroefdheid (de)	keserűség	[kɛʃɛry:ʃe:g]

schaamte (de)	szégyen	[se:ɟɛn]
pret (de), plezier (het)	vidámság	[vida:mʃa:g]
enthousiasme (het)	lelkesedés	[lɛlkɛʃɛde:ʃ]
enthousiasteling (de)	lelkesedő	[lɛlkɛʃɛdø:]
enthousiasme vertonen	lelkesedik	[lɛlkɛʃɛdik]

62. Karakter. Persoonlijkheid

karakter (het)	jellem	[jɛllɛm]
karakterfout (de)	jellemhiba	[jɛllɛmhibɒ]
verstand (het)	értelem	[e:rtɛlɛm]
rede (de)	ész	[e:s]

geweten (het)	lelkiismeret	[lɛlki:ʃmɛrɛt]
gewoonte (de)	szokás	[soka:ʃ]
bekwaamheid (de)	képesség	[ke:pɛʃe:g]
kunnen (bijv., ~ zwemmen)	tud	[tud]

geduldig (bn)	türelmes	[tyrɛlmɛʃ]
ongeduldig (bn)	türelmetlen	[tyrɛlmɛtlɛn]
nieuwsgierig (bn)	kíváncsi	[ki:va:ntʃi]
nieuwsgierigheid (de)	kíváncsiság	[ki:vɒntʃiʃa:g]

bescheidenheid (de)	szerénység	[sɛre:ɲʃe:g]
bescheiden (bn)	szerény	[sɛre:ɲ]
onbescheiden (bn)	szemérmetlen	[sɛme:rmɛtlɛn]

| lui (bn) | lusta | [luʃtɒ] |
| luiwammes (de) | lusta | [luʃtɒ] |

sluwheid (de)	ravaszság	[rɒvɒʃa:g]
sluw (bn)	ravasz	[rɒvɒs]
wantrouwen (het)	bizalmatlanság	[bizɒlmɒtlɒnʃa:g]
wantrouwig (bn)	bizalmatlan	[bizɒlmɒtlɒn]

gulheid (de)	bőkezűség	[bø:kɛzy:ʃe:g]
gul (bn)	bőkezű	[bø:kɛzy:]
talentrijk (bn)	tehetséges	[tɛhɛtʃe:gɛʃ]
talent (het)	tehetség	[tɛhɛtʃe:g]

moedig (bn)	bátor	[ba:tor]
moed (de)	bátorság	[ba:torʃa:g]
eerlijk (bn)	becsületes	[bɛtʃylɛtɛʃ]
eerlijkheid (de)	becsületesség	[bɛtʃylɛtɛʃe:g]

voorzichtig (bn)	óvatos	[o:vɒtoʃ]
manhaftig (bn)	bátor	[ba:tor]
ernstig (bn)	komoly	[komoj]

streng (bn)	szigorú	[sigoru:]
resoluut (bn)	határozott	[hɒta:rozott]
onzeker, irresoluut (bn)	határozatlan	[hɒta:rozotlɒn]
schuchter (bn)	félénk	[fe:le:ŋk]
schuchterheid (de)	félénkség	[fe:le:ŋkʃe:g]

vertrouwen (het)	bizalom	[bizɒlom]
vertrouwen (ww)	bízik	[bi:zik]
goedgelovig (bn)	bizalomteljes	[bizɒlomtɛjɛʃ]

oprecht (bw)	őszintén	[ø:sinte:n]
oprecht (bn)	őszinte	[ø:sintɛ]
oprechtheid (de)	őszinteség	[ø:sintɛʃe:g]
open (bn)	nyílt	[ɲi:lt]

rustig (bn)	csendes	[ʧɛndɛʃ]
openhartig (bn)	nyílt	[ɲi:lt]
naïef (bn)	naiv	[nɒiv]
verstrooid (bn)	szórakozott	[so:rɒkozott]
leuk, grappig (bn)	nevetséges	[nɛvɛʧe:gɛʃ]

gierigheid (de)	kapzsiság	[kɒpʒiʃa:g]
gierig (bn)	kapzsi	[kɒpʒi]
inhalig (bn)	zsugori	[ʒugori]
kwaad (bn)	gonosz	[gonos]
koppig (bn)	makacs	[mɒkɒʧ]
onaangenaam (bn)	kellemetlen	[kɛllɛmɛtlɛn]

egoïst (de)	önző	[ønzø:]
egoïstisch (bn)	önző	[ønzø:]
lafaard (de)	gyáva	[ɟa:vɒ]
laf (bn)	gyáva	[ɟa:vɒ]

63. Slaap. Dromen

slapen (ww)	alszik	[ɒlsik]
slaap (in ~ vallen)	alvás	[ɒlva:ʃ]
droom (de)	álom	[a:lom]
dromen (in de slaap)	álmodik	[a:lmodik]
slaperig (bn)	álmos	[a:lmoʃ]

bed (het)	ágy	[a:ɟ]
matras (de)	matrac	[mɒtrɒts]
deken (de)	takaró	[tɒkɒro:]
kussen (het)	párna	[pa:rnɒ]
laken (het)	lepedő	[lɛpɛdø:]

slapeloosheid (de)	álmatlanság	[a:lmɒtlɒnʃa:g]
slapeloos (bn)	álmatlan	[a:lmɒtlɒn]
slaapmiddel (het)	altató	[ɒltɒto:]
slaapmiddel innemen	altatót bevesz	[ɒltɒto:t bɛvɛs]

| willen slapen | álmos van | [a:lmoʃ vɒn] |
| geeuwen (ww) | ásít | [a:ʃi:t] |

gaan slapen	ágyba megy	[aːɟbɒ mɛɟ]
het bed opmaken	megágyaz	[mɛgaːɟoz]
inslapen (ww)	elalszik	[ɛlɒlsik]

nachtmerrie (de)	rémálom	[reːmaːlom]
gesnurk (het)	horkolás	[horkolaːʃ]
snurken (ww)	horkol	[horkol]

wekker (de)	ébresztőóra	[eːbrɛstøːoːrɒ]
wekken (ww)	ébreszt	[eːbrɛst]
wakker worden (ww)	ébred	[eːbrɛd]
opstaan (ww)	felkel	[fɛlkɛl]
zich wassen (ww)	mosakodik	[moʃɒkodik]

64. Humor. Gelach. Blijdschap

humor (de)	humor	[humor]
gevoel (het) voor humor	humorérzék	[humoreːrzeːk]
plezier hebben (ww)	szórakozik	[soːrɒkozik]
vrolijk (bn)	vidám	[vidaːm]
pret (de), plezier (het)	vidámság	[vidaːmʃaːg]

glimlach (de)	mosoly	[moʃoj]
glimlachen (ww)	mosolyog	[moʃojog]
beginnen te lachen (ww)	felnevet	[fɛlnɛvɛt]
lachen (ww)	nevet	[nɛvɛt]
lach (de)	nevetés	[nɛvɛteːʃ]

mop (de)	anekdota, vicc	[ɒnɛgdotɒ], [vits]
grappig (een ~ verhaal)	nevetséges	[nɛvɛtʃeːgɛʃ]
grappig (~e clown)	nevetséges	[nɛvɛtʃeːgɛʃ]

grappen maken (ww)	viccel	[vitsɛl]
grap (de)	vicc	[vits]
blijheid (de)	öröm	[ørøm]
blij zijn (ww)	örül	[øryl]
blij (bn)	örömteli	[ørømtɛli]

65. Discussie, conversatie. Deel 1

| communicatie (de) | kommunikáció | [kommunikaːtsjoː] |
| communiceren (ww) | kommunikál | [kommunikaːl] |

conversatie (de)	beszélgetés	[bɛseːlgɛteːʃ]
dialoog (de)	dialógus	[diɒloːguʃ]
discussie (de)	megvitatás	[mɛgvitɒtaːʃ]
debat (het)	vita	[vitɒ]
debatteren, twisten (ww)	vitatkozik	[vitɒtkozik]

gesprekspartner (de)	beszédpartner	[bɛseːd portnɛr]
thema (het)	téma	[teːmɒ]
standpunt (het)	szempont	[sɛmpont]

| mening (de) | vélemény | [ve:lɛme:ɲ] |
| toespraak (de) | beszéd | [bɛse:d] |

bespreking (de)	megbeszélés	[mɛgbɛse:le:ʃ]
bespreken (spreken over)	megbeszél	[mɛgbɛse:l]
gesprek (het)	beszélgetés	[bɛse:lgɛte:ʃ]
spreken (converseren)	beszélget	[bɛse:lgɛt]
ontmoeting (de)	találkozás	[tola:lkoza:ʃ]
ontmoeten (ww)	találkozik	[tola:lkozik]

spreekwoord (het)	közmondás	[køzmonda:ʃ]
gezegde (het)	szólás	[so:la:ʃ]
raadsel (het)	rejtvény	[rɛjtve:ɲ]
een raadsel opgeven	rejtvényt felad	[rɛjtve:ɲt fɛlod]
wachtwoord (het)	jelszó	[jɛlso:]
geheim (het)	titok	[titok]

eed (de)	eskü	[ɛʃky]
zweren (een eed doen)	esküszik	[ɛʃkysik]
belofte (de)	ígéret	[i:ge:rɛt]
beloven (ww)	ígér	[i:ge:r]

advies (het)	tanács	[tona:tʃ]
adviseren (ww)	tanácsol	[tona:tʃol]
luisteren (gehoorzamen)	engedelmeskedik	[ɛŋgɛdɛlmɛʃkɛdik]

nieuws (het)	újság	[u:jʃa:g]
sensatie (de)	szenzáció	[sɛnza:tsio:]
informatie (de)	tudnivalók	[tudnivolo:k]
conclusie (de)	következtetés	[køvɛtkɛztɛte:ʃ]
stem (de)	hang	[hoŋg]
compliment (het)	bók	[bo:k]
vriendelijk (bn)	kedves	[kɛdvɛʃ]

woord (het)	szó	[so:]
zin (de), zinsdeel (het)	szólam	[so:lom]
antwoord (het)	válasz	[va:los]

| waarheid (de) | igazság | [igoʃa:g] |
| leugen (de) | hazugság | [hozugʃa:g] |

gedachte (de)	gondolat	[gondolot]
idee (de/het)	ötlet	[øtlɛt]
fantasie (de)	ábránd	[a:bra:nd]

66. Discussie, conversatie. Deel 2

gerespecteerd (bn)	tisztelt	[tistɛlt]
respecteren (ww)	tisztel	[tistɛl]
respect (het)	tisztelet	[tistɛlɛt]
Geachte ... (brief)	Tisztelt ...	[tistɛlt]

| voorstellen (Mag ik jullie ~) | megismertet | [mɛgiʃmɛrtɛt] |
| intentie (de) | szándék | [sa:nde:k] |

intentie hebben (ww)	szándékozik	[saːndeːkozik]
wens (de)	kívánság	[kiːvaːnʃaːg]
wensen (ww)	kíván	[kiːvaːn]
verbazing (de)	csodálkozás	[ʧodaːlkozaːʃ]
verbazen (verwonderen)	meglep	[mɛglɛp]
verbaasd zijn (ww)	csodálkozik	[ʧodaːlkozik]
geven (ww)	ad	[ɒd]
nemen (ww)	vesz	[vɛs]
teruggeven (ww)	visszaad	[vissɒɒd]
retourneren (ww)	visszaad	[vissɒɒd]
zich verontschuldigen	bocsánatot kér	[boʧaːnɒtot keːr]
verontschuldiging (de)	bocsánat	[boʧaːnɒt]
vergeven (ww)	bocsát	[boʧaːt]
spreken (ww)	beszélget	[bɛseːlgɛt]
luisteren (ww)	hallgat	[hɒllgɒt]
aanhoren (ww)	kihallgat	[kihɒllgɒt]
begrijpen (ww)	ért	[eːrt]
tonen (ww)	mutat	[mutɒt]
kijken naar ...	néz	[neːz]
roepen (vragen te komen)	hív	[hiːv]
storen (lastigvallen)	zavar	[zɒvɒr]
doorgeven (ww)	átad	[aːtɒd]
verzoek (het)	kérés	[keːreːʃ]
verzoeken (ww)	kér	[keːr]
eis (de)	követelés	[køvɛtɛleːʃ]
eisen (met klem vragen)	követel	[køvɛtɛl]
beledigen	csúfol	[ʧuːfol]
(beledigende namen geven)		
uitlachen (ww)	gúnyol	[guːnøl]
spot (de)	gúnyolódás	[guːnøloːdaːʃ]
bijnaam (de)	gúnynév	[guːɲeːv]
zinspeling (de)	célzás	[tseːlzaːʃ]
zinspelen (ww)	céloz	[tseːloz]
impliceren (duiden op)	ért	[eːrt]
beschrijving (de)	leírás	[lɛiːraːʃ]
beschrijven (ww)	leír	[lɛiːr]
lof (de)	dicséret	[diʧeːrɛt]
loven (ww)	dicsér	[diʧeːr]
teleurstelling (de)	csalódás	[ʧɒloːdaːʃ]
teleurstellen (ww)	kiábrándít	[kiaːbraːndiːt]
teleurgesteld zijn (ww)	csalódik	[ʧɒloːdik]
veronderstelling (de)	feltevés	[fɛltɛveːʃ]
veronderstellen (ww)	feltesz	[fɛltɛs]
waarschuwing (de)	figyelmeztetés	[fiɟɛlmɛztɛteːʃ]
waarschuwen (ww)	figyelmeztet	[fiɟɛlmɛztɛt]

67. Discussie, conversatie. Deel 3

aanpraten (ww)	rábeszél	[ra:bɛse:l]
kalmeren (kalm maken)	nyugtat	[ɲugtɒt]
stilte (de)	hallgatás	[hɒllgɒta:ʃ]
zwijgen (ww)	hallgat	[hɒllgɒt]
fluisteren (ww)	suttog	[ʃuttog]
gefluister (het)	suttogás	[ʃuttoga:ʃ]
open, eerlijk (bw)	őszinte	[ø:sintɛ]
volgens mij …	a véleményem szerint …	[ɒ ve:lɛme:nɛm sɛrint]
detail (het)	részlet	[re:slɛt]
gedetailleerd (bn)	részletes	[re:slɛtɛʃ]
gedetailleerd (bw)	részletesen	[re:slɛtɛʃɛn]
hint (de)	súgás	[ʃu:ga:ʃ]
een hint geven	súg	[ʃu:g]
blik (de)	tekintet	[tɛkintɛt]
een kijkje nemen	tekint	[tɛkint]
strak (een ~ke blik)	merev	[mɛrɛv]
knipperen (ww)	pislog	[piʃlog]
knipogen (ww)	pislant	[piʃlɒnt]
knikken (ww)	int	[int]
zucht (de)	sóhaj	[ʃo:hɒj]
zuchten (ww)	sóhajt	[ʃo:hɒjt]
huiveren (ww)	megrezzen	[mɛgrɛzzɛn]
gebaar (het)	gesztus	[gɛstuʃ]
aanraken (ww)	érint	[e:rint]
grijpen (ww)	megfog	[mɛgfog]
een schouderklopje geven	megvereget	[mɛgvɛrɛgɛt]
Kijk uit!	Vigyázat!	[viɟa:zɒt]
Echt?	Tényleg?	[te:ɲlɛg]
Bent je er zeker van?	Biztos vagy?	[biztoʃ vɒɟ]
Succes!	Sikert kívánok!	[ʃikɛrt ki:va:nok]
Juist, ja!	Világos!	[vila:goʃ]
Wat jammer!	Kár!	[ka:r]

68. Overeenstemming. Weigering

instemming (het)	beleegyezés	[bɛlɛɛɟɛze:ʃ]
instemmen (akkoord gaan)	beleegyezik	[bɛlɛɛɟɛzik]
goedkeuring (de)	jóváhagyás	[jo:va:hɒɟa:ʃ]
goedkeuren (ww)	jóváhagy	[jo:va:hɒɟ]
weigering (de)	megtagadás	[mɛgtɒgɒda:ʃ]
weigeren (ww)	lemond	[lɛmond]
Geweldig!	Kitűnő!	[kity:nø:]
Goed!	Jól van!	[jo:l vɒn]

Akkoord!	Jól van!	[jo:l vɒn]
verboden (bn)	tilos	[tiloʃ]
het is verboden	tilos	[tiloʃ]
het is onmogelijk	lehetetlen	[lɛhɛtɛtlɛn]
onjuist (bn)	téves	[te:vɛʃ]

afwijzen (ww)	visszautasít	[vissɒutɒʃi:t]
steunen	támogat	[ta:mogɒt]
(een goed doel, enz.)		
aanvaarden (excuses ~)	fogad	[fogɒd]

bevestigen (ww)	elismer	[ɛliʃmɛr]
bevestiging (de)	igazolás	[igɒzola:ʃ]

toestemming (de)	engedély	[ɛŋgɛde:j]
toestaan (ww)	enged	[ɛŋgɛd]
beslissing (de)	döntés	[dønte:ʃ]
z'n mond houden (ww)	elhallgat	[ɛlhɒllgɒt]

voorwaarde (de)	feltétel	[fɛlte:tɛl]
smoes (de)	kifogás	[kifoga:ʃ]
lof (de)	dicséret	[ditʃe:rɛt]
loven (ww)	dicsér	[ditʃe:r]

69. Succes. Veel geluk. Mislukking

succes (het)	siker	[ʃikɛr]
succesvol (bw)	sikeresen	[ʃikɛrɛʃɛn]
succesvol (bn)	sikeres	[ʃikɛrɛʃ]

geluk (het)	szerencse	[sɛrɛntʃɛ]
Succes!	Sok szerencsét!	[ʃok sɛrɛntʃe:t]

geluks- (bn)	szerencsés	[sɛrɛntʃe:ʃ]
gelukkig (fortuinlijk)	szerencsés	[sɛrɛntʃe:ʃ]

mislukking (de)	kudarc	[kudɒrts]
tegenslag (de)	balsiker	[bɒlʃikɛr]
pech (de)	balszerencse	[bɒlsɛrɛntʃɛ]

zonder succes (bn)	sikertelen	[ʃikɛrtɛlɛn]
catastrofe (de)	katasztrófa	[kɒtɒstro:fɒ]

fierheid (de)	büszkeség	[byskɛʃe:g]
fier (bn)	büszke	[byskɛ]
fier zijn (ww)	büszkélkedik	[byske:lkɛdik]

winnaar (de)	győztes	[ɟø:ztɛʃ]
winnen (ww)	győz	[ɟø:z]

verliezen (ww)	veszít	[vɛsi:t]
poging (de)	próba	[pro:bɒ]
pogen, proberen (ww)	próbál	[pro:ba:l]
kans (de)	esély	[ɛʃe:j]

70. Ruzies. Negatieve emoties

schreeuw (de)	kiáltás	[kiɑ:lta:ʃ]
schreeuwen (ww)	kiabál	[kiɒba:l]
beginnen te schreeuwen	felkiált	[fɛlkiɑ:lt]
ruzie (de)	veszekedés	[vɛsɛkɛde:ʃ]
ruzie hebben (ww)	veszekedik	[vɛsɛkɛdik]
schandaal (het)	botrány	[botra:ɲ]
schandaal maken (ww)	botrányt csinál	[botra:ɲt tʃina:l]
conflict (het)	konfliktus	[konfliktuʃ]
misverstand (het)	félreértés	[fe:lre:ɛrte:ʃ]
belediging (de)	sértés	[ʃe:rte:ʃ]
beledigen	megsért	[mɛgʃe:rt]
(met scheldwoorden)		
beledigd (bn)	megsértett	[mɛgʃe:rtɛtt]
krenking (de)	sértés	[ʃe:rte:ʃ]
krenken (beledigen)	megsért	[mɛgʃe:rt]
gekwetst worden (ww)	megsértődik	[mɛgʃe:rtø:dik]
verontwaardiging (de)	felháborodás	[fɛlha:boroda:ʃ]
verontwaardigd zijn (ww)	felháborodik	[fɛlha:borodik]
klacht (de)	panasz	[pɒnɒs]
klagen (ww)	panaszkodik	[pɒnɒskodik]
verontschuldiging (de)	bocsánat	[botʃa:nɒt]
zich verontschuldigen	bocsánatot kér	[botʃa:nɒtot ke:r]
excuus vragen	elnézést kér	[ɛlne:ze:ʃt ke:r]
kritiek (de)	bírálat	[bi:ra:lɒt]
bekritiseren (ww)	bírál	[bi:ra:l]
beschuldiging (de)	vád	[va:d]
beschuldigen (ww)	vádol	[va:dol]
wraak (de)	bosszú	[bossu:]
wreken (ww)	megbosszul	[mɛgbossul]
wraak nemen (ww)	viszonoz	[visonoz]
minachting (de)	lenézés	[lɛne:ze:ʃ]
minachten (ww)	lenéz	[lɛne:z]
haat (de)	gyűlölet	[ɟy:løløt]
haten (ww)	gyűlöl	[ɟy:løl]
zenuwachtig (bn)	ideges	[idɛgɛʃ]
zenuwachtig zijn (ww)	izgul	[izgul]
boos (bn)	haragos	[hɒrɒgoʃ]
boos maken (ww)	megharagít	[mɛghɒrɒgi:t]
vernedering (de)	megalázás	[mɛgɒla:za:ʃ]
vernederen (ww)	megaláz	[mɛgɒla:z]
zich vernederen (ww)	megalázkodik	[mɛgɒla:skodik]
schok (de)	sokk	[ʃokk]
schokken (ww)	megbotránkoztat	[mɛgbotra:ŋkoztɒt]

| onaangenaamheid (de) | kellemetlenség | [kɛllɛmɛtlɛnʃeːg] |
| onaangenaam (bn) | kellemetlen | [kɛllɛmɛtlɛn] |

vrees (de)	félelem	[feːlɛlɛm]
vreselijk (bijv. ~ onweer)	szörnyű	[søɾɲyː]
eng (bn)	félelmetes	[feːlɛlmɛtɛʃ]
gruwel (de)	rémület	[reːmylɛt]
vreselijk (~ nieuws)	rémes	[reːmɛʃ]

huilen (wenen)	sír	[ʃiːr]
beginnen te huilen (wenen)	sírva fakad	[ʃiːrvɒ fɒkɒd]
traan (de)	könny	[kønɲ]

schuld (~ geven aan)	hiba	[hibɒ]
schuldgevoel (het)	bűnbánat	[byːnbaːnɒt]
schande (de)	szégyen	[seːɟɛn]
protest (het)	tiltakozás	[tiltɒkozaːʃ]
stress (de)	stressz	[strɛss]

storen (lastigvallen)	zavar	[zɒvɒr]
kwaad zijn (ww)	haragszik	[hɒrɒgsik]
kwaad (bn)	haragos	[hɒrɒgoʃ]
beëindigen (een relatie ~)	abbahagy	[ɒbbɒhɒɟ]
vloeken (ww)	szid	[sid]

schrikken (schrik krijgen)	megijed	[mɛgijɛd]
slaan (iemand ~)	üt	[yt]
vechten (ww)	verekedik	[vɛrɛkɛdik]

regelen (conflict)	megold	[mɛgold]
ontevreden (bn)	elégedetlen	[ɛleːgɛdɛtlɛn]
woedend (bn)	dühödt	[dyhøtt]

| Dat is niet goed! | Ez nem jó! | [ɛz nɛm joː] |
| Dat is slecht! | Ez rossz! | [ɛz ross] |

Geneeskunde

71. Ziekten

ziekte (de)	betegség	[bɛtɛgʃeːg]
ziek zijn (ww)	beteg van	[bɛtɛg vɒn]
gezondheid (de)	egészség	[ɛgeːʃeːg]
snotneus (de)	nátha	[naːthɒ]
angina (de)	torokgyulladás	[torokɟyllɒdaːʃ]
verkoudheid (de)	megfázás	[mɛgfaːzaːʃ]
verkouden raken (ww)	megfázik	[mɛgfaːzik]
bronchitis (de)	hörghurut	[hørgfurut]
longontsteking (de)	tüdőgyulladás	[tydøːɟyllɒjaːʃ]
griep (de)	influenza	[influɛnzɒ]
bijziend (bn)	rövidlátó	[røvidlaːtoː]
verziend (bn)	távollátó	[taːvollaːtoː]
scheelheid (de)	kancsalság	[kɒntʃɒlʃaːg]
scheel (bn)	kancsal	[kɒntʃɒl]
grauwe staar (de)	szürke hályog	[syrkɛ haːjog]
glaucoom (het)	glaukóma	[glɒukoːmɒ]
beroerte (de)	inzultus	[inzultuʃ]
hartinfarct (het)	infarktus	[infɒrktuʃ]
verlamming (de)	bénaság	[beːnɒʃaːg]
verlammen (ww)	megbénít	[mɛgbeːniːt]
allergie (de)	allergia	[ɒllɛrgiɒ]
astma (de/het)	asztma	[ɒstmɒ]
diabetes (de)	cukorbaj	[tsukorbɒj]
tandpijn (de)	fogfájás	[fogfaːjaːʃ]
tandbederf (het)	fogszuvasodás	[fogsuvɒʃodaːʃ]
diarree (de)	hasmenés	[hɒʃmɛneːʃ]
constipatie (de)	szorulás	[sorulaːʃ]
maagstoornis (de)	gyomorrontás	[ɟomorrontaːʃ]
voedselvergiftiging (de)	mérgezés	[meːrgɛzeːʃ]
voedselvergiftiging oplopen	mérgezést kap	[meːrgɛzeːʃt kɒp]
artritis (de)	ízületi gyulladás	[iːzylɛti ɟyllɒdaːʃ]
rachitis (de)	angolkór	[ɒŋgolkoːr]
reuma (het)	reuma	[rɛumɒ]
arteriosclerose (de)	érelmeszesedés	[eːrɛlmɛsɛʃɛdeːʃ]
gastritis (de)	gyomorhurut	[ɟomorhurut]
blindedarmontsteking (de)	vakbélgyulladás	[vɒkbeːlɟyllɒdaːʃ]
galblaasontsteking (de)	epehólyaggyulladás	[ɛpɛhoːjɒgɟyllɒdaːʃ]

zweer (de)	fekély	[fɛke:j]
mazelen (mv.)	kanyaró	[kɒɲɒro:]
rodehond (de)	rózsahimlő	[ro:ʒɒhimlø:]
geelzucht (de)	sárgaság	[ʃa:rgɒʃa:g]
leverontsteking (de)	hepatitisz	[hɛpɒtitis]

schizofrenie (de)	szkizofrénia	[skizofre:niɒ]
dolheid (de)	veszettség	[vɛsɛtːʃe:g]
neurose (de)	neurózis	[nɛuro:ziʃ]
hersenschudding (de)	agyrázkódás	[ɒɟra:skoda:ʃ]

kanker (de)	rák	[ra:k]
sclerose (de)	szklerózis	[sklɛro:ziʃ]
multiple sclerose (de)	szklerózis multiplex	[sklɛro:ziʃ multiplɛks]

alcoholisme (het)	alkoholizmus	[ɒlkoholizmuʃ]
alcoholicus (de)	alkoholista	[ɒlkoholiʃtɒ]
syfilis (de)	szifilisz	[sifilis]
AIDS (de)	AIDS	[ɛjds]

tumor (de)	daganat	[dɒgɒnɒt]
koorts (de)	láz	[la:z]
malaria (de)	malária	[mɒla:riɒ]
gangreen (het)	üszkösödés	[yskøʃøde:ʃ]
zeeziekte (de)	tengeribetegség	[tɛŋgɛribɛtɛgʃe:g]
epilepsie (de)	epilepszia	[ɛpilɛpsiɒ]

epidemie (de)	járvány	[ja:rva:ɲ]
tyfus (de)	tífusz	[ti:fus]
tuberculose (de)	tuberkulózis	[tubɛrkulo:ziʃ]
cholera (de)	kolera	[kolɛrɒ]
pest (de)	pestis	[pɛʃtiʃ]

72. Symptomen. Behandelingen. Deel 1

symptoom (het)	tünet	[tynɛt]
temperatuur (de)	láz	[la:z]
verhoogde temperatuur (de)	magas láz	[mɒgɒʃ la:z]
polsslag (de)	pulzus	[pulzuʃ]

duizeling (de)	szédülés	[se:dyle:ʃ]
heet (erg warm)	forró	[forro:]
koude rillingen (mv.)	hidegrázás	[hidɛgra:za:ʃ]
bleek (bn)	sápadt	[ʃa:pɒtt]

hoest (de)	köhögés	[køhøge:ʃ]
hoesten (ww)	köhög	[køhøg]
niezen (ww)	tüsszent	[tyssɛnt]
flauwte (de)	ájulás	[a:jula:ʃ]
flauwvallen (ww)	elájul	[ɛla:jul]

blauwe plek (de)	kék folt	[ke:k folt]
buil (de)	dudor	[dudor]
zich stoten (ww)	nekiütődik	[nɛkiytø:dik]

kneuzing (de)	ütés	[yte:ʃ]
kneuzen (gekneusd zijn)	megüti magát	[mɛgyti mɒga:t]
hinken (ww)	sántít	[ʃa:nti:t]
verstuiking (de)	ficam	[fitsɒm]
verstuiken (enkel, enz.)	kificamít	[kifitsɒmi:t]
breuk (de)	törés	[tøre:ʃ]
een breuk oplopen	eltör	[ɛltør]
snijwond (de)	vágás	[va:ga:ʃ]
zich snijden (ww)	megvágja magát	[mɛgva:gjɒ mɒga:t]
bloeding (de)	vérzés	[ve:rze:ʃ]
brandwond (de)	égési seb	[e:ge:ʃi ʃɛb]
zich branden (ww)	megégeti magát	[mɛge:gɛti mɒga:t]
prikken (ww)	megszúr	[mɛgsu:r]
zich prikken (ww)	megszúrja magát	[mɛgsu:rjo mɒga:t]
blesseren (ww)	megsért	[mɛgʃe:rt]
blessure (letsel)	sérülés	[ʃe:ryle:ʃ]
wond (de)	seb	[ʃɛb]
trauma (het)	sérülés	[ʃe:ryle:ʃ]
ijlen (ww)	félrebeszél	[fe:lrɛbɛse:l]
stotteren (ww)	dadog	[dɒdog]
zonnesteek (de)	napszúrás	[nɒpsu:ra:ʃ]

73. Symptomen. Behandelingen. Deel 2

pijn (de)	fájdalom	[fa:jdɒlom]
splinter (de)	szálka	[sa:lkɒ]
zweet (het)	veríték	[vɛri:te:k]
zweten (ww)	izzad	[izzɒd]
braking (de)	hányás	[ha:ɲa:ʃ]
stuiptrekkingen (mv.)	görcs	[gørʧ]
zwanger (bn)	terhes	[tɛrhɛʃ]
geboren worden (ww)	születik	[sylɛtik]
geboorte (de)	szülés	[syle:ʃ]
baren (ww)	szül	[syl]
abortus (de)	magzatelhajtás	[mɒgzɒtɛlhɒjta:ʃ]
ademhaling (de)	lélegzés	[le:lɛgze:ʃ]
inademing (de)	belégzés	[bɛle:gze:ʃ]
uitademing (de)	kilégzés	[kile:gze:ʃ]
uitademen (ww)	kilélegzik	[kile:lɛgzik]
inademen (ww)	belélegzik	[bɛle:lɛgzik]
invalide (de)	rokkant	[rokkɒnt]
gehandicapte (de)	nyomorék	[ɲomore:k]
drugsverslaafde (de)	narkós	[nɒrko:ʃ]
doof (bn)	süket	[ʃykɛt]
stom (bn)	néma	[ne:mɒ]

doofstom (bn)	süketnéma	[ʃykɛtne:mɒ]
krankzinnig (bn)	őrült	[ø:rylt]
krankzinnig worden	megőrül	[mɛgø:ryl]

gen (het)	gén	[ge:n]
immuniteit (de)	immunitás	[immunita:ʃ]
erfelijk (bn)	örökölt	[ørøkølt]
aangeboren (bn)	veleszületett	[vɛlɛʃsylɛtɛtt]

virus (het)	vírus	[vi:ruʃ]
microbe (de)	mikroba	[mikrobɒ]
bacterie (de)	baktérium	[bɒkte:rium]
infectie (de)	fertőzés	[fɛrtø:ze:ʃ]

74. Symptomen. Behandelingen. Deel 3

| ziekenhuis (het) | kórház | [ko:rha:z] |
| patiënt (de) | beteg | [bɛtɛg] |

diagnose (de)	diagnózis	[diɒgno:ziʃ]
genezing (de)	gyógyítás	[ɟø:ɟi:ta:ʃ]
medische behandeling (de)	kezelés	[kɛzɛle:ʃ]
onder behandeling zijn	gyógyul	[ɟø:ɟyl]
zorgen (zieken ~)	ápol	[a:pol]
ziekenzorg (de)	ápolás	[a:pola:ʃ]

operatie (de)	műtét	[my:te:t]
verbinden (een arm ~)	beköt	[bɛkøt]
verband (het)	bekötés	[bɛkøte:ʃ]

vaccin (het)	oltás	[olta:ʃ]
inenten (vaccineren)	beolt	[bɛolt]
injectie (de)	injekció	[iɲɛktsio:]
een injectie geven	injekciót ad	[iɲɛktsio:t ɒd]

aanval (de)	roham	[rohɒm]
amputatie (de)	amputálás	[ɒmputa:la:ʃ]
amputeren (ww)	csonkol	[tʃoŋkol]
coma (het)	kóma	[ko:mɒ]
in coma liggen	kómában van	[ko:ma:bɒn vɒn]
intensieve zorg, ICU (de)	reanimáció	[rɛɒnima:tsio:]

| zich herstellen (ww) | felgyógyul | [fɛlɟø:ɟyl] |
| toestand (de) | állapot | [a:llɒpot] |

| bewustzijn (het) | eszmélet | [ɛsme:lɛt] |
| geheugen (het) | emlékezet | [ɛmle:kɛzɛt] |

trekken (een kies ~)	húz	[hu:z]
vulling (de)	fogtömés	[fogtøme:ʃ]
vullen (ww)	fogat betöm	[fogɒt bɛtøm]

| hypnose (de) | hipnózis | [hipno:ziʃ] |
| hypnotiseren (ww) | hipnotizál | [hipnotiza:l] |

75. Artsen

dokter, arts (de)	orvos	[orvoʃ]
ziekenzuster (de)	nővér	[nøːveːr]
lijfarts (de)	személyes orvos	[sɛmeːjɛʃ orvoʃ]

tandarts (de)	fogász	[fogaːs]
oogarts (de)	szemész	[sɛmeːs]
therapeut (de)	belgyógyász	[bɛlɟøːɟaːs]
chirurg (de)	sebész	[ʃɛbeːs]

psychiater (de)	elmeorvos	[ɛlmɛorvoʃ]
pediater (de)	gyermekorvos	[ɟɛrmɛk orvoʃ]
psycholoog (de)	pszichológus	[psiholoːguʃ]
gynaecoloog (de)	nőgyógyász	[nøːɟøːɟaːs]
cardioloog (de)	kardiológus	[kɒrdjoloːguʃ]

76. Geneeskunde. Medicijnen. Accessoires

| geneesmiddel (het) | gyógyszer | [ɟøːɟsɛr] |
| middel (het) | orvosság | [orvoʃaːg] |

| voorschrijven (ww) | felír | [fɛliːr] |
| recept (het) | recept | [rɛtsɛpt] |

tablet (de/het)	tabletta	[tɒblɛttɒ]
zalf (de)	kenőcs	[kɛnøːʧ]
ampul (de)	ampulla	[ɒmpullɒ]
drank (de)	gyógyszerkeverék	[ɟøːɟsɛr kɛvɛreːk]
siroop (de)	szirup	[sirup]

| pil (de) | pirula | [pirulɒ] |
| poeder (de/het) | por | [por] |

verband (het)	kötés	[køteːʃ]
watten (mv.)	vatta	[vɒttɒ]
jodium (het)	jódtinktúra	[joːttiŋktuːrɒ]

| pleister (de) | ragtapasz | [rɒgtɒpɒs] |
| pipet (de) | pipetta | [pipɛttɒ] |

| thermometer (de) | hőmérő | [høːmeːrøː] |
| spuit (de) | fecskendő | [fɛʧkɛndøː] |

| rolstoel (de) | tolószék | [toloːseːk] |
| krukken (mv.) | mankók | [mɒŋkoːk] |

| pijnstiller (de) | fájdalomcsillapító | [faːjdɒlomʧillɒpiːtoː] |
| laxeermiddel (het) | hashajtó | [hɒʃhɒjtoː] |

spiritus (de)	szesz	[sɛs]
medicinale kruiden (mv.)	fű	[fyː]
kruiden- (abn)	fű	[fyː]

77. Roken. Tabaksproducten

tabak (de)	dohány	[doha:ɲ]
sigaret (de)	cigaretta	[tsigɒrɛttɒ]
sigaar (de)	szivar	[sivɒr]
pijp (de)	pipa	[pipɒ]
pakje (~ sigaretten)	doboz	[doboz]
lucifers (mv.)	gyufa	[ɟyfɒ]
luciferdoosje (het)	gyufadoboz	[ɟyfɒ ɟoboz]
aansteker (de)	gyújtó	[ɟu:jto:]
asbak (de)	hamutartó	[hɒmutɒrto:]
sigarettendoosje (het)	szivartárca	[sivɒr ta:rtsɒ]
sigarettenpijpje (het)	szopóka	[sopo:kɒ]
filter (de/het)	filter	[filtɛr]
roken (ww)	dohányzik	[doha:ɲzik]
een sigaret opsteken	rágyújt	[ra:ɟu:jt]
roken (het)	dohányzás	[doha:ɲza:ʃ]
roker (de)	dohányos	[doha:nøʃ]
peuk (de)	csikk	[tʃikk]
rook (de)	füst	[fyʃt]
as (de)	hamu	[hɒmu]

HET MENSELIJKE LEEFGEBIED

Stad

78. Stad. Het leven in de stad

stad (de)	város	[va:roʃ]
hoofdstad (de)	főváros	[fø:va:roʃ]
dorp (het)	falu	[folu]

plattegrond (de)	város térképe	[va:roʃ te:rke:pɛ]
centrum (ov. een stad)	városközpont	[va:roʃkøspont]
voorstad (de)	külváros	[kylva:roʃ]
voorstads- (abn)	külvárosi	[kylva:roʃi]

randgemeente (de)	külváros	[kylva:roʃ]
omgeving (de)	környék	[kørne:k]
blok (huizenblok)	városnegyed	[va:roʃnɛɟɛd]
woonwijk (de)	lakótelep	[lɒko:tɛlɛp]

verkeer (het)	közlekedés	[køzlɛkɛde:ʃ]
verkeerslicht (het)	lámpa	[la:mpɒ]
openbaar vervoer (het)	városi közlekedés	[va:roʃi køzlɛkɛde:ʃ]
kruispunt (het)	útkereszteződés	[u:tkɛrɛstɛzø:de:s]

zebrapad (oversteekplaats)	átkelőhely	[a:tkɛlø:hɛj]
onderdoorgang (de)	aluljáró	[ɒlulja:ro:]
oversteken (de straat ~)	átmegy	[a:tmɛɟ]
voetganger (de)	gyalogos	[ɟologoʃ]
trottoir (het)	járda	[ja:rdɒ]

brug (de)	híd	[hi:d]
dijk (de)	rakpart	[rɒkpɒrt]
fontein (de)	szökőkút	[søkø:ku:t]

allee (de)	fasor	[foʃor]
park (het)	park	[pɒrk]
boulevard (de)	sétány	[ʃe:ta:ɲ]
plein (het)	tér	[te:r]
laan (de)	sugárút	[ʃuga:ru:t]
straat (de)	utca	[uttsɒ]
zijstraat (de)	mellékutca	[mɛlle:kutsɒ]
doodlopende straat (de)	zsákutca	[ʒa:kuttsɒ]

huis (het)	ház	[ha:z]
gebouw (het)	épület	[e:pylɛt]
wolkenkrabber (de)	felhőkarcoló	[fɛlhø:kɒrtsolo:]
gevel (de)	homlokzat	[homlogzɒt]
dak (het)	tető	[tɛtø:]

venster (het)	ablak	[ɒblɒk]
boog (de)	boltív	[bolti:v]
pilaar (de)	oszlop	[oslop]
hoek (ov. een gebouw)	sarok	[ʃɒrok]

vitrine (de)	kirakat	[kirɒkɒt]
gevelreclame (de)	cégtábla	[tse:gta:blɒ]
affiche (de/het)	poszter	[postɛr]
reclameposter (de)	reklámplakát	[rɛkla:m plɒka:t]
aanplakbord (het)	hirdetőtábla	[hirdɛtø:ta:blɒ]

vuilnis (de/het)	szemét	[sɛme:t]
vuilnisbak (de)	kuka	[kukɒ]
afval weggooien (ww)	szemetel	[sɛmɛtɛl]
stortplaats (de)	szemétlerakó hely	[sɛme:tlɛrɒko: hɛj]

telefooncel (de)	telefonfülke	[tɛlɛfonfylkɛ]
straatlicht (het)	lámpaoszlop	[la:mpɒoslop]
bank (de)	pad	[pɒd]

politieagent (de)	rendőr	[rɛndø:r]
politie (de)	rendőrség	[rɛndø:rʃe:g]
zwerver (de)	koldus	[kolduʃ]
dakloze (de)	hajléktalan	[hɒjle:ktɒlɒn]

79. Stedelijke instellingen

winkel (de)	bolt	[bolt]
apotheek (de)	gyógyszertár	[ɟø:ɟsɛrta:r]
optiek (de)	optika	[optikɒ]
winkelcentrum (het)	vásárlóközpont	[va:ʃa:rlo: køspont]
supermarkt (de)	szupermarket	[supɛrmɒrkɛt]

bakkerij (de)	péküzlet	[pe:kyzlɛt]
bakker (de)	pék	[pe:k]
banketbakkerij (de)	cukrászda	[tsukra:sdɒ]
kruidenier (de)	élelmiszerbolt	[e:lɛlmisɛrbolt]
slagerij (de)	húsbolt	[hu:ʃbolt]

| groentewinkel (de) | zöldségbolt | [zøldʃe:gbolt] |
| markt (de) | piac | [piɒts] |

koffiehuis (het)	kávézó	[ka:ve:zo:]
restaurant (het)	étterem	[e:ttɛrɛm]
bar (de)	söröző	[ʃørøzø:]
pizzeria (de)	pizzéria	[pitse:riɒ]

kapperssalon (de/het)	fodrászat	[fodra:sɒt]
postkantoor (het)	posta	[poʃtɒ]
stomerij (de)	vegytisztítás	[vɛɟtisti:ta:ʃ]
fotostudio (de)	fényképészet	[fe:ɲke:pe:sɛt]

| schoenwinkel (de) | cipőbolt | [tsipø:bolt] |
| boekhandel (de) | könyvesbolt | [køɲvɛʃbolt] |

sportwinkel (de)	sportbolt	[ʃportbolt]
kledingreparatie (de)	ruhajavítás	[ruhɒ jɒviːtaːʃ]
kledingverhuur (de)	ruhakölcsönzés	[ruhɒ køltʃønzeːʃ]
videotheek (de)	filmkölcsönzés	[film køltʃønzeːʃ]

circus (de/het)	cirkusz	[tsirkus]
dierentuin (de)	állatkert	[aːllɒt kɛrt]
bioscoop (de)	mozi	[mozi]
museum (het)	múzeum	[muːzɛum]
bibliotheek (de)	könyvtár	[køɲvtaːr]

theater (het)	színház	[siːnhaːz]
opera (de)	opera	[opɛrɒ]
nachtclub (de)	éjjeli klub	[eːjjɛli klub]
casino (het)	kaszinó	[kɒsinoː]

moskee (de)	mecset	[mɛtʃɛt]
synagoge (de)	zsinagóga	[ʒinɒgoːgɒ]
kathedraal (de)	székesegyház	[seːkɛʃɛɟhaːz]
tempel (de)	templom	[tɛmplom]
kerk (de)	templom	[tɛmplom]

instituut (het)	intézet	[inteːzɛt]
universiteit (de)	egyetem	[ɛɟɛtɛm]
school (de)	iskola	[iʃkolɒ]

gemeentehuis (het)	polgármesteri hivatal	[polgaːrmɛʃtɛri hivɒtɒl]
stadhuis (het)	városháza	[vaːroʃhaːzɒ]
hotel (het)	szálloda	[saːllodɒ]
bank (de)	bank	[bɒŋk]

ambassade (de)	nagykövetség	[nɒɟkøvɛtʃeːg]
reisbureau (het)	utazási iroda	[utɒzaːʃi irodɒ]
informatieloket (het)	tudakozóiroda	[tudɒkozoː irodɒ]
wisselkantoor (het)	pénzváltó	[peːnzvaːltoː]

| metro (de) | metró | [mɛtroː] |
| ziekenhuis (het) | kórház | [koːrhaːz] |

| benzinestation (het) | benzinkút | [bɛnziŋkuːt] |
| parking (de) | parkolóhely | [pɒrkoloːhɛj] |

80. Borden

gevelreclame (de)	cégtábla	[tseːgtaːblɒ]
opschrift (het)	felirat	[fɛlirɒt]
poster (de)	plakát	[plɒkaːt]
wegwijzer (de)	útjelző	[uːtjɛlzøː]
pijl (de)	nyíl	[ɲiːl]

waarschuwing (verwittiging)	figyelmeztetés	[fiɟɛlmɛztɛteːʃ]
waarschuwingsbord (het)	figyelmeztetés	[fiɟɛlmɛztɛteːʃ]
waarschuwen (ww)	figyelmeztet	[fiɟɛlmɛztɛt]
vrije dag (de)	szabadnap	[sɒbɒdnɒp]

| dienstregeling (de) | órarend | [o:rɒrɛnd] |
| openingsuren (mv.) | nyitvatartási idő | [ɲitvɒtɒrta:ʃi idø:] |

WELKOM!	ISTEN HOZTA!	[iʃtɛn hoztɒ]
INGANG	BEJÁRAT	[bɛja:rɒt]
UITGANG	KIJÁRAT	[kija:rɒt]

DUWEN	TOLNI	[tolni]
TREKKEN	HÚZNI	[hu:zni]
OPEN	NYITVA	[ɲitvɒ]
GESLOTEN	ZÁRVA	[za:rvɒ]

| DAMES | NŐI | [nø:i] |
| HEREN | FÉRFI | [fe:rfi] |

KORTING	KIÁRUSÍTÁS	[kia:ruʃi:ta:ʃ]
UITVERKOOP	KEDVEZMÉNY	[kɛdvɛzme:ɲ]
NIEUW!	ÚJDONSÁG!	[u:jdonʃa:g]
GRATIS	INGYEN	[iɲɟɛn]

PAS OP!	FIGYELEM!	[fiɟɛlɛm]
VOLGEBOEKT	NINCS HELY	[nintʃ hɛj]
GERESERVEERD	FOGLALT	[foglɒlt]

| ADMINISTRATIE | IGAZGATÁS | [igɒzgɒta:ʃ] |
| ALLEEN VOOR PERSONEEL | SZEMÉLYZETI BEJÁRAT | [sɛme:jzɛti bɛja:rɒt] |

GEVAARLIJKE HOND	HARAPOS KUTYA	[hɒrɒpoʃ kucɒ]
VERBODEN TE ROKEN!	DOHÁNYOZNI TILOS!	[doha:nøzni tiloʃ]
NIET AANRAKEN!	NYÚJTANI TILOS!	[ɲu:jtɒni tiloʃ]

GEVAARLIJK	VESZÉLYES	[vɛse:jɛʃ]
GEVAAR	VESZÉLY	[vɛse:j]
HOOGSPANNING	MAGAS FESZÜLTSÉG	[mɒgɒʃ fɛsyltʃe:g]
VERBODEN TE ZWEMMEN	FÜRDENI TILOS	[fyrdɛni tiloʃ]
BUITEN GEBRUIK	NEM MŰKÖDIK	[nɛm my:ködik]

ONTVLAMBAAR	TŰZVESZÉLYES	[ty:zvɛse:jɛʃ]
VERBODEN	TILOS	[tiloʃ]
DOORGANG VERBODEN	TILOS AZ ÁTJÁRÁS	[tiloʃ ɒz a:tja:ra:ʃ]
OPGELET PAS GEVERFD	FESTETT	[fɛʃtɛtt]

81. Stedelijk vervoer

bus, autobus (de)	busz	[bus]
tram (de)	villamos	[villɒmoʃ]
trolleybus (de)	trolibusz	[trolibus]
route (de)	járat	[ja:rɒt]
nummer (busnummer, enz.)	szám	[sa:m]

rijden met ...	megy ...vel	[mɛɟ ...vɛl]
stappen (in de bus ~)	felszáll	[fɛlsa:ll]
afstappen (ww)	leszáll	[lɛsa:ll]

halte (de)	állomás	[aːllomaːʃ]
volgende halte (de)	következő állomás	[køvɛtkɛzø: aːllomaːʃ]
eindpunt (het)	végállomás	[veːgaːllomaːʃ]
dienstregeling (de)	menetrend	[mɛnɛtrɛnd]
wachten (ww)	vár	[vaːr]
kaartje (het)	jegy	[jɛɟ]
reiskosten (de)	jegyár	[jɛɟaːr]
kassier (de)	pénztáros	[peːnstaːroʃ]
kaartcontrole (de)	ellenőrzés	[ɛllɛnøːrzeːʃ]
controleur (de)	ellenőr	[ɛllɛnøːr]
te laat zijn (ww)	késik	[keːʃik]
missen (de bus ~)	elkésik ...re	[ɛlkeːʃik ...rɛ]
zich haasten (ww)	siet	[ʃiɛt]
taxi (de)	taxi	[tɒksi]
taxichauffeur (de)	taxis	[tɒksiʃ]
met de taxi (bw)	taxival	[tɒksivɒl]
taxistandplaats (de)	taxiállomás	[tɒksiaːllomaːʃ]
een taxi bestellen	taxit hív	[tɒksit hiːv]
een taxi nemen	taxival megy	[tɒksival mɛɟ]
verkeer (het)	közlekedés	[køzlɛkɛdeːʃ]
file (de)	dugó	[dugoː]
spitsuur (het)	csúcsforgalom	[tʃuːtʃforgɒlom]
parkeren (on.ww.)	parkol	[pɒrkol]
parkeren (ov.ww.)	parkol	[pɒrkol]
parking (de)	parkolóhely	[pɒrkoloːhɛj]
metro (de)	metró	[mɛtroː]
halte (bijv. kleine treinhalte)	állomás	[aːllomaːʃ]
de metro nemen	metróval megy	[mɛtroːvɒl mɛɟ]
trein (de)	vonat	[vonɒt]
station (treinstation)	pályaudvar	[paːjɒudvɒr]

82. Bezienswaardigheden

monument (het)	műemlék	[myːɛmleːk]
vesting (de)	erőd	[ɛrøːd]
paleis (het)	palota	[pɒlotɒ]
kasteel (het)	kastély	[kɒʃteːj]
toren (de)	torony	[toroɲ]
mausoleum (het)	mauzóleum	[mɒuzoːlɛum]
architectuur (de)	építészet	[eːpiːteːsɛt]
middeleeuws (bn)	középkori	[køzeːpkori]
oud (bn)	ősi	[øːʃi]
nationaal (bn)	nemzeti	[nɛmzɛti]
bekend (bn)	híres	[hiːrɛʃ]
toerist (de)	turista	[turiʃtɒ]
gids (de)	idegenvezető	[idɛgɛn vɛzɛtøː]

rondleiding (de)	kirándulás	[kira:ndula:ʃ]
tonen (ww)	mutat	[mutɒt]
vertellen (ww)	mesél	[mɛʃe:l]

vinden (ww)	talál	[tɒla:l]
verdwalen (de weg kwijt zijn)	elvész	[ɛlve:s]
plattegrond (~ van de metro)	térkép	[te:rke:p]
plattegrond (~ van de stad)	térkép	[te:rke:p]

souvenir (het)	emléktárgy	[ɛmle:kta:rɟ]
souvenirwinkel (de)	ajándékbolt	[ɒja:nde:kbolt]
foto's maken	fényképez	[fe:ɲke:pɛz]
zich laten fotograferen	lefényképezteti magát	[lɛfe:ɲke:pɛztɛti mɒga:t]

83. Winkelen

kopen (ww)	vásárol	[va:ʃa:rol]
aankoop (de)	vásárolt holmi	[va:ʃa:rolt holmi]
winkelen (ww)	vásárol	[va:ʃa:rol]
winkelen (het)	vásárlás	[va:ʃa:rla:ʃ]

| open zijn (ov. een winkel, enz.) | dolgozik | [dolgozik] |
| gesloten zijn (ww) | bezáródik | [bɛza:ro:dik] |

schoeisel (het)	cipő	[tsipø:]
kleren (mv.)	ruha	[ruhɒ]
cosmetica (mv.)	kozmetika	[kozmɛtikɒ]
voedingswaren (mv.)	élelmiszer	[e:lɛlmisɛr]
geschenk (het)	ajándék	[ɒja:nde:k]

| verkoper (de) | eladó | [ɛlɒdo:] |
| verkoopster (de) | eladónő | [ɛlɒdo:nø:] |

kassa (de)	pénztár	[pe:nsta:r]
spiegel (de)	tükör	[tykør]
toonbank (de)	pult	[pult]
paskamer (de)	próbafülke	[pro:bɒfylkɛ]

aanpassen (ww)	felpróbál	[fɛlpro:ba:l]
passen (ov. kleren)	megfelel	[mɛgfɛlɛl]
bevallen (prettig vinden)	tetszik	[tɛtsik]

prijs (de)	ár	[a:r]
prijskaartje (het)	árcédula	[a:rtse:dulɒ]
kosten (ww)	kerül	[kɛryl]
Hoeveel?	Mennyibe kerül?	[mɛnɲibɛ kɛryl]
korting (de)	kedvezmény	[kɛdvɛzme:ɲ]

niet duur (bn)	olcsó	[oltʃo:]
goedkoop (bn)	olcsó	[oltʃo:]
duur (bn)	drága	[dra:gɒ]
Dat is duur.	Ez drága.	[ɛz dra:gɒ]
verhuur (de)	kölcsönzés	[køltʃønze:ʃ]

huren (smoking, enz.)	kölcsönöz	[kølt͡ʃønøz]
krediet (het)	hitel	[hitɛl]
op krediet (bw)	hitelbe	[hitɛlbɛ]

84. Geld

geld (het)	pénz	[pe:nz]
ruil (de)	váltás	[va:lta:ʃ]
koers (de)	árfolyam	[a:rfojɒm]
geldautomaat (de)	bankautomata	[bɒŋk ɒutomɒtɒ]
muntstuk (de)	érme	[e:rmɛ]

| dollar (de) | dollár | [dolla:r] |
| euro (de) | euró | [ɛuro:] |

lire (de)	líra	[li:rɒ]
Duitse mark (de)	márka	[ma:rkɒ]
frank (de)	frank	[frɒŋk]
pond sterling (het)	font sterling	[font stɛrliŋg]
yen (de)	jen	[jɛn]

schuld (geldbedrag)	adósság	[ɒdo:ʃa:g]
schuldenaar (de)	adós	[ɒdo:ʃ]
uitlenen (ww)	kölcsönad	[kølt͡ʃønɒd]
lenen (geld ~)	kölcsönvesz	[kølt͡ʃønvɛs]

bank (de)	bank	[bɒŋk]
bankrekening (de)	számla	[sa:mlɒ]
op rekening storten	számlára tesz	[sa:mla:rɒ tɛs]
opnemen (ww)	számláról lehív	[sa:mla:ro:l lɛhi:v]

kredietkaart (de)	hitelkártya	[hitɛlka:rcɒ]
baar geld (het)	készpénz	[ke:spe:nz]
cheque (de)	csekk	[t͡ʃɛkk]
een cheque uitschrijven	kiállít egy csekket	[kia:lli:t ɛɟ: t͡ʃɛkkɛt]
chequeboekje (het)	csekkkönyv	[t͡ʃɛkkkøɲv]

portefeuille (de)	pénztárca	[pe:nsta:rtsɒ]
geldbeugel (de)	pénztárca	[pe:nsta:rtsɒ]
safe (de)	páncélszekrény	[pa:ntse:lsɛkre:ɲ]

erfgenaam (de)	örökös	[ørøkøʃ]
erfenis (de)	örökség	[ørøkʃe:g]
fortuin (het)	vagyon	[vɒɟɒn]

huur (de)	bérlet	[be:rlɛt]
huurprijs (de)	lakbér	[lɒkbe:r]
huren (huis, kamer)	bérel	[be:rɛl]

prijs (de)	ár	[a:r]
kostprijs (de)	költség	[kølt͡ʃe:g]
som (de)	összeg	[øssɛg]
uitgeven (geld besteden)	költ	[kølt]
kosten (mv.)	kiadások	[kiɒda:ʃok]

bezuinigen (ww)	takarékoskodik	[tɔkɒre:koʃkodik]
zuinig (bn)	takarékos	[tɔkɒre:koʃ]

betalen (ww)	fizet	[fizɛt]
betaling (de)	fizetés	[fizɛte:ʃ]
wisselgeld (het)	visszajáró pénz	[vissɒja:ro: pe:nz]

belasting (de)	adó	[ɒdo:]
boete (de)	büntetés	[byntɛte:ʃ]
beboeten (bekeuren)	büntet	[byntɛt]

85. Post. Postkantoor

postkantoor (het)	posta	[poʃtɒ]
post (de)	posta	[poʃtɒ]
postbode (de)	postás	[poʃta:ʃ]
openingsuren (mv.)	nyitvatartási idő	[ɲitvɒtɔrta:ʃi idø:]

brief (de)	levél	[lɛve:l]
aangetekende brief (de)	ajánlott levél	[ɒja:nlott lɛve:l]
briefkaart (de)	képeslap	[ke:pɛʃlɒp]
telegram (het)	távirat	[ta:virɒt]
postpakket (het)	csomag	[ʧomɒg]
overschrijving (de)	pénzátutalás	[pe:nza:tutɒla:ʃ]

ontvangen (ww)	kap	[kɒp]
sturen (zenden)	felad	[fɛlɒd]
verzending (de)	feladás	[fɛlɒda:ʃ]

adres (het)	cím	[tsi:m]
postcode (de)	irányítószám	[ira:ɲi:to:sa:m]
verzender (de)	feladó	[fɛlɒdo:]
ontvanger (de)	címzett	[tsi:mzɛtt]

naam (de)	név	[ne:v]
achternaam (de)	vezetéknév	[vɛzɛte:k ne:v]

tarief (het)	tarifa	[tarifa]
standaard (bn)	normál	[norma:l]
zuinig (bn)	kedvezményes	[kɛdvɛzme:ɲɛʃ]

gewicht (het)	súly	[ʃu:j]
afwegen (op de weegschaal)	megmér	[mɛgme:r]
envelop (de)	boríték	[bori:te:k]
postzegel (de)	márka	[ma:rkɒ]

Woning. Huis. Thuis

86. Huis. Woning

huis (het)	ház	[ha:z]
thuis (bw)	itthon	[itthon]
cour (de)	udvar	[udvɒr]
omheining (de)	kerítés	[kɛri:te:ʃ]
baksteen (de)	tégla	[te:glɒ]
van bakstenen	tégla	[te:glɒ]
steen (de)	kő	[kø:]
stenen (bn)	kő	[kø:]
beton (het)	beton	[bɛton]
van beton	beton	[bɛton]
nieuw (bn)	új	[u:j]
oud (bn)	régi	[re:gi]
vervallen (bn)	omladozó	[omladozo:]
modern (bn)	modern	[modɛrn]
met veel verdiepingen	többemeletes	[tøbbɛmɛlɛtɛʃ]
hoog (bn)	magas	[mɒgɒʃ]
verdieping (de)	emelet	[ɛmɛlɛt]
met een verdieping	földszintes	[føldsintɛʃ]
laagste verdieping (de)	földszint	[føldsint]
bovenverdieping (de)	felső emelet	[fɛlʃø: ɛmɛlɛt]
dak (het)	tető	[tɛtø:]
schoorsteen (de)	kémény	[ke:me:ɲ]
dakpan (de)	cserép	[tʃɛre:p]
pannen- (abn)	cserép	[tʃɛre:p]
zolder (de)	padlás	[pɒdla:ʃ]
venster (het)	ablak	[ɒblɒk]
glas (het)	üveg	[yvɛg]
vensterbank (de)	ablakdeszka	[ɒblɒg dɛskɒ]
luiken (mv.)	zsalugáter	[ʒɒluga:tɛr]
muur (de)	fal	[fɒl]
balkon (het)	erkély	[ɛrke:j]
regenpijp (de)	vízlevezető cső	[vi:zlɛvɛzɛtø: tʃø:]
boven (bw)	fent	[fɛnt]
naar boven gaan (ww)	felmegy	[fɛlmɛɟ]
afdalen (on.ww.)	lemegy	[lɛmɛɟ]
verhuizen (ww)	átköltözik	[a:tkøltøzik]

87. Huis. Ingang. Lift

ingang (de)	bejárat	[bɛja:rɒt]
trap (de)	lépcső	[le:pʧø:]
treden (mv.)	lépcsőfok	[le:pʧø:fok]
trapleuning (de)	korlát	[korla:t]
hal (de)	előcsarnok	[ɛlø:ʧɒrnok]
postbus (de)	postaláda	[poʃtɒla:dɒ]
vuilnisbak (de)	kuka	[kukɒ]
vuilniskoker (de)	szemétledobó	[sɛmɛ:t lɛdobo:]
lift (de)	lift	[lift]
goederenlift (de)	teherfelvonó	[tɛhɛr fɛlvono:]
liftcabine (de)	fülke	[fylkɛ]
de lift nemen	lifttel megy	[lifttɛl mɛɟ]
appartement (het)	lakás	[lɒka:ʃ]
bewoners (mv.)	lakók	[lɒko:k]
buurman (de)	szomszéd	[somse:d]
buurvrouw (de)	szomszéd	[somse:d]
buren (mv.)	szomszédok	[somse:dok]

88. Huis. Elektriciteit

elektriciteit (de)	villany	[villɒɲ]
lamp (de)	körte	[kørtɛ]
schakelaar (de)	bekapcsoló	[bɛkɒpʧolo:]
zekering (de)	biztosíték	[bistoʃi:te:k]
draad (de)	vezeték	[vɛzɛte:k]
bedrading (de)	vezetés	[vɛzɛte:ʃ]
elektriciteitsmeter (de)	villanyóra	[villɒɲ o:rɒ]
gegevens (mv.)	állás	[a:lla:ʃ]

89. Huis. Deuren. Sloten

deur (de)	ajtó	[ɒjto:]
toegangspoort (de)	kapu	[kɒpu]
deurkruk (de)	kilincs	[kilinʧ]
ontsluiten (ontgrendelen)	kinyit	[kiɲit]
openen (ww)	kinyit	[kiɲit]
sluiten (ww)	bezár	[bɛza:r]
sleutel (de)	kulcs	[kulʧ]
sleutelbos (de)	kulcscsomó	[kulʧ ʧomo:]
knarsen (bijv. scharnier)	nyikorog	[ɲikorog]
knarsgeluid (het)	nyikorgás	[ɲikorga:ʃ]
scharnier (het)	zsanér	[ʒane:r]
deurmat (de)	lábtörlő	[la:ptørlø:]
slot (het)	zár	[za:r]

sleutelgat (het)	zárlyuk	[zaːrjuk]
grendel (de)	retesz	[rɛtɛs]
schuif (de)	tolózár	[toloːzaːr]
hangslot (het)	lakat	[lɒkɒt]

aanbellen (ww)	csenget	[ʧɛŋgɛt]
bel (geluid)	csengetés	[ʧɛŋgɛteːʃ]
deurbel (de)	csengő	[ʧɛŋgøː]
belknop (de)	gomb	[gomb]
geklop (het)	kopogás	[kopogaːʃ]
kloppen (ww)	kopog	[kopog]

code (de)	kód	[koːd]
cijferslot (het)	kódzár	[koːdzaːr]
parlofoon (de)	kaputelefon	[kɒputɛlɛfon]
nummer (het)	szám	[saːm]
naambordje (het)	felirat	[fɛlirɒt]
deurspion (de)	kukucskáló	[kukuʧkaːloː]

90. Huis op het platteland

dorp (het)	falu	[fɒlu]
moestuin (de)	konyhakert	[koɲhɒkɛrt]
hek (het)	kerítés	[kɛriːteːʃ]
houten hekwerk (het)	kerítés	[kɛriːteːʃ]
tuinpoortje (het)	kiskapu	[kiʃkɒpu]

graanschuur (de)	magtár	[mɒgtaːr]
wortelkelder (de)	pince	[pintsɛ]
schuur (de)	pajta	[pɒjtɒ]
waterput (de)	kút	[kuːt]

kachel (de)	kemence	[kɛmɛntsɛ]
de kachel stoken	begyújt	[bɛɟuːjt]
brandhout (het)	tűzifa	[tyːzifɒ]
houtblok (het)	fahasáb	[fɒhɒʃaːb]

veranda (de)	veranda	[vɛrɒndɒ]
terras (het)	terasz	[tɛrɒs]
bordes (het)	feljárat	[fɛljaːrɒt]
schommel (de)	hinta	[hintɒ]

91. Villa. Herenhuis

landhuisje (het)	hétvégi ház	[heːtveːgi haːz]
villa (de)	villa	[villɒ]
vleugel (de)	szárny	[saːrɲ]

tuin (de)	kert	[kɛrt]
park (het)	park	[pɒrk]
oranjerie (de)	melegház	[mɛlɛkhaːz]
onderhouden (tuin, enz.)	ápol	[aːpol]

zwembad (het)	medence	[mɛdɛntsɛ]
gym (het)	tornacsarnok	[tornɒtʃɒrnok]
tennisveld (het)	teniszpálya	[tɛnispa:jɒ]
bioscoopkamer (de)	házimozi	[ha:zimozi]
garage (de)	garázs	[gɒra:ʒ]
privé-eigendom (het)	magánterület	[mɒga:n tɛrylɛt]
eigen terrein (het)	magánterület	[mɒga:n tɛrylɛt]
waarschuwing (de)	figyelmeztetés	[fiɟɛlmɛztɛte:ʃ]
waarschuwingsbord (het)	figyelmeztető felirat	[fiɟɛlmɛztɛtø: fɛlirɒt]
bewaking (de)	őrség	[ø:rʃe:g]
bewaker (de)	biztonsági őr	[bistonʃa:gi ø:r]
inbraakalarm (het)	riasztó	[riɒsto:]

92. Kasteel. Paleis

kasteel (het)	kastély	[kɒʃte:j]
paleis (het)	palota	[pɒlotɒ]
vesting (de)	erőd	[ɛrø:d]
ringmuur (de)	fal	[fɒl]
toren (de)	torony	[toroɲ]
donjon (de)	főtorony	[fø:toroɲ]
valhek (het)	felvonókapu	[fɛlvono: kɒpu]
onderaardse gang (de)	föld alatti járat	[føld ɒlɒtti ja:rɒt]
slotgracht (de)	árok	[a:rok]
ketting (de)	lánc	[la:nts]
schietgat (het)	lőrés	[lø:re:ʃ]
prachtig (bn)	nagyszerű	[nɒɟsɛry:]
majestueus (bn)	magasztos	[mɒgɒstoʃ]
onneembaar (bn)	bevehetetlen	[bɛvɛhɛtɛtlɛn]
middeleeuws (bn)	középkori	[køze:pkori]

93. Appartement

appartement (het)	lakás	[lɒka:ʃ]
kamer (de)	szoba	[sobɒ]
slaapkamer (de)	hálószoba	[ha:lo:sobɒ]
eetkamer (de)	ebédlő	[ɛbe:dlø:]
salon (de)	nappali	[nɒppɒli]
studeerkamer (de)	dolgozószoba	[dolgozo:sobɒ]
gang (de)	előszoba	[ɛlø:sobɒ]
badkamer (de)	fürdőszoba	[fyrdø:sobɒ]
toilet (het)	vécé	[ve:tse:]
plafond (het)	mennyezet	[mɛɲɲɛzɛt]
vloer (de)	padló	[pɒdlo:]
hoek (de)	sarok	[ʃɒrok]

94. Appartement. Schoonmaken

schoonmaken (ww)	takarít	[tɒkɒriːt]
opbergen (in de kast, enz.)	eltesz	[ɛltɛs]
stof (het)	por	[por]
stoffig (bn)	poros	[poroʃ]
stoffen (ww)	port töröl	[port tørøl]
stofzuiger (de)	porszívó	[porsiːvoː]
stofzuigen (ww)	porszívózik	[porsiːvoːzik]
vegen (de vloer ~)	söpör	[ʃøpør]
veegsel (het)	szemét	[sɛmeːt]
orde (de)	rend	[rɛnd]
wanorde (de)	rendetlenség	[rɛndɛtlɛnʃeːg]
zwabber (de)	seprő	[ʃɛprø]
poetsdoek (de)	rongy	[roɲɟ]
veger (de)	söprű	[ʃɛpryː]
stofblik (het)	lapát	[lɒpaːt]

95. Meubels. Interieur

meubels (mv.)	bútor	[buːtor]
tafel (de)	asztal	[ɒstɒl]
stoel (de)	szék	[seːk]
bed (het)	ágy	[aːɟ]
bankstel (het)	dívány	[diːvaːɲ]
fauteuil (de)	fotel	[fotɛl]
boekenkast (de)	könyvszekrény	[køɲvsɛkreːɲ]
boekenrek (het)	könyvpolc	[køɲvpolts]
kledingkast (de)	ruhaszekrény	[ruhɒ sɛkreːɲ]
kapstok (de)	ruhatartó	[ruhɒtɒrtoː]
staande kapstok (de)	fogas	[fogɒʃ]
commode (de)	komód	[komoːd]
salontafeltje (het)	dohányzóasztal	[dohaːɲzoːɒstɒl]
spiegel (de)	tükör	[tykør]
tapijt (het)	szőnyeg	[søːnɛg]
tapijtje (het)	kis szőnyeg	[kiʃ søːnɛg]
haard (de)	kandalló	[kɒndɒlloː]
kaars (de)	gyertya	[ɟɛrcɒ]
kandelaar (de)	gyertyatartó	[ɟɛrcɒtɒrtoː]
gordijnen (mv.)	függöny	[fyggøɲ]
behang (het)	tapéta	[tɒpeːtɒ]
jaloezie (de)	redőny	[rɛdøːɲ]
bureaulamp (de)	asztali lámpa	[ɒstɒli laːmpɒ]
wandlamp (de)	lámpa	[laːmpɒ]

| staande lamp (de) | állólámpa | [a:llo:la:mpɒ] |
| luchter (de) | csillár | [ʧilla:r] |

poot (ov. een tafel, enz.)	láb	[la:b]
armleuning (de)	kartámla	[kɒrta:mlɒ]
rugleuning (de)	támla	[ta:mlɒ]
la (de)	fiók	[fio:k]

96. Beddengoed

beddengoed (het)	ágynemű	[a:ɟnɛmy:]
kussen (het)	párna	[pa:rnɒ]
kussenovertrek (de)	párnahuzat	[pɒ:rnɒhuzɒt]
deken (de)	takaró	[tɒkɒro:]
laken (het)	lepedő	[lɛpɛdø:]
sprei (de)	takaró	[tɒkɒro:]

97. Keuken

keuken (de)	konyha	[koɲhɒ]
gas (het)	gáz	[ga:z]
gasfornuis (het)	gáztűzhely	[ga:zty:zhɛj]
elektrisch fornuis (het)	elektromos tűzhely	[ɛlɛktromoʃ ty:shɛj]
oven (de)	sütő	[ʃytø:]
magnetronoven (de)	mikrohullámú sütő	[mikrohulla:mu: ʃytø:]

koelkast (de)	hűtőszekrény	[hy:tø:sɛkre:ɲ]
diepvriezer (de)	fagyasztóláda	[fɒɟɒsto:la:dɒ]
vaatwasmachine (de)	mosogatógép	[moʃogɒto:ge:p]

vleesmolen (de)	húsdaráló	[hu:ʃdɒra:lo:]
vruchtenpers (de)	gyümölcscentrifuga	[ɟymølʧ tsɛntrifugɒ]
toaster (de)	kenyérpirító	[kɛne:rpiri:to:]
mixer (de)	turmixgép	[turmiksge:p]

koffiemachine (de)	kávéfőző	[ka:ve:fø:zø:]
koffiepot (de)	kávéskanna	[ka:ve:ʃkɒnnɒ]
koffiemolen (de)	kávéőrlő	[ka:ve:ø:rlø:]

fluitketel (de)	kanna	[kɒnnɒ]
theepot (de)	teáskanna	[tɛa:ʃkɒnnɒ]
deksel (de/het)	fedél	[fɛde:l]
theezeefje (het)	szűrő	[sy:rø:]

lepel (de)	kanál	[kɒna:l]
theelepeltje (het)	teáskanál	[tɛa:ʃkɒna:l]
eetlepel (de)	evőkanál	[ɛvø:kɒna:l]
vork (de)	villa	[villɒ]
mes (het)	kés	[ke:ʃ]

| vaatwerk (het) | edény | [ɛde:ɲ] |
| bord (het) | tányér | [ta:ne:r] |

schoteltje (het)	csészealj	[tʃeːsɛɒj]
likeurglas (het)	kupica	[kupitsɒ]
glas (het)	pohár	[pohaːr]
kopje (het)	csésze	[tʃeːsɛ]

suikerpot (de)	cukortartó	[tsukortɒrtoː]
zoutvat (het)	sótartó	[ʃoːtɒrtoː]
pepervat (het)	borstartó	[borʃtɒrtoː]
boterschaaltje (het)	vajtartó	[vɒj tɒrtoː]

pan (de)	lábas	[laːbɒʃ]
bakpan (de)	serpenyő	[ʃɛrpɛɲøː]
pollepel (de)	merőkanál	[mɛrøːkɒnaːl]
vergiet (de/het)	tésztaszűrő	[teːstɒsyːrøː]
dienblad (het)	tálca	[taːltsɒ]

fles (de)	palack, üveg	[pɒlɒsk], [yvɛg]
glazen pot (de)	befőttes üveg	[bɛføːtɛs yvɛg]
blik (conserven~)	bádogdoboz	[baːdogdoboz]

flesopener (de)	üvegnyitó	[yvɛg ɲitoː]
blikopener (de)	konzervnyitó	[konzɛrv ɲitoː]
kurkentrekker (de)	dugóhúzó	[dugoːhuːzoː]
filter (de/het)	filter	[filtɛr]
filteren (ww)	szűr	[syːr]

huisvuil (het)	szemét	[sɛmeːt]
vuilnisemmer (de)	kuka	[kukɒ]

98. Badkamer

badkamer (de)	fürdőszoba	[fyrdøːsobɒ]
water (het)	víz	[viːz]
kraan (de)	csap	[tʃɒp]
warm water (het)	meleg víz	[mɛlɛg viːz]
koud water (het)	hideg víz	[hidɛg viːz]

tandpasta (de)	fogkrém	[fogkreːm]
tanden poetsen (ww)	fogat mos	[fogɒt moʃ]

zich scheren (ww)	borotválkozik	[borotvaːlkozik]
scheercrème (de)	borotvahab	[borotvɒhɒb]
scheermes (het)	borotva	[borotvɒ]

wassen (ww)	mos	[moʃ]
een bad nemen	mosakodik	[moʃɒkodik]
douche (de)	zuhany	[zuhɒɲ]
een douche nemen	zuhanyozik	[zuhɒɲozik]

bad (het)	fürdőkád	[fyrdøːkaːd]
toiletpot (de)	vécékagyló	[veːtsːe kɒɟloː]
wastafel (de)	mosdókagyló	[moʒdoːkɒɟloː]
zeep (de)	szappan	[sɒppɒn]
zeepbakje (het)	szappantartó	[sɒppɒntɒrtoː]

spons (de)	szivacs	[sivɒtʃ]
shampoo (de)	sampon	[ʃɒmpon]
handdoek (de)	törülköző	[tørylkøzø:]
badjas (de)	köntös	[køntøʃ]

was (bijv. handwas)	mosás	[moʃɒːʃ]
wasmachine (de)	mosógép	[moʃoːgeːp]
de was doen	ruhát mos	[ruhaːt moʃ]
waspoeder (de)	mosópor	[moʃoːpor]

99. Huishoudelijke apparaten

televisie (de)	televízió	[tɛlɛviːzioː]
cassettespeler (de)	magnó	[mɒgnoː]
videorecorder (de)	videomagnó	[vidɛomɒgnoː]
radio (de)	vevőkészülék	[vɛvøːkeːsyleːk]
speler (de)	sétálómagnó	[ʃeːtaːloː mɒgnoː]

videoprojector (de)	videovetítő	[vidɛovɛtiːtø:]
home theater systeem (het)	házimozi	[ha:zimozi]
DVD-speler (de)	DVDlejátszó	[dɛvɛdɛlɛjaːtso:]
versterker (de)	erősítő	[ɛrøːʃiːtø:]
spelconsole (de)	videojáték	[vidɛojaːteːk]

videocamera (de)	videokamera	[vidɛokɒmɛrɒ]
fotocamera (de)	fényképezőgép	[fe:ɲke:pɛzø:ge:p]
digitale camera (de)	digitális fényképezőgép	[digitaːliʃ fe:ɲke:pɛzø:ge:p]

stofzuiger (de)	porszívó	[porsiːvo:]
strijkijzer (het)	vasaló	[vɒʃɒlo:]
strijkplank (de)	vasalódeszka	[vɒʃɒloːdɛskɒ]

telefoon (de)	telefon	[tɛlɛfon]
mobieltje (het)	mobiltelefon	[mobiltɛlɛfon]
schrijfmachine (de)	írógép	[iːroːgeːp]
naaimachine (de)	varrógép	[vɒrroːgeːp]

microfoon (de)	mikrofon	[mikrofon]
koptelefoon (de)	fejhallgató	[fɛlhɒllgɒto:]
afstandsbediening (de)	távkapcsoló	[ta:v kɒptʃolo:]

CD (de)	CDlemez	[tsɛdɛlɛmɛz]
cassette (de)	kazetta	[kɒzɛttɒ]
vinylplaat (de)	lemez	[lɛmɛz]

100. Reparaties. Renovatie

renovatie (de)	felújítás	[fɛluːjiːtaːʃ]
renoveren (ww)	renovál	[rɛnovaːl]
repareren (ww)	javít	[jɒviːt]
op orde brengen	rendbe hoz	[rɛndbɛ hoz]

overdoen (ww)	újra csinál	[u:jrɒ t͡ʃina:l]
verf (de)	festék	[fɛʃte:k]
verven (muur ~)	fest	[fɛʃt]
schilder (de)	festő	[fɛʃtø:]
kwast (de)	ecset	[ɛt͡ʃɛt]

| kalk (de) | mészfesték | [me:sfɛʃte:k] |
| kalken (ww) | meszel | [mɛsɛl] |

behang (het)	tapéta	[tɒpe:tɒ]
behangen (ww)	tapétáz	[tɒpe:ta:z]
lak (de/het)	lakk	[lɒkk]
lakken (ww)	lakkoz	[lɒkkoz]

101. Loodgieterswerk

water (het)	víz	[vi:z]
warm water (het)	meleg víz	[mɛlɛg vi:z]
koud water (het)	hideg víz	[hidɛg vi:z]
kraan (de)	csap	[t͡ʃɒp]

druppel (de)	csepp	[t͡ʃɛpp]
druppelen (ww)	csepeg	[t͡ʃɛpɛg]
lekken (een lek hebben)	szivárog	[siva:rog]
lekkage (de)	szivárgás	[siva:rga:s]
plasje (het)	tócsa	[to:t͡ʃɒ]

buis, leiding (de)	cső	[t͡ʃø:]
stopkraan (de)	szelep	[sɛlɛp]
verstopt raken (ww)	eldugul	[ɛldugul]

gereedschap (het)	szerszámok	[sɛrsa:mok]
Engelse sleutel (de)	állítható csavarkulcs	[a:lli:thɒto: t͡ʃɒvɒrkult͡ʃ]
losschroeven (ww)	kicsavar	[kit͡ʃɒvɒr]
aanschroeven (ww)	becsavar	[bɛt͡ʃɒvɒr]

ontstoppen (riool, enz.)	kitisztít	[kitisti:t]
loodgieter (de)	vízvezetékszerelő	[vi:zvɛzɛte:ksɛrɛlø:]
kelder (de)	pince	[pintsɛ]
riolering (de)	csatornázás	[t͡ʃɒtorna:za:ʃ]

102. Brand. Vuurzee

brand (de)	tűz	[ty:z]
vlam (de)	láng	[la:ŋg]
vonk (de)	szikra	[sikrɒ]
rook (de)	füst	[fyʃt]
fakkel (de)	fáklya	[fa:kjɒ]
kampvuur (het)	tábortűz	[ta:borty:z]

| benzine (de) | benzin | [bɛnzin] |
| kerosine (de) | kerozin | [kɛrozin] |

brandbaar (bn)	gyúlékony	[ɟu:le:koɲ]
ontplofbaar (bn)	robbanásveszélyes	[robbɒna:ʃ vɛse:jɛʃ]
VERBODEN TE ROKEN!	DOHÁNYOZNI TILOS!	[doha:nøzni tiloʃ]

veiligheid (de)	biztonság	[bistonʃa:g]
gevaar (het)	veszély	[vɛse:j]
gevaarlijk (bn)	veszélyes	[vɛse:jɛʃ]

in brand vliegen (ww)	meggyullad	[mɛɟɟyllɒd]
explosie (de)	robbanás	[robbɒna:ʃ]
in brand steken (ww)	felgyújt	[fɛlɟu:jt]
brandstichter (de)	gyújtogató	[ɟu:jtogɒto:]
brandstichting (de)	gyújtogatás	[ɟu:jtogɒta:ʃ]

vlammen (ww)	lángol	[la:ŋgol]
branden (ww)	ég	[e:g]
afbranden (ww)	leég	[le:ɛg]

brandweerman (de)	tűzoltó	[ty:zolto:]
brandweerwagen (de)	tűzoltóautó	[ty:zolto:ɒuto:]
brandweer (de)	tűzoltócsapat	[ty:zolto: ʧɒpɒt]

brandslang (de)	tűzoltótömlő	[ty:zolto:tømlø:]
brandblusser (de)	tűzoltó készülék	[ty:zolto: ke:syle:k]
helm (de)	sisak	[ʃiʃɒk]
sirene (de)	riadó	[riɒdo:]

roepen (ww)	kiabál	[kiɒba:l]
hulp roepen	segítségre hív	[ʃɛgi:ʧe:grɛ hi:v]
redder (de)	mentő	[mɛntø:]
redden (ww)	megment	[mɛgmɛnt]

aankomen (per auto, enz.)	érkezik	[e:rkɛzik]
blussen (ww)	olt	[olt]
water (het)	víz	[vi:z]
zand (het)	homok	[homok]

ruïnes (mv.)	romok	[romok]
instorten (gebouw, enz.)	beomlik	[bɛomlik]
ineenstorten (ww)	leomlik	[lɛomlik]
inzakken (ww)	összedől	[øssɛdø:l]

brokstuk (het)	töredék	[tørɛde:k]
as (de)	hamu	[hɒmu]

verstikken (ww)	megfullad	[mɛgfullɒd]
omkomen (ww)	elpusztul	[ɛlpustul]

MENSELIJKE ACTIVITEITEN

Baan. Business. Deel 1

103. Kantoor. Op kantoor werken

kantoor (het)	iroda	[irodɒ]
kamer (de)	iroda	[irodɒ]
receptie (de)	recepció	[rɛtsɛptsio:]
secretaris (de)	titkár	[titka:r]

directeur (de)	igazgató	[igɒzgɒto:]
manager (de)	menedzser	[mɛnɛdzɛr]
boekhouder (de)	könyvelő	[kønvɛlø:]
werknemer (de)	munkatárs	[muŋkɒta:rʃ]

meubilair (het)	bútor	[bu:tor]
tafel (de)	asztal	[ɒstɒl]
bureaustoel (de)	munkaszék	[muŋkɒse:k]
ladeblok (het)	fiókos elem	[fjo:kos ɛlɛm]
kapstok (de)	fogas	[fogɒʃ]

computer (de)	számítógép	[sa:mi:to:ge:p]
printer (de)	nyomtató	[ɲomtɒto:]
fax (de)	fax	[fɒks]
kopieerapparaat (het)	másoló	[ma:ʃolo:]

papier (het)	papír	[pɒpi:r]
kantoorartikelen (mv.)	irodaszerek	[irodɒsɛrɛk]
muismat (de)	egérpad	[ɛge:rpɒd]
blad (het)	lap	[lɒp]
ordner (de)	irattartó	[irɒttɒrto:]

catalogus (de)	katalógus	[kɒtɒlo:guʃ]
telefoongids (de)	címkönyv	[tsi:mkønv]
documentatie (de)	dokumentáció	[dokumɛnta:tsjo:]
brochure (de)	brosúra	[broʃu:rɒ]
flyer (de)	röplap	[røplɒp]
monster (het), staal (de)	mintadarab	[mintɒdɒrɒb]

training (de)	tréning	[tre:niŋg]
vergadering (de)	értekezlet	[e:rtɛkɛzlɛt]
lunchpauze (de)	ebédszünet	[ɛbe:dsynɛt]

een kopie maken	lemásol	[lɛma:ʃol]
de kopieën maken	sokszoroz	[ʃoksoroz]
een fax ontvangen	faxot kap	[fɒksot kɒp]
een fax versturen	faxot küld	[fɒksot kyld]
opbellen (ww)	felhív	[fɛlhi:v]

| antwoorden (ww) | válaszol | [vaːlɒsol] |
| doorverbinden (ww) | összekapcsol | [øssɛkɒptʃol] |

afspreken (ww)	megszervez	[mɛksɛrvɛz]
demonstreren (ww)	bemutat	[bɛmutɒt]
absent zijn (ww)	hiányzik	[hiaːɲzik]
afwezigheid (de)	távolmaradás	[taːvolmɒrɒdaːʃ]

104. Bedrijfsprocessen. Deel 1

zaak (de), beroep (het)	üzlet	[yzlɛt]
firma (de)	cég	[tseːg]
bedrijf (maatschap)	társaság	[taːrʃɒʃaːg]
corporatie (de)	vállalat	[vaːllɒlɒt]
onderneming (de)	vállalat	[vaːllɒlɒt]
agentschap (het)	ügynökség	[yɟnøkʃeːg]

overeenkomst (de)	egyezmény	[ɛɟːɛzmeːɲ]
contract (het)	szerződés	[sɛrzøːdeːʃ]
transactie (de)	ügylet	[yɟlɛt]
bestelling (de)	megrendelés	[mɛgrɛndɛleːʃ]
voorwaarde (de)	feltétel	[fɛlteːtɛl]

in het groot (bw)	nagyban	[nɒɟbɒn]
groothandels- (abn)	nagykereskedelmi	[nɒckɛrɛʃkɛdɛlmi]
groothandel (de)	nagykereskedelem	[nɒckɛrɛʃkɛdɛlɛm]
kleinhandels- (abn)	kiskereskedelmi	[kiʃkɛrɛʃkɛdɛlmi]
kleinhandel (de)	kiskereskedelem	[kiʃkɛrɛʃkɛdɛlɛm]

concurrent (de)	versenytárs	[vɛrʃɛɲtaːrʃ]
concurrentie (de)	verseny	[vɛrʃɛɲ]
concurreren (ww)	versenyez	[vɛrʃɛnɛz]

| partner (de) | társ | [taːrʃ] |
| partnerschap (het) | partnerség | [pɒrtnɛrʃeːg] |

crisis (de)	válság	[vaːlʃaːg]
bankroet (het)	csőd	[tʃøːd]
bankroet gaan (ww)	tönkremegy	[tønkrɛmɛɟ]
moeilijkheid (de)	nehézség	[nɛheːzʃeːg]
probleem (het)	probléma	[probleːmɒ]
catastrofe (de)	katasztrófa	[kɒtɒstroːfɒ]

economie (de)	gazdaság	[gɒzdɒʃaːg]
economisch (bn)	gazdasági	[gɒzdɒʃaːgi]
economische recessie (de)	gazdasági hanyatlás	[gɒzdɒʃaːgi hɒɲɒtlaːʃ]

| doel (het) | cél | [tseːl] |
| taak (de) | feladat | [fɛlɒdɒt] |

handelen (handel drijven)	kereskedik	[kɛrɛʃkɛdik]
netwerk (het)	háló	[haːloː]
voorraad (de)	raktár	[rɒktaːr]
assortiment (het)	választék	[vaːlɒsteːk]

leider (de)	vezető	[vɛzɛtø:]
groot (bn)	nagy	[nɒɟ]
monopolie (het)	monopólium	[monopo:lium]

theorie (de)	elmélet	[ɛlme:lɛt]
praktijk (de)	gyakorlat	[ɟokorlɒt]
ervaring (de)	tapasztalat	[tɒpɒstɒlɒt]
tendentie (de)	tendencia	[tɛndɛntsiɒ]
ontwikkeling (de)	fejlődés	[fɛjlø:de:ʃ]

105. Bedrijfsprocessen. Deel 2

| voordeel (het) | előny | [ɛlø:ɲ] |
| voordelig (bn) | előnyös | [ɛlø:nøʃ] |

delegatie (de)	küldöttség	[kyldøttʃe:g]
salaris (het)	fizetés	[fizɛte:ʃ]
corrigeren (fouten ~)	javít	[jɒvi:t]
zakenreis (de)	szolgálati utazás	[solgɑ:lɒti utɒzɑ:ʃ]
commissie (de)	bizottság	[bizottʃɑ:g]

controleren (ww)	ellenőriz	[ɛllɛnø:riz]
conferentie (de)	konferencia	[konfɛrɛntsiɒ]
licentie (de)	licencia	[litsɛntsiɒ]
betrouwbaar (partner, enz.)	megbízható	[mɛgbi:shɒto:]

aanzet (de)	kezdeményezés	[kɛzdɛme:nɛze:ʃ]
norm (bijv. ~ stellen)	szabvány	[sɒbvɑ:ɲ]
omstandigheid (de)	körülmény	[kørylme:ɲ]
taak, plicht (de)	kötelesség	[køtɛlɛʃe:g]

organisatie (bedrijf, zaak)	szervezet	[sɛrvɛzɛt]
organisatie (proces)	szervezet	[sɛrvɛzɛt]
georganiseerd (bn)	szervezett	[sɛrvɛzɛtt]
afzegging (de)	törlés	[tørle:ʃ]
afzeggen (ww)	eltöröl	[ɛltørøl]
verslag (het)	beszámoló	[bɛsɑ:molo:]

patent (het)	szabadalom	[sɒbɒdɒlom]
patenteren (ww)	szabadalmaztat	[sɒbɒdɒlmɒztɒt]
plannen (ww)	tervez	[tɛrvɛz]

premie (de)	prémium	[pre:mjum]
professioneel (bn)	szakmai	[sɒkmɒi]
procedure (de)	eljárás	[ɛljɑ:rɑ:ʃ]

onderzoeken (contract, enz.)	vizsgál	[viʒgɑ:l]
berekening (de)	számítás	[sɑ:mi:tɑ:ʃ]
reputatie (de)	hírnév	[hi:rne:v]
risico (het)	kockázat	[kotskɑ:zɒt]

beheren (managen)	irányít	[irɑ:ni:t]
informatie (de)	tudnivalók	[tudnivɒlo:k]
eigendom (bezit)	tulajdon	[tulɒjdon]

unie (de)	szövetség	[søvɛtʃeːg]
levensverzekering (de)	életbiztosítás	[eːlɛt bistoʃiːtaːʃ]
verzekeren (ww)	biztosít	[bistoʃiːt]
verzekering (de)	biztosíték	[bistoʃiːteːk]

veiling (de)	árverés	[aːrvɛreːʃ]
verwittigen (ww)	értesít	[eːrtɛʃiːt]
beheer (het)	igazgatás	[igɒzgɒtaːʃ]
dienst (de)	szolgálat	[solgaːlɒt]

forum (het)	fórum	[foːrum]
functioneren (ww)	működik	[myːkødik]
stap, etappe (de)	szakasz	[sɒkɒs]
juridisch (bn)	jogi	[jogi]
jurist (de)	jogász	[jogaːs]

106. Productie. Werken

industriële installatie (fabriek)	gyár	[ɟaːr]
fabriek (de)	üzem	[yzɛm]
werkplaatsruimte (de)	műhely	[myːhɛj]
productielocatie (de)	üzem	[yzɛm]

industrie (de)	ipar	[ipɒr]
industrieel (bn)	ipari	[ipɒri]
zware industrie (de)	nehézipar	[nɛheːzipɒr]
lichte industrie (de)	könnyűipar	[kønɲyipɒr]

productie (de)	termék	[tɛrmeːk]
produceren (ww)	termel	[tɛrmɛl]
grondstof (de)	nyersanyag	[ɲɛrʃɒɲɒg]

voorman, ploegbaas (de)	előmunkás	[ɛløːmuɲkaːʃ]
ploeg (de)	brigád	[brigaːd]
arbeider (de)	munkás	[muɲkaːʃ]

werkdag (de)	munkanap	[muɲkɒnɒp]
pauze (de)	szünet	[synɛt]
samenkomst (de)	gyűlés	[ɟyːleːʃ]
bespreken (spreken over)	megbeszél	[mɛgbɛseːl]

plan (het)	terv	[tɛrv]
het plan uitvoeren	tervet teljesít	[tɛrvɛt tɛjɛʃiːt]
productienorm (de)	norma	[normɒ]
kwaliteit (de)	minőség	[minøːʃeːg]
controle (de)	ellenőrzés	[ɛllɛnøːrzeːʃ]
kwaliteitscontrole (de)	minőség ellenőrzése	[minøːʃeːg ɛllɛnøːrzeːʃɛ]

arbeidsveiligheid (de)	munkabiztonság	[muɲkɒbistonʃaːg]
discipline (de)	fegyelem	[fɛɟɛlɛm]
overtreding (de)	megsértés	[mɛgʃeːrteːʃ]
overtreden (ww)	megsért	[mɛgʃeːrt]
staking (de)	sztrájk	[straːjk]
staker (de)	sztrájkoló	[straːjkoloː]

| staken (ww) | sztrájkol | [straːjkol] |
| vakbond (de) | szakszervezet | [sɒksɛrvɛzɛt] |

uitvinden (machine, enz.)	feltalál	[fɛltɒlaːl]
uitvinding (de)	feltalálás	[fɛltɒlaːlaːʃ]
onderzoek (het)	kutatás	[kutɒtaːʃ]
verbeteren (beter maken)	megjavít	[mɛgjɒviːt]
technologie (de)	technológia	[tɛhnoloːgiɒ]
technische tekening (de)	tervrajz	[tɛrvrɒjz]

vracht (de)	teher	[tɛhɛr]
lader (de)	rakodómunkás	[rɒkodoːmuŋkaːʃ]
laden (vrachtwagen)	megrak	[mɛgrɒk]
laden (het)	berakás	[bɛrɒkaːʃ]
lossen (ww)	kirak	[kirɒk]
lossen (het)	kirakás	[kirɒkaːʃ]

transport (het)	közlekedés	[køzlɛkɛdeːʃ]
transportbedrijf (de)	szállítócég	[saːlliːtoːtseːg]
transporteren (ww)	szállít	[saːlliːt]

goederenwagon (de)	tehervagon	[tɛhɛrvɒgon]
tank (bijv. ketelwagen)	ciszterna	[tsistɛrnɒ]
vrachtwagen (de)	kamion	[kɒmion]

| machine (de) | szerszámgép | [sɛrsaːmgeːp] |
| mechanisme (het) | szerkezet | [sɛrkɛzɛt] |

industrieel afval (het)	hulladék	[hullɒdeːk]
verpakking (de)	csomagolás	[ʧomɒgolaːʃ]
verpakken (ww)	csomagol	[ʧomɒgol]

107. Contract. Overeenstemming

contract (het)	szerződés	[sɛrzøːdeːʃ]
overeenkomst (de)	megállapodás	[mɛgaːllɒpodaːʃ]
bijlage (de)	melléklet	[mɛlleːklɛt]

een contract sluiten	szerződést köt	[sɛrzøːdeːʃt køt]
handtekening (de)	aláírás	[ɒlaːiːraːʃ]
ondertekenen (ww)	aláír	[ɒlaːiːr]
stempel (de)	pecsét	[pɛʧeːt]

voorwerp (het) van de overeenkomst	szerződés tárgya	[sɛrzøːdeːʃ taːrɟo]
clausule (de)	tétel	[teːtɛl]
partijen (mv.)	felek	[fɛlɛk]
vestigingsadres (het)	bejegyzett cím	[bɛjɛɟɛzɛtt tsiːm]

het contract verbreken (overtreden)	szerződést szeg	[sɛrzøːdeːʃt sɛg]
verplichting (de)	kötelezettség	[køtɛlɛzɛttʃeːg]
verantwoordelijkheid (de)	felelősség	[fɛlɛløːʃeːg]
overmacht (de)	vis maior	[vis mɒjor]

| geschil (het) | vita | [vitɒ] |
| sancties (mv.) | büntető szankciók | [byntɛtø: sɒŋktsio:k] |

108. Import & Export

import (de)	import	[import]
importeur (de)	importőr	[importø:r]
importeren (ww)	importál	[importa:l]
import- (abn)	import	[import]

| exporteur (de) | exportőr | [ɛskportø:r] |
| exporteren (ww) | exportál | [ɛksporta:l] |

| goederen (mv.) | áru | [a:ru] |
| partij (de) | szállítmány | [sa:lli:tma:ɲ] |

gewicht (het)	súly	[ʃu:j]
volume (het)	űrtartalom	[y:rtɒrtɒlom]
kubieke meter (de)	köbméter	[købme:tɛr]

producent (de)	gyártó	[ɟa:rto:]
transportbedrijf (de)	szállítócég	[sa:lli:to:tse:g]
container (de)	konténer	[konte:nɛr]

grens (de)	határ	[hɒta:r]
douane (de)	vám	[va:m]
douanerecht (het)	vám	[va:m]
douanier (de)	vámos	[va:moʃ]
smokkelen (het)	csempészés	[ʧɛmpe:se:ʃ]
smokkelwaar (de)	csempészáru	[ʧɛmpe:sa:ru]

109. Financiën

aandeel (het)	részvény	[re:sve:ɲ]
obligatie (de)	adóslevél	[ɒdo:ʃlɛve:l]
wissel (de)	váltó	[va:lto:]

| beurs (de) | tőzsde | [tø:ʒdɛ] |
| aandelenkoers (de) | tőzsdei árfolyam | [tø:ʒdɛi a:rfojɒm] |

| dalen (ww) | olcsóbb lesz | [olʧo:bb lɛs] |
| stijgen (ww) | drágul | [dra:gul] |

meerderheidsbelang (het)	többségi részesedést	[tøpʃe:gi re:sɛʃɛde:ʃt]
investeringen (mv.)	beruházás	[bɛruha:za:ʃ]
investeren (ww)	beruház	[bɛruha:z]
procent (het)	százalék	[sa:zɒle:k]
rente (de)	kamat	[kɒmɒt]

winst (de)	nyereség	[ɲɛrɛʃe:g]
winstgevend (bn)	hasznot hozó	[hɒsnot hozo:]
belasting (de)	adó	[ɒdo:]

valuta (vreemde ~)	valuta	[vɒlutɒ]
nationaal (bn)	nemzeti	[nɛmzɛti]
ruil (de)	váltás	[vaːltaːʃ]

| boekhouder (de) | könyvelő | [køɲvɛløː] |
| boekhouding (de) | könyvelés | [køɲvɛleːʃ] |

bankroet (het)	csőd	[tʃøːd]
ondergang (de)	csőd	[tʃøːd]
faillissement (het)	tönkremenés	[tønkrɛmɛneːʃ]
geruïneerd zijn (ww)	tönkremegy	[tønkrɛmɛɟ]
inflatie (de)	infláció	[inflaːtsio]
devaluatie (de)	értékcsökkentés	[eːrtekːtʃøkːɛnteːʃ]

kapitaal (het)	tőke	[tøːkɛ]
inkomen (het)	bevétel	[bɛveːtɛl]
omzet (de)	forgalom	[forgɒlom]
middelen (mv.)	tartalékok	[tɒrtɒleːkok]
financiële middelen (mv.)	pénzeszközök	[peːns ɛskøzøk]
reduceren (kosten ~)	csökkent	[tʃøkːɛnt]

110. Marketing

marketing (de)	marketing	[mɒrkɛtiŋg]
markt (de)	piac	[piɒts]
marktsegment (het)	piacrész	[piɒtsreːs]
product (het)	termék	[tɛrmeːk]
goederen (mv.)	áru	[aːru]

merk (het)	márkanév	[maːrkɒneːv]
beeldmerk (het)	logó	[logoː]
logo (het)	logó	[logoː]

vraag (de)	kereslet	[kɛrɛʃlɛt]
aanbod (het)	kínálat	[kiːnaːlɒt]
behoefte (de)	igény	[igeːɲ]
consument (de)	fogyasztó	[foɟɒstoː]

analyse (de)	elemzés	[ɛlɛmzeːʃ]
analyseren (ww)	elemez	[ɛlɛmɛz]
positionering (de)	pozicionálás	[pozitsionaːlaːʃ]
positioneren (ww)	pozicionál	[pozitsionaːl]

prijs (de)	ár	[aːr]
prijspolitiek (de)	árpolitika	[aːrpolitikɒ]
prijsvorming (de)	árképzés	[aːrkeːpzeːʃ]

111. Reclame

reclame (de)	reklám	[rɛklaːm]
adverteren (ww)	reklámoz	[rɛklaːmoz]
budget (het)	költségvetés	[køltʃeːgvɛteːʃ]

advertentie, reclame (de)	reklám	[rɛkla:m]
TV-reclame (de)	tévéreklám	[te:ve: rɛkla:m]
radioreclame (de)	rádióreklám	[ra:dio:rɛkla:m]
buitenreclame (de)	külső reklám	[kylʃø: rɛkla:m]

massamedia (de)	tömegtájékoztatási eszközök	[tømɛgta:je:koztɒta:ʃi ɛskøzøk]
periodiek (de)	folyóirat	[fojo:jrɒt]
imago (het)	imázs	[ima:ʒ]

slagzin (de)	jelszó	[jɛlso:]
motto (het)	jelmondat	[jɛlmondɒt]

campagne (de)	kampány	[kɒmpa:ɲ]
reclamecampagne (de)	reklámkampány	[rɛkla:m kɒmpa:ɲ]
doelpubliek (het)	célcsoport	[tse:ltʃoport]

visitekaartje (het)	névjegy	[ne:vjɛɟ]
flyer (de)	röplap	[røplɒp]
brochure (de)	brosúra	[broʃu:rɒ]
folder (de)	brosúra	[broʃu:rɒ]
nieuwsbrief (de)	közlöny	[køzløɲ]

gevelreclame (de)	cégtábla	[tse:gta:blɒ]
poster (de)	plakát	[plɒka:t]
aanplakbord (het)	hirdetőtábla	[hirdɛtø:ta:blɒ]

112. Bankieren

bank (de)	bank	[bɒŋk]
bankfiliaal (het)	fiók	[fio:k]

bankbediende (de)	tanácsadó	[tɒna:tʃɒdo:]
manager (de)	vezető	[vɛzɛtø:]

bankrekening (de)	számla	[sa:mlɒ]
rekeningnummer (het)	számlaszám	[sa:mlɒsa:m]
lopende rekening (de)	folyószámla	[fojo:sa:mlɒ]
spaarrekening (de)	megtakarítási számla	[mɛgtɒkɒrita:ʃi sa:mlɒ]

een rekening openen	számlát nyit	[sa:mla:t nit]
de rekening sluiten	zárolja a számlát	[za:rojɒ ɒ sa:mla:t]
op rekening storten	számlára tesz	[sa:mla:rɒ tɛs]
opnemen (ww)	számláról lehív	[sa:mla:ro:l lɛhi:v]

storting (de)	betét	[bɛte:t]
een storting maken	pénzt betesz	[pe:nst bɛtɛs]
overschrijving (de)	átutalás	[a:tutɒla:ʃ]
een overschrijving maken	pénzt átutal	[pe:nst a:tutɒl]

som (de)	összeg	[øssɛg]
Hoeveel?	Mennyi?	[mɛɲɲi]
handtekening (de)	aláírás	[ɒla:i:ra:ʃ]
ondertekenen (ww)	aláír	[ɒla:i:r]

kredietkaart (de)	hitelkártya	[hitɛlka:rcɒ]
code (de)	kód	[ko:d]
kredietkaartnummer (het)	hitelkártya száma	[hitɛlka:rcɒ sa:mɒ]
geldautomaat (de)	bankautomata	[bɒŋk ɒutomɒtɒ]

cheque (de)	csekk	[ʧɛkk]
een cheque uitschrijven	kiállítja a csekket	[kia:lli:cɒ ɒ ʧɛkkɛt]
chequeboekje (het)	csekkkönyv	[ʧɛkkkøɲv]

lening, krediet (de)	hitel	[hitɛl]
een lening aanvragen	hitelért fordul	[hitɛle:rt fordul]
een lening nemen	hitelt felvesz	[hitɛlt fɛlvɛs]
een lening verlenen	hitelt nyújt	[hitɛlt nju:jt]
garantie (de)	biztosíték	[bistoʃi:te:k]

113. Telefoon. Telefoongesprek

telefoon (de)	telefon	[tɛlɛfon]
mobieltje (het)	mobiltelefon	[mobiltɛlɛfon]
antwoordapparaat (het)	üzenetrögzítő	[yzɛnɛt røgzi:tø:]

| bellen (ww) | felhív | [fɛlhi:v] |
| belletje (telefoontje) | felhívás | [fɛlhi:va:ʃ] |

een nummer draaien	telefonszámot tárcsáz	[tɛlɛfonsa:mot ta:rʧa:z]
Hallo!	Halló!	[hɒllo:]
vragen (ww)	kérdez	[ke:rdɛz]
antwoorden (ww)	válaszol	[va:lɒsol]

horen (ww)	hall	[hɒll]
goed (bw)	jól	[jo:l]
slecht (bw)	rosszul	[rossul]
storingen (mv.)	zavar	[zɒvɒr]

hoorn (de)	kagyló	[kɒɟlo:]
opnemen (ww)	kagylót felvesz	[kɒɟlo:t fɛlvɛs]
ophangen (ww)	kagylót letesz	[kɒɟlo:t lɛtɛs]

bezet (bn)	foglalt	[foglɒlt]
overgaan (ww)	csörög	[ʧørøg]
telefoonboek (het)	telefonkönyv	[tɛlɛfoŋkøɲv]

lokaal (bn)	helyi	[hɛji]
interlokaal (bn)	interurbán	[intɛrurba:n]
buitenlands (bn)	nemzetközi	[nɛmzɛtkøzi]

114. Mobiele telefoon

mobieltje (het)	mobiltelefon	[mobiltɛlɛfon]
scherm (het)	kijelző	[kijɛlzø:]
toets, knop (de)	gomb	[gomb]
simkaart (de)	SIM kártya	[sim ka:rcɒ]

batterij (de)	akkumulátor	[ɒkkumula:tor]
leeg zijn (ww)	kisül	[kiʃyl]
acculader (de)	telefontöltő	[tɛlɛfon tøltø:]

menu (het)	menü	[mɛny]
instellingen (mv.)	beállítások	[bɛa:lli:ta:ʃok]
melodie (beltoon)	dallam	[dɒllɒm]
selecteren (ww)	választ	[va:lɒst]

rekenmachine (de)	kalkulátor	[kɒlkula:tor]
voicemail (de)	üzenetrögzítő	[yzɛnɛt røgzi:tø:]
wekker (de)	ébresztőóra	[e:brɛstø:o:rɒ]
contacten (mv.)	telefonkönyv	[tɛlɛfoŋkøɲv]

| SMS-bericht (het) | SMS | [ɛʃɛmɛʃ] |
| abonnee (de) | előfizető | [ɛlø:fizɛtø:] |

115. Schrijfbehoeften

| balpen (de) | golyóstoll | [gojo:ʃtoll] |
| vulpen (de) | töltőtoll | [tøltø:toll] |

potlood (het)	ceruza	[tsɛruzɒ]
marker (de)	filctoll	[filtstoll]
viltstift (de)	filctoll	[filtstoll]

| notitieboekje (het) | notesz | [notɛs] |
| agenda (boekje) | határidőnapló | [hɒta:ridø:nɒplo:] |

liniaal (de/het)	vonalzó	[vonɒlzo:]
rekenmachine (de)	kalkulátor	[kɒlkula:tor]
gom (de)	radír	[rɒdi:r]
punaise (de)	rajzszeg	[rɒjzsɛg]
paperclip (de)	gémkapocs	[ge:mkɒpotʃ]

lijm (de)	ragasztó	[rɒgɒsto:]
nietmachine (de)	tűzőgép	[ty:zø:ge:p]
perforator (de)	lyukasztó	[jukɒsto:]
potloodslijper (de)	ceruzahegyező	[tsɛruzɒhɛɟɛzø:]

116. Verschillende soorten documenten

verslag (het)	beszámoló	[bɛsa:molo:]
overeenkomst (de)	állapodás	[a:llɒpoda:ʃ]
aanvraagformulier (het)	bejelentés	[bɛjɛlɛnte:ʃ]
origineel, authentiek (bn)	eredeti	[ɛrɛdɛti]
badge, kaart (de)	jelvény	[jɛlve:ɲ]
visitekaartje (het)	névjegykártya	[ne:vjɛcka:rcɒ]

certificaat (het)	bizonyítvány	[bizoni:tva:ɲ]
cheque (de)	csekk	[ʧɛkk]
rekening (in restaurant)	számla	[sa:mlɒ]

grondwet (de)	alkotmány	[ɒlkotmaːɲ]
contract (het)	szerződés	[sɛrzøːdeːʃ]
kopie (de)	másolat	[maːʃolɒt]
exemplaar (het)	példány	[peːldaːɲ]

douaneaangifte (de)	vámnyilatkozat	[vaːmɲilɒtkozɒt]
document (het)	irat	[irɒt]
rijbewijs (het)	jogosítvány	[jogoʃiːtvaːɲ]
bijlage (de)	melléklet	[mɛlleːklɛt]
formulier (het)	kérdőív	[keːrdøːiːv]

identiteitskaart (de)	igazolvány	[igɒzolvaːɲ]
aanvraag (de)	megkeresés	[mɛgkɛrɛʃeːʃ]
uitnodigingskaart (de)	meghívó	[mɛghiːvoː]
factuur (de)	számla	[saːmlɒ]

wet (de)	törvény	[tørveːɲ]
brief (de)	levél	[lɛveːl]
briefhoofd (het)	űrlap	[yːrlɒp]
lijst (de)	lista	[liʃtɒ]
manuscript (het)	kézirat	[keːzirɒt]
nieuwsbrief (de)	közlöny	[køzløɲ]
briefje (het)	cédula	[tseːdulɒ]

pasje (voor personeel, enz.)	belépési engedély	[bɛleːpeːʃi ɛngɛdeːj]
paspoort (het)	útlevél	[uːtlɛveːl]
vergunning (de)	engedély	[ɛngɛdeːj]
CV, curriculum vitae (het)	rezümé	[rɛzymeː]
schuldbekentenis (de)	elismervény	[ɛliʃmɛrveːɲ]
kwitantie (de)	vevény	[vɛveːɲ]
bon (kassabon)	nyugta	[ɲugtɒ]
rapport (het)	beszámoló	[bɛsaːmoloː]

tonen (paspoort, enz.)	felmutat	[fɛlmutɒt]
ondertekenen (ww)	aláír	[ɒlaːiːr]
handtekening (de)	aláírás	[ɒlaːiːraːʃ]
stempel (de)	pecsét	[pɛtʃeːt]
tekst (de)	szöveg	[søvɛg]
biljet (het)	jegy	[jɛɟ]

| doorhalen (doorstrepen) | kihúz | [kihuːz] |
| invullen (een formulier ~) | kitölt | [kitølt] |

| vrachtbrief (de) | fuvarlevél | [fuvɒrlɛveːl] |
| testament (het) | végrendelet | [veːgrɛrɛndɛlɛt] |

117. Soorten bedrijven

uitzendbureau (het)	munkaközvetítő	[muŋkɒkɒzvɛtiːtøː]
bewakingsfirma (de)	őrszolgálat	[øːrsolgaːlɒt]
persbureau (het)	tájékoztató iroda	[taːjeːkoztɒto: irodɒ]
reclamebureau (het)	reklámiroda	[rɛklaːm irodɒ]
antiek (het)	régiségkereskedés	[reːgiʃeːgkɛrɛʃkɛdeːʃ]
verzekering (de)	biztosítás	[biztoʃiːtaːʃ]

naaiatelier (het)	szalon	[sɒlon]
banken (mv.)	banküzlet	[bɒŋkyzlɛt]
bar (de)	bár	[ba:r]
bouwbedrijven (mv.)	építés	[e:pi:te:ʃ]
juwelen (mv.)	ékszerek	[e:ksɛrɛk]
juwelier (de)	ékszerész	[e:ksɛre:s]

wasserette (de)	mosoda	[moʃodɒ]
alcoholische dranken (mv.)	szeszesitalok	[sɛsɛʃ itɒlok]
nachtclub (de)	éjjeli klub	[e:jjɛli klub]
handelsbeurs (de)	tőzsde	[tø:ʒdɛ]
bierbrouwerij (de)	sörfőzde	[ʃørfø:zdɛ]
uitvaartcentrum (het)	temetkezési vállalat	[tɛmɛtkɛze:ʃi va:llɒlɒt]

casino (het)	kaszinó	[kɒsino:]
zakencentrum (het)	üzletközpont	[yzlɛtkøspont]
bioscoop (de)	mozi	[mozi]
airconditioning (de)	légkondicionálók	[le:gkonditsiona:lo:k]

handel (de)	kereskedelem	[kɛrɛʃkɛdɛlɛm]
luchtvaartmaatschappij (de)	légitársaság	[le:gi ta:rʃɒʃa:g]
adviesbureau (het)	tanácsadás	[tɒna:tʃɒda:ʃ]
koerierdienst (de)	futárszolgálatok	[futa:r solga:lɒtok]

tandheelkunde (de)	fogászat	[foga:sɒt]
design (het)	dizájn	[diza:jn]
business school (de)	üzleti iskola	[yzlɛti iʃkolɒ]
magazijn (het)	raktár	[rɒkta:r]
kunstgalerie (de)	galéria	[gɒle:riɒ]
ijsje (het)	fagylalt	[fɒɟlɒlt]
hotel (het)	szálloda	[sa:llodɒ]

vastgoed (het)	ingatlan	[iŋgɒtlɒn]
drukkerij (de)	nyomdaipar	[ɲomdɒ ipɒr]
industrie (de)	ipar	[ipɒr]
Internet (het)	internet	[intɛrnɛt]
investeringen (mv.)	beruházás	[bɛruha:za:ʃ]

krant (de)	újság	[u:jʃa:g]
boekhandel (de)	könyvesbolt	[kønvɛʃbolt]
lichte industrie (de)	könnyűipar	[kønɲy:ipɒr]

winkel (de)	bolt	[bolt]
uitgeverij (de)	kiadó	[kiɒdo:]
medicijnen (mv.)	orvostudomány	[orvoʃtudoma:ɲ]
meubilair (het)	bútor	[bu:tor]
museum (het)	múzeum	[mu:zɛum]

olie (aardolie)	nyersolaj	[ɲɛrʃolɒj]
apotheek (de)	gyógyszertár	[ɟø:ɟsɛrta:r]
farmacie (de)	gyógyszerészet	[ɟø:ɟsɛre:sɛt]
zwembad (het)	uszoda	[usodɒ]
stomerij (de)	vegytisztítás	[vɛɟtisti:ta:ʃ]
voedingswaren (mv.)	élelmiszer	[e:lɛlmisɛr]
reclame (de)	reklám	[rɛkla:m]
radio (de)	rádió	[ra:dio:]

afvalinzameling (de)	szemét elszállítása	[sɛme:t ɛlsa:lli:ta:ʃɒ]
restaurant (het)	étterem	[e:ttɛrɛm]
tijdschrift (het)	folyóirat	[fojo:jrɒt]

schoonheidssalon (de/het)	szépségszalon	[se:pʃe:gsɒlon]
financiële diensten (mv.)	pénzügyi szolgáltatások	[pe:nzyɟi solga:ltɒta:ʃok]
juridische diensten (mv.)	jogi tanácsadás	[jogi tona:tʃoda:ʃ]
boekhouddiensten (mv.)	könyvelési szolgáltatások	[kønvɛle:ʃi solga:ltɒta:ʃok]
audit diensten (mv.)	számlaellenőrzés	[sa:mlɒɛllɛnø:rze:ʃ]
sport (de)	sport	[ʃport]
supermarkt (de)	szupermarket	[supɛrmɒrkɛt]

televisie (de)	televízió	[tɛlɛvi:zio:]
theater (het)	színház	[si:nha:z]
toerisme (het)	turizmus	[turizmuʃ]
transport (het)	fuvarozás	[fuvɒroza:ʃ]

postorderbedrijven (mv.)	csomagküldőkereskedelem	[tʃomɒgkyldø:kɛrɛʃkɛdɛlɛm]
kleding (de)	ruha	[ruhɒ]
dierenarts (de)	állatorvos	[a:llɒt orvoʃ]

Baan. Business. Deel 2

118. Show. Tentoonstelling

beurs (de)	kiállítás	[kia:lli:ta:ʃ]
vakbeurs, handelsbeurs (de)	kereskedelmi kiállítás	[kɛrɛʃkɛdɛlmi kia:lli:ta:ʃ]
deelneming (de)	részvétel	[re:sve:tɛl]
deelnemen (ww)	részt vesz	[re:st vɛs]
deelnemer (de)	résztvevő	[re:stvɛvø:]
directeur (de)	igazgató	[igɒzgɒto:]
organisatiecomité (het)	igazgatóság	[igɒzgɒto:ʃa:g]
organisator (de)	szervező	[sɛrvɛzø:]
organiseren (ww)	szervez	[sɛrvɛz]
deelnemingsaanvraag (de)	részvételi jelentkezés	[re:sve:tɛli jɛlɛntkɛze:ʃ]
invullen (een formulier ~)	kitölt	[kitølt]
details (mv.)	részletek	[re:slɛtɛk]
informatie (de)	információ	[informa:tsio:]
prijs (de)	ár	[a:r]
inclusief (bijv. ~ BTW)	beleértve	[bɛlɛje:rtvɛ]
inbegrepen (alles ~)	magába foglal	[mɒga:bɒ foglɒl]
betalen (ww)	fizet	[fizɛt]
registratietarief (het)	regisztrációs díj	[rɛgistra:tsio:ʃ di:j]
ingang (de)	bejárat	[bɛja:rɒt]
paviljoen (het), hal (de)	csarnok	[ʧɒrnok]
registreren (ww)	regisztrál	[rɛgistra:l]
badge, kaart (de)	jelvény	[jɛlve:ɲ]
beursstand (de)	kiállítási állvány	[kia:lli:ta:ʃi a:llva:ɲ]
reserveren (een stand ~)	foglal	[foglɒl]
vitrine (de)	kirakat	[kirɒkɒt]
licht (het)	fényvető	[fe:ɲvɛtø:]
design (het)	dizájn	[diza:jn]
plaatsen (ww)	elhelyez	[ɛlhɛjɛz]
distributeur (de)	terjesztő	[tɛrjɛstø:]
leverancier (de)	szállító	[sa:lli:to:]
land (het)	ország	[orsa:g]
buitenlands (bn)	idegen	[idɛgɛn]
product (het)	termék	[tɛrme:k]
associatie (de)	egyesület	[ɛɟɛʃylɛt]
conferentiezaal (de)	ülésterem	[yle:ʃ tɛrɛm]
congres (het)	kongresszus	[koŋgrɛssuʃ]

wedstrijd (de)	pályázat	[pa:ja:zɒt]
bezoeker (de)	látogató	[la:togɒto:]
bezoeken (ww)	látogat	[la:togɒt]
afnemer (de)	megrendelő	[mɛgrɛndɛlø:]

119. Massamedia

krant (de)	újság	[u:jʃa:g]
tijdschrift (het)	folyóirat	[fojo:jrɒt]
pers (gedrukte media)	sajtó	[ʃɒjto:]
radio (de)	rádió	[ra:dio:]
radiostation (het)	rádióállomás	[ra:dio:a:lloma:ʃ]
televisie (de)	televízió	[tɛlɛvi:zio:]

presentator (de)	műsorvezető	[my:ʃor vɛzɛtø:]
nieuwslezer (de)	műsorközlő	[my:ʃorkøzlø:]
commentator (de)	kommentátor	[kommɛnta:tor]

journalist (de)	újságíró	[u:jʃa:gi:ro:]
correspondent (de)	tudósító	[tudo:ʃi:to:]
fotocorrespondent (de)	fotóriporter	[foto:riportɛr]
reporter (de)	riporter	[riportɛr]

redacteur (de)	szerkesztő	[sɛrkɛstø:]
chef-redacteur (de)	főszerkesztő	[fø:sɛrkɛstø:]
zich abonneren op	előfizet	[ɛlø:fizɛt]
abonnement (het)	előfizetés	[ɛlø:fizɛte:ʃ]
abonnee (de)	előfizető	[ɛlø:fizɛtø:]
lezen (ww)	olvas	[olvɒʃ]
lezer (de)	olvasó	[olvɒʃo:]

oplage (de)	példányszám	[pe:lda:ɲsa:m]
maand-, maandelijks (bn)	havi	[hɒvi]
wekelijks (bn)	heti	[hɛti]
nummer (het)	szám	[sa:m]
vers (~ van de pers)	új	[u:j]

kop (de)	cím	[tsi:m]
korte artikel (het)	jegyzet	[jɛɟɛzɛt]
rubriek (de)	állandó rovat	[a:llɒndo: rovɒt]
artikel (het)	cikk	[tsikk]
pagina (de)	oldal	[oldɒl]

reportage (de)	riport	[riport]
gebeurtenis (de)	esemény	[ɛʃeme:ɲ]
sensatie (de)	szenzáció	[sɛnza:tsio:]
schandaal (het)	botrány	[botra:ɲ]
schandalig (bn)	botrányos	[botra:nøʃ]
groot (~ schandaal, enz.)	hírhedt	[hi:rhɛtt]

programma (het)	tévéadás	[te:ve:ɒda:ʃ]
interview (het)	interjú	[intɛrju:]
live uitzending (de)	élő közvetítés	[e:lø: køzvɛti:te:ʃ]
kanaal (het)	csatorna	[tʃɒtornɒ]

T&P Books. Thematische woordenschat Nederlands-Hongaars - 9000 woorden

120. Landbouw

landbouw (de)	mezőgazdaság	[mɛzøːgɒzdɒʃaːg]
boer (de)	paraszt	[pɒrɒst]
boerin (de)	parasztnő	[pɒrɒstnøː]
landbouwer (de)	gazda	[gɒzdɒ]
tractor (de)	traktor	[trɒktor]
maaidorser (de)	kombájn	[kombaːjn]
ploeg (de)	eke	[ɛkɛ]
ploegen (ww)	szánt	[saːnt]
akkerland (het)	szántóföld	[saːntoːføld]
voor (de)	barázda	[bɒraːzdɒ]
zaaien (ww)	elvet	[ɛlvɛt]
zaaimachine (de)	vetőgép	[vɛtøːgeːp]
zaaien (het)	vetés	[vɛteːʃ]
zeis (de)	kasza	[kɒsɒ]
maaien (ww)	kaszál	[kɒsaːl]
schop (de)	lapát	[lɒpaːt]
spitten (ww)	ás	[aːʃ]
schoffel (de)	kapa	[kɒpɒ]
wieden (ww)	gyomlál	[ɟomlaːl]
onkruid (het)	gyom	[ɟom]
gieter (de)	öntözőkanna	[øntøzøːkɒnnɒ]
begieten (water geven)	öntöz	[øntøz]
bewatering (de)	öntözés	[øntøzeːʃ]
riek, hooivork (de)	vasvilla	[vɒʃvillɒ]
hark (de)	gereblye	[gɛrɛbjɛ]
kunstmest (de)	trágya	[traːɟo]
bemesten (ww)	trágyáz	[traːɟaːz]
mest (de)	trágya	[traːɟo]
veld (het)	mező	[mɛzøː]
wei (de)	rét	[reːt]
moestuin (de)	konyhakert	[koɲhɒkɛrt]
boomgaard (de)	gyümölcsöskert	[ɟymølʧøʃkɛrt]
weiden (ww)	legeltet	[lɛgɛltɛt]
herder (de)	pásztor	[paːstor]
weiland (de)	legelő	[lɛgɛløː]
veehouderij (de)	állattenyésztés	[aːllɒt tɛneːsteːʃ]
schapenteelt (de)	juhtenyésztés	[juhtɛneːsteːʃ]
plantage (de)	ültetvény	[yltɛtveːɲ]
rijtje (het)	veteményes ágy	[vɛtɛmeːnɛʃ aːɟ]
broeikas (de)	melegház	[mɛlɛkhaːz]

108

| droogte (de) | aszály | [ɒsaːj] |
| droog (bn) | aszályos | [ɒsaːjoʃ] |

| graangewassen (mv.) | gabonafélék | [gɒbonɒfeːleːk] |
| oogsten (ww) | betakarít | [bɛtɒkɒriːt] |

molenaar (de)	molnár	[molnaːr]
molen (de)	malom	[mɒlom]
malen (graan ~)	őröl	[øːrøl]
bloem (bijv. tarwebloem)	liszt	[list]
stro (het)	szalma	[sɒlmɒ]

121. Gebouw. Bouwproces

bouwplaats (de)	építkezés	[eːpiːtkɛzeːʃ]
bouwen (ww)	épít	[eːpiːt]
bouwvakker (de)	építő	[eːpiːtøː]

project (het)	terv	[tɛrv]
architect (de)	építész	[eːpiːteːs]
arbeider (de)	munkás	[muŋkaːʃ]

fundering (de)	alapzat	[ɒlɒpzɒt]
dak (het)	tető	[tɛtøː]
heipaal (de)	cölöp	[tsøløp]
muur (de)	fal	[fɒl]

| betonstaal (het) | betétvas | [bɛteːtvɒʃ] |
| steigers (mv.) | állványzat | [aːllvaːɲzɒt] |

beton (het)	beton	[bɛton]
graniet (het)	gránit	[graːnit]
steen (de)	kő	[køː]
baksteen (de)	tégla	[teːglɒ]

| zand (het) | homok | [homok] |
| cement (de/het) | cement | [tsɛmɛnt] |

| pleister (het) | vakolat | [vɒkolɒt] |
| pleisteren (ww) | vakol | [vɒkol] |

verf (de)	festék	[fɛʃteːk]
verven (muur ~)	fest	[fɛʃt]
ton (de)	hordó	[hordoː]

kraan (de)	daru	[dɒru]
heffen, hijsen (ww)	felemel	[fɛlɛmɛl]
neerlaten (ww)	leenged	[lɛɛŋgɛd]

bulldozer (de)	buldózer	[buldoːzɛr]
graafmachine (de)	kotrógép	[kotroːgeːp]
graafbak (de)	kotróserleg	[kotroːʃɛrlɛg]
graven (tunnel, enz.)	ás	[aːʃ]
helm (de)	sisak	[ʃiʃɒk]

122. Wetenschap. Onderzoek. Wetenschappers

wetenschap (de)	tudomány	[tudoma:ɲ]
wetenschappelijk (bn)	tudományos	[tudoma:nøʃ]
wetenschapper (de)	tudós	[tudo:ʃ]
theorie (de)	elmélet	[ɛlme:lɛt]
axioma (het)	axióma	[ɒksio:mɒ]
analyse (de)	elemzés	[ɛlɛmze:ʃ]
analyseren (ww)	elemez	[ɛlɛmɛz]
argument (het)	érv	[e:rv]
substantie (de)	anyag	[ɒɲɒg]
hypothese (de)	hipotézis	[hipote:ziʃ]
dilemma (het)	dilemma	[dilɛmmɒ]
dissertatie (de)	disszertáció	[dissɛrta:tsio:]
dogma (het)	dogma	[dogmɒ]
doctrine (de)	tan	[tɒn]
onderzoek (het)	kutatás	[kutɒta:ʃ]
onderzoeken (ww)	kutat	[kutɒt]
toetsing (de)	ellenőrzés	[ɛllɛnø:rze:ʃ]
laboratorium (het)	laboratórium	[lɒborɒto:rium]
methode (de)	módszer	[mo:dsɛr]
molecule (de/het)	molekula	[molɛkulɒ]
monitoring (de)	ellenőrzés	[ɛllɛnø:rze:ʃ]
ontdekking (de)	felfedezés	[fɛlfɛdɛze:ʃ]
postulaat (het)	posztulátum	[postula:tum]
principe (het)	elv	[ɛlv]
voorspelling (de)	prognózis	[progno:ziʃ]
een prognose maken	prognózist készít	[progno:ziʃt ke:si:t]
synthese (de)	szintézis	[sinte:ziʃ]
tendentie (de)	tendencia	[tɛndɛntsiɒ]
theorema (het)	tétel	[te:tɛl]
leerstellingen (mv.)	tanítás	[tɒni:ta:ʃ]
feit (het)	tény	[te:ɲ]
expeditie (de)	kutatóút	[kutɒto:u:t]
experiment (het)	kísérlet	[ki:ʃe:rlɛt]
academicus (de)	akadémikus	[ɒkɒde:mikuʃ]
bachelor (bijv. BA, LLB)	baccalaureatus	[bɒkkɒlɒurɛa:tuʃ]
doctor (de)	doktor	[doktor]
universitair docent (de)	docens	[dotsɛnʃ]
master, magister (de)	magiszter	[mɒgistɛr]
professor (de)	professzor	[profɛssor]

Beroepen en ambachten

123. Zoeken naar werk. Ontslag

baan (de)	munkahely	[muŋkɒhɛj]
personeel (het)	személyzet	[sɛme:jzɛt]
carrière (de)	karrier	[kɒrriɛr]
vooruitzichten (mv.)	távlat	[ta:vlɒt]
meesterschap (het)	képesség	[ke:pɛʃe:g]
keuze (de)	kiválasztás	[kiva:lɒsta:ʃ]
uitzendbureau (het)	munkaközvetítő	[muŋkɒkøzvɛti:tø:]
CV, curriculum vitae (het)	rezümé	[rɛzyme:]
sollicitatiegesprek (het)	felvételi interjú	[fɛlve:tɛli intɛrju:]
vacature (de)	betöltetlen állás	[bɛtøltɛtlɛn a:lla:ʃ]
salaris (het)	fizetés	[fizɛte:ʃ]
vaste salaris (het)	bér	[be:r]
loon (het)	fizetés	[fizɛte:ʃ]
betrekking (de)	állás	[a:lla:ʃ]
taak, plicht (de)	kötelezettség	[køtɛlɛzɛttʃe:g]
takenpakket (het)	munkakör	[muŋkɒkør]
bezig (~ zijn)	foglalt	[foglɒlt]
ontslagen (ww)	elbocsát	[ɛlbotʃa:t]
ontslag (het)	elbocsátás	[ɛlbotʃa:ta:ʃ]
werkloosheid (de)	munkanélküliség	[muŋkɒne:lkyliʃe:g]
werkloze (de)	munkanélküli	[muŋkɒne:lkyli]
pensioen (het)	nyugdíj	[ɲugdi:j]
met pensioen gaan	nyugdíjba megy	[ɲugdi:jbɒ mɛɟ]

124. Zakenmensen

directeur (de)	igazgató	[igɒzgɒto:]
beheerder (de)	vezető	[vɛzɛtø:]
hoofd (het)	főnök	[fø:nøk]
baas (de)	főnök	[fø:nøk]
superieuren (mv.)	vezetőség	[vɛzɛtø:ʃe:g]
president (de)	elnök	[ɛlnøk]
voorzitter (de)	elnök	[ɛlnøk]
adjunct (de)	helyettes	[hɛjɛttɛʃ]
assistent (de)	segéd	[ʃɛge:d]
secretaris (de)	titkár	[titka:r]

persoonlijke assistent (de)	személyes titkár	[sɛme:jɛʃ titka:r]
zakenman (de)	üzletember	[yzlɛtɛmbɛr]
ondernemer (de)	vállakozó	[va:llɒlkozo:]
oprichter (de)	alapító	[ɒlɒpi:to:]
oprichten (een nieuw bedrijf ~)	alapít	[ɒlɒpi:t]

stichter (de)	alapító	[ɒlɒpi:to:]
partner (de)	partner	[pɒrtnɛr]
aandeelhouder (de)	részvényes	[re:sve:nɛʃ]

miljonair (de)	milliomos	[milliomoʃ]
miljardair (de)	milliárdos	[millia:rdoʃ]
eigenaar (de)	tulajdonos	[tulɒjdonoʃ]
landeigenaar (de)	földbirtokos	[føldbirtokoʃ]

klant (de)	ügyfél	[yɟfe:l]
vaste klant (de)	törzsügyfél	[tørʒ yɟfe:l]
koper (de)	vevő	[vɛvø:]
bezoeker (de)	látogató	[la:togɒto:]

professioneel (de)	szakember	[sɒkɛmbɛr]
expert (de)	szakértő	[sɒke:rtø:]
specialist (de)	specialista	[spɛtsialista]

| bankier (de) | bankár | [bɒŋka:r] |
| makelaar (de) | ügynök | [yɟnøk] |

kassier (de)	pénztáros	[pe:nsta:roʃ]
boekhouder (de)	könyvelő	[køɲvɛlø:]
bewaker (de)	biztonsági őr	[bistonʃa:gi ø:r]

investeerder (de)	befektető	[bɛfɛktɛtø:]
schuldenaar (de)	adós	[ɒdo:ʃ]
crediteur (de)	hitelező	[hitɛlɛzø:]
lener (de)	kölcsönvevő	[køltʃønvɛvø:]

| importeur (de) | importőr | [importø:r] |
| exporteur (de) | exportőr | [ɛskportø:r] |

producent (de)	gyártó	[ɟa:rto:]
distributeur (de)	terjesztő	[tɛrjɛstø:]
bemiddelaar (de)	közvetítő	[køzvɛti:tø:]

adviseur, consulent (de)	tanácsadó	[tɒna:tʃɒdo:]
vertegenwoordiger (de)	képviselő	[ke:pviʃɛlø:]
agent (de)	ügynök	[yɟnøk]
verzekeringsagent (de)	biztosítási ügynök	[bistoʃi:ta:ʃi yɟnøk]

125. Dienstverlenende beroepen

kok (de)	szakács	[sɒka:tʃ]
chef-kok (de)	főszakács	[fø:sɒka:tʃ]
bakker (de)	pék	[pe:k]

barman (de)	bármixer	[ba:rmiksɛr]
kelner, ober (de)	pincér	[pintse:r]
serveerster (de)	pincérnő	[pintse:rnø:]

advocaat (de)	ügyvéd	[yɟve:d]
jurist (de)	jogász	[joga:s]
notaris (de)	közjegyző	[køzjɛɟzø:]

elektricien (de)	villanyszerelő	[villɒɲsɛrɛlø:]
loodgieter (de)	vízvezetékszerelő	[vi:zvɛzɛte:ksɛrɛlø:]
timmerman (de)	ács	[a:ʧ]

masseur (de)	masszírozó	[mɒssi:rozo:]
masseuse (de)	masszírozónő	[mɒssi:rozo:nø:]
dokter, arts (de)	orvos	[orvoʃ]

taxichauffeur (de)	taxis	[tɒksiʃ]
chauffeur (de)	sofőr	[ʃofø:r]
koerier (de)	küldönc	[kyldønts]

kamermeisje (het)	szobalány	[sobɒla:ɲ]
bewaker (de)	biztonsági őr	[bistonʃa:gi ø:r]
stewardess (de)	légikisasszony	[le:gikiʃɒssoɲ]

meester (de)	tanár	[tɒna:r]
bibliothecaris (de)	könyvtáros	[køɲvta:roʃ]
vertaler (de)	fordító	[fordi:to:]
tolk (de)	tolmács	[tolma:ʧ]
gids (de)	idegenvezető	[idɛgɛn vɛzɛtø:]

kapper (de)	fodrász	[fodra:s]
postbode (de)	postás	[poʃta:ʃ]
verkoper (de)	eladó	[ɛlɒdo:]

tuinman (de)	kertész	[kɛrte:s]
huisbediende (de)	szolga	[solgɒ]
dienstmeisje (het)	szolgálóleány	[solga:lo: lɛa:ɲ]
schoonmaakster (de)	takarítónő	[tɒkɒri:to:nø:]

126. Militaire beroepen en rangen

soldaat (rang)	közlegény	[køzlɛge:ɲ]
sergeant (de)	szakaszvezető	[sɒkɒsvɛzɛtø:]
luitenant (de)	hadnagy	[hɒdnɒɟ]
kapitein (de)	százados	[sa:zɒdoʃ]

majoor (de)	őrnagy	[ø:rnɒɟ]
kolonel (de)	ezredes	[ɛzrɛdɛʃ]
generaal (de)	tábornok	[ta:bornok]
maarschalk (de)	tábornagy	[ta:bornɒɟ]
admiraal (de)	tengernagy	[tɛngɛrnɒɟ]

| militair (de) | katona | [kɒtonɒ] |
| soldaat (de) | katona | [kɒtonɒ] |

| officier (de) | tiszt | [tist] |
| commandant (de) | parancsnok | [pɒrɒntʃnok] |

grenswachter (de)	határőr	[hɒta:rø:r]
marconist (de)	rádiós	[ra:dio:ʃ]
verkenner (de)	felderítő	[fɛldɛri:tø:]
sappeur (de)	árkász	[a:rka:s]
schutter (de)	lövész	[løve:s]
stuurman (de)	kormányos	[korma:nøʃ]

127. Ambtenaren. Priesters

| koning (de) | király | [kira:j] |
| koningin (de) | királynő | [kira:jnø:] |

| prins (de) | herceg | [hɛrtsɛg] |
| prinses (de) | hercegnő | [hɛrtsɛgnø:] |

| tsaar (de) | cár | [tsa:r] |
| tsarina (de) | cárné | [tsa:rne:] |

president (de)	elnök	[ɛlnøk]
minister (de)	miniszter	[ministɛr]
eerste minister (de)	miniszterelnök	[ministɛrɛlnøk]
senator (de)	szenátor	[sɛna:tor]

diplomaat (de)	diplomata	[diplomɒtɒ]
consul (de)	konzul	[konzul]
ambassadeur (de)	nagykövet	[nɒckøvɛt]
adviseur (de)	tanácsadó	[tɒna:tʃɒdo:]

ambtenaar (de)	hivatalnok	[hivɒtɒlnok]
prefect (de)	polgármester	[polga:rmɛʃtɛr]
burgemeester (de)	polgármester	[polga:rmɛʃtɛr]

| rechter (de) | bíró | [bi:ro:] |
| aanklager (de) | államügyész | [a:llɒmyɟe:s] |

missionaris (de)	hittérítő	[hitte:ri:tø:]
monnik (de)	barát	[bɒra:t]
abt (de)	apát	[ɒpa:t]
rabbi, rabbijn (de)	rabbi	[rɒbbi]

vizier (de)	vezír	[vɛzi:r]
sjah (de)	sah	[ʃɒh]
sjeik (de)	sejk	[ʃɛjk]

128. Agrarische beroepen

imker (de)	méhész	[me:he:s]
herder (de)	pásztor	[pa:stor]
landbouwkundige (de)	agronómus	[ɒgrono:muʃ]

| veehouder (de) | állattenyésztő | [a:llɒt tɛne:stø:] |
| dierenarts (de) | állatorvos | [a:llɒt orvoʃ] |

landbouwer (de)	gazda	[gɒzdɒ]
wijnmaker (de)	bortermelő	[bortɛrmɛlø:]
zoöloog (de)	zoológus	[zoolo:guʃ]
cowboy (de)	cowboy	[kovboj]

129. Kunst beroepen

| acteur (de) | színész | [si:ne:s] |
| actrice (de) | színésznő | [si:ne:snø:] |

| zanger (de) | énekes | [e:nɛkɛʃ] |
| zangeres (de) | énekesnő | [e:nɛkɛʃnø:] |

| danser (de) | táncos | [ta:ntsoʃ] |
| danseres (de) | táncos nő | [ta:ntsoʃ nø:] |

| artiest (mann.) | művész | [my:ve:s] |
| artiest (vrouw.) | művésznő | [my:ve:snø:] |

muzikant (de)	zenész	[zɛne:s]
pianist (de)	zongoraművész	[zoŋgorɒmy:ve:s]
gitarist (de)	gitáros	[gita:roʃ]

orkestdirigent (de)	karmester	[kɒrmɛʃtɛr]
componist (de)	zeneszerző	[zɛnɛsɛrzø:]
impresario (de)	impresszárió	[imprɛssa:rio:]

filmregisseur (de)	rendező	[rɛndɛzø:]
filmproducent (de)	producer	[produsɛr]
scenarioschrijver (de)	forgatókönyvíró	[forgɒto:køɲvi:ro:]
criticus (de)	kritikus	[kritikuʃ]

schrijver (de)	író	[i:ro:]
dichter (de)	költő	[køltø:]
beeldhouwer (de)	szobrász	[sobra:s]
kunstenaar (de)	festő	[fɛʃtø:]

jongleur (de)	zsonglőr	[ʒoŋglø:r]
clown (de)	bohóc	[boho:ts]
acrobaat (de)	akrobata	[ɒkrobɒtɒ]
goochelaar (de)	bűvész	[by:ve:s]

130. Verschillende beroepen

dokter, arts (de)	orvos	[orvoʃ]
ziekenzuster (de)	nővér	[nø:ve:r]
psychiater (de)	elmeorvos	[ɛlmɛorvoʃ]
tandarts (de)	fogorvos	[fogorvoʃ]
chirurg (de)	sebész	[ʃɛbe:s]

astronaut (de)	űrhajós	[y:rhɒjo:ʃ]
astronoom (de)	csillagász	[ʧillɒga:s]
piloot (de)	pilóta	[pilo:tɒ]
chauffeur (de)	sofőr	[ʃofø:r]
machinist (de)	vezető	[vɛzɛtø:]
mecanicien (de)	gépész	[ge:pe:s]
mijnwerker (de)	bányász	[ba:nja:s]
arbeider (de)	munkás	[muŋka:ʃ]
bankwerker (de)	lakatos	[lɒkɒtoʃ]
houtbewerker (de)	asztalos	[ɒstɒloʃ]
draaier (de)	esztergályos	[ɛstɛrga:joʃ]
bouwvakker (de)	építő	[e:pi:tø:]
lasser (de)	hegesztő	[hɛgɛstø:]
professor (de)	professzor	[profɛssor]
architect (de)	építész	[e:pi:te:s]
historicus (de)	történész	[tørte:ne:s]
wetenschapper (de)	tudós	[tudo:ʃ]
fysicus (de)	fizikus	[fizikuʃ]
scheikundige (de)	vegyész	[vɛɟe:s]
archeoloog (de)	régész	[re:ge:s]
geoloog (de)	geológus	[gɛolo:guʃ]
onderzoeker (de)	kutató	[kutɒto:]
babysitter (de)	dajka	[dɒjkɒ]
leraar, pedagoog (de)	tanár	[tɒna:r]
redacteur (de)	szerkesztő	[sɛrkɛstø:]
chef-redacteur (de)	főszerkesztő	[fø:sɛrkɛstø:]
correspondent (de)	tudósító	[tudo:ʃi:to:]
typiste (de)	gépírónő	[ge:pi:ro:nø:]
designer (de)	formatervező	[formɒtɛrvɛzø:]
computerexpert (de)	számítógép speciálista	[sa:mi:to:ge:p ʃpɛtsia:liʃtɒ]
programmeur (de)	programozó	[progrɒmozo:]
ingenieur (de)	mérnök	[me:rnøk]
matroos (de)	tengerész	[tɛŋgɛre:s]
zeeman (de)	tengerész	[tɛŋgɛre:s]
redder (de)	mentő	[mɛntø:]
brandweerman (de)	tűzoltó	[ty:zolto:]
politieagent (de)	rendőr	[rɛndø:r]
nachtwaker (de)	éjjeliőr	[e:jjɛliø:r]
detective (de)	nyomozó	[ɲomozo:]
douanier (de)	vámos	[va:moʃ]
lijfwacht (de)	testőr	[tɛʃtø:r]
gevangenisbewaker (de)	börtönőr	[børtønø:r]
inspecteur (de)	felügyelő	[fɛlyɟɛlø:]
sportman (de)	sportoló	[ʃportolo:]
trainer (de)	edző	[ɛdzø:]

slager, beenhouwer (de)	hentes	[hɛntɛʃ]
schoenlapper (de)	cipész	[tsipe:s]
handelaar (de)	kereskedő	[kɛrɛʃkɛdø:]
lader (de)	rakodómunkás	[rɒkodo:muŋka:ʃ]

| kledingstilist (de) | divattervező | [divɒt tɛrvɛzø:] |
| model (het) | modell | [modɛll] |

131. Beroepen. Sociale status

| scholier (de) | diák | [dia:k] |
| student (de) | hallgató | [hɒllgɒto:] |

filosoof (de)	filozófus	[filozo:fuʃ]
econoom (de)	közgazdász	[køzgɒzda:ʃ]
uitvinder (de)	feltaláló	[fɛltɒla:lo:]

werkloze (de)	munkanélküli	[muŋkɒne:lkyli]
gepensioneerde (de)	nyugdíjas	[ɲugdi:jɒʃ]
spion (de)	kém	[ke:m]

gedetineerde (de)	fogoly	[fogoj]
staker (de)	sztrájkoló	[stra:jkolo:]
bureaucraat (de)	bürokrata	[byrokrɒtɒ]
reiziger (de)	utazó	[utɒzo:]

| homoseksueel (de) | homoszexuális | [homosɛksua:liʃ] |
| hacker (computerkraker) | hacker | [hɒkɛr] |

bandiet (de)	bandita	[bɒnditɒ]
huurmoordenaar (de)	bérgyilkos	[be:ɲilkoʃ]
drugsverslaafde (de)	narkós	[nɒrko:ʃ]
drugshandelaar (de)	kábítószerkereskedő	[ka:bi:to:sɛrkɛrɛʃkɛdø]
prostituee (de)	prostituált	[proʃtitua:lt]
pooier (de)	strici	[ʃtritsi]

tovenaar (de)	varázsló	[vɒra:ʒlo:]
tovenares (de)	boszorkány	[bosorka:ɲ]
piraat (de)	kalóz	[kɒlo:z]
slaaf (de)	rab	[rɒb]
samoerai (de)	szamuráj	[sɒmura:j]
wilde (de)	vadember	[vɒdɛmbɛr]

117

Sport

132. Soorten sporten. Sporters

sportman (de)	sportoló	[ʃportolo:]
soort sport (de/het)	sportág	[sporta:g]
basketbal (het)	kosárlabda	[koʃa:rlɒbdɒ]
basketbalspeler (de)	kosárlabdázó	[koʃa:rlɒbda:zo:]
baseball (het)	baseball	[bɛjsbɒll]
baseballspeler (de)	baseballjátékos	[bɛjsbɒll ja:te:koʃ]
voetbal (het)	futball, foci	[futbɒll], [fotsi]
voetballer (de)	futballista	[futbɒlliʃtɒ]
doelman (de)	kapus	[kɒpuʃ]
hockey (het)	jégkorong	[je:gkoroŋg]
hockeyspeler (de)	jégkorongjátékos	[je:gkoroŋg ja:te:koʃ]
volleybal (het)	röplabda	[røplɒbdɒ]
volleybalspeler (de)	röplabdázó	[røplɒbda:zo:]
boksen (het)	boksz	[boks]
bokser (de)	bokszoló	[boksolo:]
worstelen (het)	birkózás	[birko:za:ʃ]
worstelaar (de)	birkózó	[birko:zo:]
karate (de)	karate	[kɒrɒtɛ]
karateka (de)	karatés	[kɒrɒte:ʃ]
judo (de)	cselgáncs	[ʧɛlga:nʧ]
judoka (de)	cselgáncsozó	[ʧɛlga:nʧozo:]
tennis (het)	tenisz	[tɛnis]
tennisspeler (de)	teniszjátékos	[tɛnis ja:te:koʃ]
zwemmen (het)	úszás	[u:sa:ʃ]
zwemmer (de)	úszó	[u:so:]
schermen (het)	vívás	[vi:va:ʃ]
schermer (de)	vívó	[vi:vo:]
schaak (het)	sakk	[ʃɒkk]
schaker (de)	sakkozó	[ʃɒkkozo:]
alpinisme (het)	alpinizmus	[ɒlpinizmuʃ]
alpinist (de)	alpinista	[ɒlpiniʃtɒ]
hardlopen (het)	futás	[futa:ʃ]

renner (de)	futó	[futo:]
atletiek (de)	atlétika	[ɒtle:tikɒ]
atleet (de)	atléta	[ɒtle:tɒ]

| paardensport (de) | lovassport | [lovɒʃport] |
| ruiter (de) | lovas | [lovɒʃ] |

kunstschaatsen (het)	műkorcsolyázás	[my:kortʃoja:za:ʃ]
kunstschaatser (de)	műkorcsolyázó	[my:kortʃoja:zo:]
kunstschaatsster (de)	műkorcsolyázó nő	[my:kortʃoja:zo: nø:]

gewichtheffen (het)	súlyemelés	[ʃu:jɛmɛle:ʃ]
autoraces (mv.)	autóverseny	[ɒuto:vɛrʃɛɲ]
coureur (de)	autóversenyző	[ɒuto:vɛrʃɛɲzø:]

| wielersport (de) | kerékpározás | [kɛre:kpa:roza:ʃ] |
| wielrenner (de) | kerékpáros | [kɛre:kpa:roʃ] |

verspringen (het)	távolugrás	[ta:volugra:ʃ]
polsstokspringen (het)	rúdugrás	[ru:dugra:ʃ]
verspringer (de)	ugró	[ugro:]

133. Soorten sporten. Diversen

Amerikaans voetbal (het)	amerikai futball	[ɒmɛrikɒi futbɒll]
badminton (het)	tollaslabda	[tollɒʃlɒbdɒ]
biatlon (de)	biatlon	[biɒtlon]
biljart (het)	biliárd	[bilia:rd]

bobsleeën (het)	bob	[bob]
bodybuilding (de)	testépítés	[tɛʃte:pi:te:ʃ]
waterpolo (het)	vízilabda	[vi:zilɒbdɒ]
handbal (de)	kézilabda	[ke:zilɒbdɒ]
golf (het)	golf	[golf]

roeisport (de)	evezés	[ɛvɛze:ʃ]
duiken (het)	búvárkodás	[bu:va:rkoda:ʃ]
langlaufen (het)	síverseny	[ʃi:vɛrʃɛɲ]
tafeltennis (het)	asztali tenisz	[ɒstɒli tɛnis]

zeilen (het)	vitorlázás	[vitorla:za:ʃ]
rally (de)	rali	[rɒli]
rugby (het)	rögbi	[røgbi]
snowboarden (het)	hódeszka	[ho:dɛskɒ]
boogschieten (het)	íjászat	[i:ja:sɒt]

134. Fitnessruimte

lange halter (de)	súlyzó	[ʃu:jzo:]
halters (mv.)	súlyozók	[ʃu:jozo:k]
training machine (de)	gyakorló berendezés	[ɟokorlo: bɛrɛnɛze:ʃ]
hometrainer (de)	szobakerékpár	[sobɒkɛre:kpa:r]

loopband (de)	futószalag	[futo:sɒlɒg]
rekstok (de)	nyújtó	[ɲu:jto:]
brug (de) gelijke leggers	korlát	[korla:t]
paardsprong (de)	ló	[lo:]
mat (de)	ugrószőnyeg	[ugro: sø:nɛg]

| aerobics (de) | aerobik | [ɒɛrobik] |
| yoga (de) | jóga | [jo:gɒ] |

135. Hockey

hockey (het)	jégkorong	[je:gkoroŋg]
hockeyspeler (de)	jégkorongjátékos	[je:gkoroŋg ja:te:koʃ]
hockey spelen	jégkorongozik	[je:gkoroŋgozik]
ijs (het)	jég	[je:g]

puck (de)	korong	[koroŋg]
hockeystick (de)	ütő	[ytø:]
schaatsen (mv.)	korcsolya	[kortʃojɒ]

| boarding (de) | palánk | [pɒla:ŋk] |
| schot (het) | dobás | [doba:ʃ] |

doelman (de)	kapus	[kɒpuʃ]
goal (de)	gól	[go:l]
een goal scoren	gólt rúg	[go:lt ru:g]

| periode (de) | harmad | [hɒrmɒd] |
| reservebank (de) | kispad | [kiʃpɒd] |

136. Voetbal

voetbal (het)	futball, foci	[futbɒll], [fotsi]
voetballer (de)	futballista	[futbɒlliʃtɒ]
voetbal spelen	futballozik	[futbɒllozik]

eredivisie (de)	bajnokok ligája	[bɒjnokok liga:jɒ]
voetbalclub (de)	futballklub	[futbɒllklub]
trainer (de)	edző	[ɛdzø:]
eigenaar (de)	tulajdonos	[tulɒjdonoʃ]

team (het)	csapat	[tʃɒpɒt]
aanvoerder (de)	csapatkapitány	[tʃɒpɒtkɒpita:ɲ]
speler (de)	játékos	[ja:te:koʃ]
reservespeler (de)	tartalék játékos	[tɒrtɒle:k ja:te:koʃ]

aanvaller (de)	csatár	[tʃɒta:r]
centrale aanvaller (de)	középcsatár	[køze:p+U4527tʃɒta:r]
doelpuntmaker (de)	csatár	[tʃɒta:r]
verdediger (de)	védőjátékos	[ve:dø: ja:te:koʃ]
middenvelder (de)	fedezetjátékos	[fɛdɛzɛtja:te:koʃ]
match, wedstrijd (de)	meccs	[mɛtʃ:]

elkaar ontmoeten (ww)	találkozik	[tɒlaːlkozik]
finale (de)	döntő	[døntø:]
halve finale (de)	elődöntő	[ɛlø:døntø:]
kampioenschap (het)	bajnokság	[bɒjnokʃaːg]

helft (de)	félidő	[feːlidø:]
eerste helft (de)	az első félidő	[ɒz ɛlʃø feːlidø:]
pauze (de)	szünet	[synɛt]

doel (het)	kapu	[kɒpu]
doelman (de)	kapus	[kɒpuʃ]
doelpaal (de)	kapufa	[kɒpufɒ]
lat (de)	keresztgerenda	[kɛrɛstgɛrɛndɒ]
doelnet (het)	háló	[haːlo:]
een goal incasseren	beengedi a gólt	[bɛɛŋgɛdi ɒ go:lt]

bal (de)	labda	[lɒbdɒ]
pass (de)	átadás	[aːtɒdaːʃ]
schot (het), schop (de)	rúgás	[ruːgaːʃ]
schieten (de bal ~)	ütést mér	[yteːʃt meːr]
vrije schop (directe ~)	büntető rúgás	[byntɛtø: ruːgaːʃ]
hoekschop, corner (de)	szögletrúgás	[søglɛtruːgaːʃ]

aanval (de)	támadás	[taːmɒdaːʃ]
tegenaanval (de)	ellentámadás	[ɛllɛntaːmɒdaːʃ]
combinatie (de)	kombináció	[kombinaːtsio:]

scheidsrechter (de)	bíró	[biːro:]
fluiten (ww)	fütyül	[fycyl]
fluitsignaal (het)	fütty	[fyc:]
overtreding (de)	megsértés	[mɛgʃeːrteːʃ]
een overtreding maken	megsért	[mɛgʃeːrt]
uit het veld te sturen	kiállít a pályáról	[kiɒlliːt ɒ paːjaːro:l]

gele kaart (de)	sárga lap	[ʃaːrgɒ lɒp]
rode kaart (de)	piros lap	[piroʃ lɒp]
diskwalificatie (de)	diszkvalifikálás	[diskvɒlifikaːlaːʃ]
diskwalificeren (ww)	diszkvalifikál	[diskvɒlifikaːl]

strafschop, penalty (de)	tizenegyes	[tizɛnɛɟɛʃ]
muur (de)	fal	[fɒl]
scoren (ww)	berúg	[bɛruːg]
goal (de), doelpunt (het)	gól	[go:l]
een goal scoren	gólt rúg	[go:lt ruːg]

vervanging (de)	helyettesítés	[hɛjɛttɛʃiːteːʃ]
vervangen (ov.ww.)	helyettesít	[hɛjɛttɛʃiːt]
regels (mv.)	szabályok	[sɒbaːjok]
tactiek (de)	taktika	[tɒktikɒ]

stadion (het)	stadion	[ʃtɒdion]
tribune (de)	lelátó	[lɛlaːto:]
fan, supporter (de)	szurkoló	[surkolo:]
schreeuwen (ww)	kiabál	[kiɒbaːl]
scorebord (het)	tabló	[tɒblo:]
stand (~ is 3-1)	eredmény	[ɛrɛdmeːɲ]

nederlaag (de)	vereség	[vɛrɛʃeːg]
verliezen (ww)	elveszít	[ɛlvɛsiːt]
gelijkspel (het)	döntetlen	[døntɛtlɛn]
in gelijk spel eindigen	döntetlenre játszik	[døntɛtlɛnrɛ jaːtsik]

overwinning (de)	győzelem	[ɟøːzɛlɛm]
overwinnen (ww)	győz	[ɟøːz]
kampioen (de)	bajnok	[bɒjnok]
best (bn)	legjobb	[lɛgjobb]
feliciteren (ww)	gratulál	[grɒtulaːl]

commentator (de)	kommentátor	[kommɛntaːtor]
becommentariëren (ww)	kommentál	[kommɛntaːl]
uitzending (de)	közvetítés	[køzvɛtiːteːʃ]

137. Alpine skiën

ski's (mv.)	sí	[ʃiː]
skiën (ww)	síel	[ʃiːɛl]
skigebied (het)	alpesi lesikló hely	[ɒlpɛʃi lɛʃiklo: hɛj]
skilift (de)	felvonó	[fɛlvonoː]

skistokken (mv.)	síbot	[ʃiːbot]
helling (de)	lejtő	[lɛjtøː]
slalom (de)	műlesiklás	[myːlɛʃiːklaːʃ]

138. Tennis. Golf

golf (het)	golf	[golf]
golfclub (de)	golf klub	[golf klub]
golfer (de)	golfjátékos	[golfjaːteːkoʃ]

hole (de)	lyuk	[juk]
golfclub (de)	ütő	[ytøː]
trolley (de)	golf táska	[golf taːʃkɒ]

tennis (het)	tenisz	[tɛnis]
tennisveld (het)	teniszpálya	[tɛnispaːjɒ]
opslag (de)	adogatás	[ɒdogɒtaːʃ]
serveren, opslaan (ww)	adogat	[ɒdogɒt]
racket (het)	teniszütő	[tɛnisytøː]
net (het)	háló	[haːloː]
bal (de)	labda	[lɒbdɒ]

139. Schaken

schaak (het)	sakk	[ʃɒkk]
schaakstukken (mv.)	sakkfigurák	[ʃɒkfiguraːk]
schaker (de)	sakkozó	[ʃɒkkozoː]
schaakbord (het)	sakktábla	[ʃɒkktaːblɒ]

schaakstuk (het)	bábu	[ba:bu]
witte stukken (mv.)	világos	[vila:goʃ]
zwarte stukken (mv.)	sötét	[ʃøte:t]

pion (de)	gyalog	[ɟolog]
loper (de)	futó	[futo:]
paard (het)	huszár	[husa:r]
toren (de)	bástya	[ba:ʃcɒ]
dame, koningin (de)	vezér	[vɛze:r]
koning (de)	király	[kira:j]

zet (de)	lépés	[le:pe:ʃ]
zetten (ww)	lép	[le:p]
opofferen (ww)	feláldoz	[fɛla:ldoz]
rokade (de)	rosálás	[roʃa:la:ʃ]
schaak (het)	sakk	[ʃɒkk]
schaakmat (het)	matt	[mɒtt]

schaakwedstrijd (de)	sakktorna	[ʃɒkktornɒ]
grootmeester (de)	nagymester	[nɒɟmɛʃtɛr]
combinatie (de)	kombináció	[kombina:tsio:]
partij (de)	sakkparti	[ʃɒkkpɒrti]
dammen (de)	dámajáték	[da:mɒja:te:k]

140. Boksen

boksen (het)	boksz	[boks]
boksgevecht (het)	ökölvívó mérkőzés	[økølvi:vo: me:rkø:ze:ʃ]
bokswedstrijd (de)	párbaj	[pa:rbɒj]
ronde (de)	menet	[mɛnɛt]

| ring (de) | szorító | [sori:to:] |
| gong (de) | gong | [goŋg] |

stoot (de)	ütés	[yte:ʃ]
knock-down (de)	leütés	[lɛyte:ʃ]
knock-out (de)	kiütés	[kiyte:ʃ]
knock-out slaan (ww)	kiüt	[kiyt]

| bokshandschoen (de) | bokszkesztyű | [boks kɛscy:] |
| referee (de) | versenybíró | [vɛrʃɛɲbi:ro:] |

lichtgewicht (het)	könnyűsúly	[kønɲy:ʃu:j]
middengewicht (het)	középsúly	[køze:pʃu:j]
zwaargewicht (het)	nehézsúly	[nɛhe:zʃu:j]

141. Sporten. Diversen

Olympische Spelen (mv.)	Olimpiai játékok	[olimpiɒi ja:te:kok]
winnaar (de)	győztes	[ɟø:ztɛʃ]
overwinnen (ww)	győz	[ɟø:z]
winnen (ww)	legyőz	[lɛɟø:z]

| leider (de) | vezető | [vɛzɛtø:] |
| leiden (ww) | vezet | [vɛzɛt] |

eerste plaats (de)	első helyezés	[ɛlʃø: hɛjɛze:ʃ]
tweede plaats (de)	második helyezés	[ma:ʃodik hɛjɛze:ʃ]
derde plaats (de)	harmadik helyezés	[hɒrmɒdik hɛjɛze:ʃ]

medaille (de)	érem	[e:rɛm]
trofee (de)	trófea	[tro:fɛɒ]
beker (de)	kupa	[kupɒ]
prijs (de)	díj	[di:j]
hoofdprijs (de)	első díj	[ɛlʃø: di:j]

| record (het) | csúcseredmény | [ʧu:ʧɛrɛdme:ɲ] |
| een record breken | csúcsot állít fel | [ʧu:ʧot a:lli:t fɛl] |

| finale (de) | döntő | [døntø:] |
| finale (bn) | döntő | [døntø:] |

| kampioen (de) | bajnok | [bɒjnok] |
| kampioenschap (het) | bajnokság | [bɒjnokʃa:g] |

stadion (het)	stadion	[ʃtɒdion]
tribune (de)	lelátó	[lɛla:to:]
fan, supporter (de)	szurkoló	[surkolo:]
tegenstander (de)	ellenség	[ɛllɛnʃe:g]

| start (de) | rajt | [rɒjt] |
| finish (de) | finis | [finiʃ] |

| nederlaag (de) | vereség | [vɛrɛʃe:g] |
| verliezen (ww) | elveszít | [ɛlvɛsi:t] |

rechter (de)	bíró	[bi:ro:]
jury (de)	zsűri	[ʒy:ri]
stand (~ is 3-1)	eredmény	[ɛrɛdme:ɲ]
gelijkspel (het)	döntetlen	[døntɛtlɛn]
in gelijk spel eindigen	döntetlenre játszik	[døntɛtlɛnrɛ ja:tsik]
punt (het)	pont	[pont]
uitslag (de)	eredmény	[ɛrɛdme:ɲ]

pauze (de)	szünet	[synɛt]
doping (de)	dopping	[dopiŋg]
straffen (ww)	megbüntet	[mɛgbyntɛt]
diskwalificeren (ww)	diszkvalifikál	[diskvɒlifika:l]

toestel (het)	tornaszer	[tornɒsɛr]
speer (de)	gerely	[gɛrɛj]
kogel (de)	súly	[ʃu:j]
bal (de)	golyó	[gojo:]

doel (het)	cél	[tse:l]
schietkaart (de)	célpont	[tse:lpont]
schieten (ww)	lő	[lø:]
precies (bijv. precieze schot)	pontos	[pontoʃ]
trainer, coach (de)	edző	[ɛdzø:]

trainen (ww)	**edz**	[ɛdz]
zich trainen (ww)	**edzeni magát**	[ɛdzi mɒgaːt]
training (de)	**edzés**	[ɛdzeːʃ]
gymnastiekzaal (de)	**tornaterem**	[tornɒtɛrɛm]
oefening (de)	**gyakorlat**	[ɟokorlɒt]
opwarming (de)	**bemelegítés**	[bɛmɛlɛgiːteːʃ]

Onderwijs

142. School

school (de)	iskola	[iʃkolɒ]
schooldirecteur (de)	iskolaigazgató	[iʃkolɒ igɒzgɒtoː]
leerling (de)	diák	[diaːk]
leerlinge (de)	diáklány	[diaːklaːɲ]
scholier (de)	diák	[diaːk]
scholiere (de)	diáklány	[diaːklaːɲ]
leren (lesgeven)	tanít	[tɒniːt]
studeren (bijv. een taal ~)	tanul	[tɒnul]
van buiten leren	kívülről tanul	[kiːvylrøːl tɒnul]
leren (bijv. ~ tellen)	tanul	[tɒnul]
in school zijn	tanul	[tɒnul]
(schooljongen zijn)		
naar school gaan	iskolába jár	[iʃkolaːbɒ jaːr]
alfabet (het)	ábécé	[aːbeːtseː]
vak (schoolvak)	tantárgy	[tɒntaːrɟ]
klaslokaal (het)	tanterem	[tɒntɛrɛm]
les (de)	tanóra	[tɒnoːrɒ]
pauze (de)	szünet	[synɛt]
bel (de)	csengő	[ʧɛŋgøː]
schooltafel (de)	pad	[pɒd]
schoolbord (het)	tábla	[taːblɒ]
cijfer (het)	jegy	[jɛɟ]
goed cijfer (het)	jó jegy	[joː jɛɟ]
slecht cijfer (het)	rossz jegy	[ross jɛɟ]
een cijfer geven	jegyet ad	[jɛɟɛt ɒd]
fout (de)	hiba	[hibɒ]
fouten maken	hibázik	[hibaːzik]
corrigeren (fouten ~)	javít	[jɒviːt]
spiekbriefje (het)	puska	[puʃkɒ]
huiswerk (het)	házi feladat	[haːzi fɛlɒdɒt]
oefening (de)	gyakorlat	[ɟokorlɒt]
aanwezig zijn (ww)	jelen van	[jɛlɛn vɒn]
absent zijn (ww)	hiányzik	[hiaːɲzik]
bestraffen (een stout kind ~)	büntet	[byntɛt]
bestraffing (de)	büntetés	[byntɛteːʃ]
gedrag (het)	magatartás	[mɒgɒtɒrtaːʃ]

cijferlijst (de)	iskolai bizonyítvány	[iʃkolɒi+U3738 bizoɲi:tva:ɲ]
potlood (het)	ceruza	[tsɛruzɒ]
gom (de)	radír	[rɒdi:r]
krijt (het)	kréta	[kre:tɒ]
pennendoos (de)	tolltartó	[tolltɒrto:]

boekentas (de)	iskolatáska	[iʃkolɒta:ʃkɒ]
pen (de)	toll	[toll]
schrift (de)	füzet	[fyzɛt]
leerboek (het)	tankönyv	[tɒŋkøɲv]
passer (de)	körző	[kørzø:]

technisch tekenen (ww)	rajzol	[rɒjzol]
technische tekening (de)	tervrajz	[tɛrvrɒjz]

gedicht (het)	vers	[vɛrʃ]
van buiten (bw)	kívülről	[ki:vylrø:l]
van buiten leren	kívülről tanul	[ki:vylrø:l tɒnul]

vakantie (de)	szünet	[synɛt]
met vakantie zijn	szünidőt tölti	[synidø:t tølti]

toets (schriftelijke ~)	dolgozat	[dolgozɒt]
opstel (het)	fogalmazás	[fogɒlmɒza:ʃ]
dictee (het)	diktandó	[diktɒndo:]

examen (het)	vizsga	[viʒgɒ]
examen afleggen	vizsgázik	[viʒga:zik]
experiment (het)	kísérlet	[ki:ʃe:rlɛt]

143. Hogeschool. Universiteit

academie (de)	akadémia	[ɒkɒde:miɒ]
universiteit (de)	egyetem	[ɛɟɛtɛm]
faculteit (de)	kar	[kɒr]

student (de)	diák	[dia:k]
studente (de)	diáklány	[dia:kla:ɲ]
leraar (de)	tanár	[tɒna:r]

collegezaal (de)	tanterem	[tɒntɛrɛm]
afgestudeerde (de)	végzős	[ve:gzø:ʃ]

diploma (het)	szakdolgozat	[sɒgdolgozɒt]
dissertatie (de)	disszertáció	[dissɛrta:tsio:]

onderzoek (het)	kutatás	[kutɒta:ʃ]
laboratorium (het)	laboratórium	[lɒbɒrɒto:rium]

college (het)	előadás	[ɛlø:ɒda:ʃ]
medestudent (de)	évfolyamtárs	[e:vfojɒm ta:rʃ]

studiebeurs (de)	ösztöndíj	[østøndi:j]
academische graad (de)	tudományos fokozat	[tudoma:nøʃ fokozɒt]

144. Wetenschappen. Disciplines

wiskunde (de)	matematika	[mɒtɛmɒtikɒ]
algebra (de)	algebra	[ɒlgɛbrɒ]
meetkunde (de)	mértan	[meːrtɒn]
astronomie (de)	csillagászat	[ʧillɒgaːsɒt]
biologie (de)	biológia	[biolo:giɒ]
geografie (de)	földrajz	[føldrɒjz]
geologie (de)	földtan	[følttɒn]
geschiedenis (de)	történelem	[tørteːnɛlɛm]
geneeskunde (de)	orvostudomány	[orvoʃtudomaːɲ]
pedagogiek (de)	pedagógia	[pɛdɒgoːgiɒ]
rechten (mv.)	jog	[jog]
fysica, natuurkunde (de)	fizika	[fizikɒ]
scheikunde (de)	kémia	[keːmiɒ]
filosofie (de)	filozófia	[filozoːfiɒ]
psychologie (de)	lélektan	[leːlɛktɒn]

145. Schrift. Spelling

grammatica (de)	nyelvtan	[ɲɛlvtɒn]
vocabulaire (het)	szókincs	[soːkinʧ]
fonetiek (de)	hangtan	[hɒŋgtɒn]
zelfstandig naamwoord (het)	főnév	[føːneːv]
bijvoeglijk naamwoord (het)	melléknév	[mɛlleːkneːv]
werkwoord (het)	ige	[igɛ]
bijwoord (het)	határozószó	[hɒtaːrozoːsoː]
voornaamwoord (het)	névmás	[neːvmaːʃ]
tussenwerpsel (het)	indulatszó	[indulɒtsoː]
voorzetsel (het)	elöljárószó	[ɛløljaːroːsoː]
stam (de)	szógyök	[soːɟøk]
achtervoegsel (het)	végződés	[veːgzøːdeːʃ]
voorvoegsel (het)	prefixum	[prɛfiksum]
lettergreep (de)	szótag	[soːtɒg]
achtervoegsel (het)	rag	[rɒg]
nadruk (de)	hangsúly	[hɒŋgʃuːj]
afkappingsteken (het)	aposztróf	[ɒpostroːf]
punt (de)	pont	[pont]
komma (de/het)	vessző	[vɛssøː]
puntkomma (de)	pontosvessző	[pontoʃvɛssøː]
dubbelpunt (de)	kettőspont	[kɛttøːʃpont]
beletselteken (het)	három pont	[haːrom pont]
vraagteken (het)	kérdőjel	[keːrdøːjɛl]
uitroepteken (het)	felkiáltójel	[fɛlkiaːltoːjɛl]

aanhalingstekens (mv.)	idézőjel	[ide:zø:jɛl]
tussen aanhalingstekens (bw)	idézőjelben	[ide:zø:jɛlbɛn]
haakjes (mv.)	zárójel	[za:ro:jɛl]
tussen haakjes (bw)	zárójelben	[za:ro:jɛlbɛn]

streepje (het)	kötőjel	[køtø:jɛl]
gedachtestreepje (het)	gondolatjel	[gondolɒtjɛl]
spatie	szóköz	[so:køz]
(~ tussen twee woorden)		

letter (de)	betű	[bɛty:]
hoofdletter (de)	nagybetű	[nɒjbɛty:]

klinker (de)	magánhangzó	[mɒga:nhɒŋgzo:]
medeklinker (de)	mássalhangzó	[ma:ʃɒlhɒŋgzo:]

zin (de)	mondat	[mondɒt]
onderwerp (het)	alany	[ɒlɒɲ]
gezegde (het)	állítmány	[a:lli:tma:ɲ]

regel (in een tekst)	sor	[ʃor]
op een nieuwe regel (bw)	egy új sorban	[ɛɟ: u:j ʃorbɒn]
alinea (de)	bekezdés	[bɛkɛzde:ʃ]

woord (het)	szó	[so:]
woordgroep (de)	összetett szavak	[øs:ɛtɛtt sɒvɒk]
uitdrukking (de)	kifejezés	[kifɛjɛze:ʃ]
synoniem (het)	szinonima	[sinonimɒ]
antoniem (het)	antoníma	[ɒntoni:mɒ]

regel (de)	szabály	[sɒba:j]
uitzondering (de)	kivétel	[kive:tɛl]
correct (bijv. ~e spelling)	helyes	[hɛjɛʃ]

vervoeging, conjugatie (de)	igeragozás	[igɛrɒgoza:ʃ]
verbuiging, declinatie (de)	névszóragozás	[ne:vso:rɒgoza:ʃ]
naamval (de)	eset	[ɛʃɛt]
vraag (de)	kérdés	[ke:rde:ʃ]
onderstrepen (ww)	aláhúz	[ɒla:hu:z]
stippellijn (de)	kipontozott vonal	[kipontozott vonɒl]

146. Vreemde talen

taal (de)	nyelv	[ɲɛlv]
vreemde taal (de)	idegen nyelv	[idɛgɛn ɲɛlv]
leren (bijv. van buiten ~)	tanul	[tɒnul]
studeren (Nederlands ~)	tanul	[tɒnul]

lezen (ww)	olvas	[olvɒʃ]
spreken (ww)	beszél	[bɛse:l]
begrijpen (ww)	ért	[e:rt]
schrijven (ww)	ír	[i:r]
snel (bw)	gyorsan	[ɟorʃɒn]
langzaam (bw)	lassan	[lɒʃɒn]

vloeiend (bw)	folyékonyan	[foje:koɲɒn]
regels (mv.)	szabályok	[sɒba:jok]
grammatica (de)	nyelvtan	[ɲɛlvtɒn]
vocabulaire (het)	szókincs	[so:kinʧ]
fonetiek (de)	hangtan	[hɒŋgtɒn]
leerboek (het)	tankönyv	[tɒŋkøɲv]
woordenboek (het)	szótár	[so:ta:r]
leerboek (het) voor zelfstudie	önálló tanulásra szolgáló könyv	[øna:llo: tɒnula:ʃrɒ solga:lo: køɲv]
taalgids (de)	társalgási nyelvkönyv	[ta:rʃɒlga:ʃi nɛlvkøɲv]
cassette (de)	kazetta	[kɒzɛttɒ]
videocassette (de)	videokazetta	[fidɛokɒzɛttɒ]
CD (de)	CDlemez	[tsɛdɛlɛmɛz]
DVD (de)	DVDlemez	[dɛvɛdɛlɛmɛz]
alfabet (het)	ábécé	[a:be:tse:]
spellen (ww)	betűz	[bɛty:z]
uitspraak (de)	kiejtés	[kiɛjte:ʃ]
accent (het)	akcentus	[ɒktsɛntuʃ]
met een accent (bw)	akcentussal	[ɒktsɛntuʃɒl]
zonder accent (bw)	akcentus nélkül	[ɒktsɛntuʃ ne:lkyl]
woord (het)	szó	[so:]
betekenis (de)	értelem	[e:rtɛlɛm]
cursus (de)	tanfolyam	[tɒnfojɒm]
zich inschrijven (ww)	jelentkezik	[jɛlɛntkɛzik]
leraar (de)	tanár	[tɒna:r]
vertaling (een ~ maken)	fordítás	[fordi:ta:ʃ]
vertaling (tekst)	fordítás	[fordi:ta:ʃ]
vertaler (de)	fordító	[fordi:to:]
tolk (de)	tolmács	[tolma:ʧ]
polyglot (de)	poliglott	[poliglott]
geheugen (het)	emlékezet	[ɛmle:kɛzɛt]

147. Sprookjesfiguren

Sinterklaas (de)	Mikulás	[mikula:ʃ]
zeemeermin (de)	sellő	[ʃɛllø:]
magiër, tovenaar (de)	varázsló	[vɒra:ʒlo:]
goede heks (de)	varázslónő	[vɒra:ʒlo:nø:]
magisch (bn)	varázslatos	[vɒra:ʒlɒtoʃ]
toverstokje (het)	varázsvessző	[vɒra:ʒvɛssø:]
sprookje (het)	mese	[mɛʃɛ]
wonder (het)	csoda	[ʧodɒ]
dwerg (de)	törpe	[tørpɛ]
veranderen in ... (anders worden)	átváltozik ... vé	[a:tva:ltozik ... ve:]

geest (de)	szellem	[sɛllɛm]
spook (het)	kísértet	[ki:ʃe:rtɛt]
monster (het)	szörny	[sørɲ]
draak (de)	sárkány	[ʃa:rka:ɲ]
reus (de)	óriás	[o:ria:ʃ]

148. Dierenriem

Ram (de)	Kos	[koʃ]
Stier (de)	Bika	[bikɒ]
Tweelingen (mv.)	Ikrek	[ikrɛk]
Kreeft (de)	Rák	[ra:k]
Leeuw (de)	Oroszlán	[orosla:n]
Maagd (de)	Szűz	[sy:z]

Weegschaal (de)	Mérleg	[me:rlɛg]
Schorpioen (de)	skorpió	[ʃkorpio:]
Boogschutter (de)	Nyilas	[ɲilɒʃ]
Steenbok (de)	Bak	[bɒk]
Waterman (de)	Vízöntő	[vi:zøntø:]
Vissen (mv.)	Halak	[hɒlɒk]

karakter (het)	jellem	[jɛllɛm]
karaktertrekken (mv.)	jellemvonás	[jɛllɛmvona:ʃ]
gedrag (het)	magatartás	[mɒgɒtɒrta:ʃ]
waarzeggen (ww)	jósol	[jo:ʃol]
waarzegster (de)	jósnő	[jo:ʃnø:]
horoscoop (de)	horoszkóp	[horosko:p]

Kunst

149. Theater

theater (het)	színház	[si:nha:z]
opera (de)	opera	[opɛrɒ]
operette (de)	operett	[opɛrɛtt]
ballet (het)	balett	[bɒlɛtt]

affiche (de/het)	plakát	[plɒka:t]
theatergezelschap (het)	társulat	[ta:rʃulɒt]
tournee (de)	vendégszereplés	[vɛnde:gsɛrɛple:ʃ]
op tournee zijn	vendégszerepel	[vɛnde:gsɛrɛpɛl]
repeteren (ww)	próbál	[pro:ba:l]
repetitie (de)	próba	[pro:bɒ]
repertoire (het)	műsorterv	[my:ʃortɛrv]

voorstelling (de)	előadás	[ɛlø:ɒda:ʃ]
spektakel (het)	színházi előadás	[si:nha:zi ɛlø:ɒda:ʃ]
toneelstuk (het)	színdarab	[si:ndɒrɒb]

biljet (het)	jegy	[jɛɟ]
kassa (de)	jegypénztár	[jɛɟpe:nzta:r]
foyer (de)	előcsarnok	[ɛlø:tʃɒrnok]
garderobe (de)	ruhatár	[ruhɒta:r]
garderobe nummer (het)	szám	[sa:m]
verrekijker (de)	látcső	[la:tʃø:]
plaatsaanwijzer (de)	jegyszedő	[jɛɟsɛdø:]

parterre (de)	földszint	[føldsint]
balkon (het)	erkély	[ɛrke:j]
gouden rang (de)	első emelet	[ɛlʃø: ɛmɛlɛt]
loge (de)	páholy	[pa:hoj]
rij (de)	sor	[ʃor]
plaats (de)	hely	[hɛj]

publiek (het)	közönség	[køzønʃe:g]
kijker (de)	néző	[ne:zø:]
klappen (ww)	tapsol	[tɒpʃol]
applaus (het)	taps	[tɒpʃ]
ovatie (de)	ováció	[ova:tsio:]

toneel (op het ~ staan)	színpad	[si:npɒd]
gordijn, doek (het)	függöny	[fyggøɲ]
toneeldecor (het)	díszlet	[di:slɛt]
backstage (de)	kulisszák	[kulissa:k]

scène (de)	jelenet	[jɛlɛnɛt]
bedrijf (het)	felvonás	[fɛlvona:ʃ]
pauze (de)	szünet	[synɛt]

150. Bioscoop

acteur (de)	színész	[si:ne:s]
actrice (de)	színésznő	[si:ne:snø:]
bioscoop (de)	mozi	[mozi]
speelfilm (de)	film	[film]
aflevering (de)	sorozat	[ʃorozɒt]
detectivefilm (de)	krimi	[krimi]
actiefilm (de)	akciófilm	[ɒktsi:ofilm]
avonturenfilm (de)	kalandfilm	[kɒlɒndfilm]
sciencefictionfilm (de)	fantasztikus film	[fɒntɒstikuʃ film]
griezelfilm (de)	horrorfilm	[horrorfilm]
komedie (de)	filmvígjáték	[filmvi:g ja:te:k]
melodrama (het)	zenés dráma	[zɛne:ʃ dra:mɒ]
drama (het)	dráma	[dra:mɒ]
speelfilm (de)	játékfilm	[ja:te:kfilm]
documentaire (de)	dokumentumfilm	[dokumɛntumfilm]
tekenfilm (de)	rajzfilm	[rɒjzfilm]
stomme film (de)	némafilm	[ne:mɒfilm]
rol (de)	szerep	[sɛrɛp]
hoofdrol (de)	főszerep	[fø:sɛrɛp]
spelen (ww)	szerepel	[sɛrɛpɛl]
filmster (de)	filmcsillag	[filmtʃillɒg]
bekend (bn)	ismert	[iʃmɛrt]
beroemd (bn)	híres	[hi:rɛʃ]
populair (bn)	népszerű	[ne:psɛry:]
scenario (het)	forgatókönyv	[forgɒto:køɲv]
scenarioschrijver (de)	forgatókönyvíró	[forgɒto:køɲvi:ro:]
regisseur (de)	rendező	[rɛndɛzø:]
filmproducent (de)	producer	[produsɛr]
assistent (de)	asszisztens	[ɒssistɛnʃ]
cameraman (de)	operatőr	[opɛrɒtø:r]
stuntman (de)	kaszkadőr	[kɒskɒdø:r]
een film maken	filmet forgat	[filmɛt forgɒt]
auditie (de)	próba	[pro:bɒ]
opnamen (mv.)	felvétel	[fɛlve:tɛl]
filmploeg (de)	forgatócsoport	[forgɒto:tʃoport]
filmset (de)	forgatási helyszín	[forgɒta:ʃi hɛjsi:n]
filmcamera (de)	kamera	[kɒmɛrɒ]
bioscoop (de)	mozi	[mozi]
scherm (het)	vászon	[va:son]
een film vertonen	filmet mutat	[filmɛt mutɒt]
geluidsspoor (de)	hangsáv	[hɒŋgʃa:v]
speciale effecten (mv.)	speciális effektusok	[ʃpɛtsja:liʃ ɛf:ɛktuʃok]
ondertiteling (de)	feliratok	[fɛlirɒtok]

| voortiteling, aftiteling (de) | közreműködők felsorolása | [køzrɛmy:kødø:k fɛlʃorola:sa] |
| vertaling (de) | fordítás | [fordi:ta:ʃ] |

151. Schilderij

kunst (de)	művészet	[my:ve:sɛt]
schone kunsten (mv.)	képzőművészet	[ke:pzø:my:ve:sɛt]
kunstgalerie (de)	galéria	[gɒle:riɒ]
kunsttentoonstelling (de)	tárlat	[ta:rlɒt]

schilderkunst (de)	festészet	[fɛʃte:sɛt]
grafiek (de)	grafika	[grɒfikɒ]
abstracte kunst (de)	absztrakt művészet	[ɒbstrɒkt my:ve:sɛt]
impressionisme (het)	impresszionizmus	[imprɛssionizmuʃ]

schilderij (het)	kép	[ke:p]
tekening (de)	rajz	[rɒjz]
poster (de)	poszter	[postɛr]

illustratie (de)	illusztráció	[illustra:tsio:]
miniatuur (de)	miniatűr	[miniɒty:r]
kopie (de)	másolat	[ma:ʃolɒt]
reproductie (de)	reprodukció	[rɛproduktsio:]

mozaïek (het)	mozaik	[mozɒik]
gebrandschilderd glas (het)	színes üvegablak	[si:nɛʃ yvɛgɒblɒk]
fresco (het)	freskó	[frɛʃko:]
gravure (de)	metszet	[mɛtsɛt]

buste (de)	mellszobor	[mɛllsobor]
beeldhouwwerk (het)	szobor	[sobor]
beeld (bronzen ~)	szobor	[sobor]
gips (het)	gipsz	[gips]
gipsen (bn)	gipsz	[gips]

portret (het)	arckép	[ɒrtske:p]
zelfportret (het)	önarckép	[ønɒrtske:p]
landschap (het)	tájkép	[ta:jke:p]
stilleven (het)	csendélet	[ʧɛnde:lɛt]
karikatuur (de)	karikatúra	[kɒrikɒtu:rɒ]

verf (de)	festék	[fɛʃte:k]
aquarel (de)	vízfesték	[vi:zfɛʃte:k]
olieverf (de)	olaj	[olɒj]
potlood (het)	ceruza	[tsɛruzɒ]
Oost-Indische inkt (de)	tus	[tuʃ]
houtskool (de)	szén	[se:n]

| tekenen (met krijt) | rajzol | [rɒjzol] |
| schilderen (ww) | fest | [fɛʃt] |

poseren (ww)	pózol	[po:zol]
naaktmodel (man)	modell	[modɛll]
naaktmodel (vrouw)	modell	[modɛll]

kunstenaar (de)	festő	[fɛʃtøː]
kunstwerk (het)	műalkotás	[myːɒlkotɒːʃ]
meesterwerk (het)	remekmű	[rɛmɛkmyː]
studio, werkruimte (de)	műhely	[myːhɛj]

schildersdoek (het)	vászon	[vaːson]
schildersezel (de)	festőállvány	[fɛʃtøːaːllvaːɲ]
palet (het)	paletta	[pɒlɛttɒ]

lijst (een vergulde ~)	keret	[kɛrɛt]
restauratie (de)	helyreállítás	[hɛjrɛaːlliːtaːʃ]
restaureren (ww)	helyreállít	[hɛjrɛaːlliːt]

152. Literatuur & Poëzie

literatuur (de)	irodalom	[irodɒlom]
auteur (de)	szerző	[sɛrzøː]
pseudoniem (het)	álnév	[aːlneːv]

boek (het)	könyv	[køɲv]
boekdeel (het)	kötet	[køtɛt]
inhoudsopgave (de)	tartalomjegyzék	[tɒrtɒlomjɛɟzeːk]
pagina (de)	oldal	[oldɒl]
hoofdpersoon (de)	főszereplő	[føːsɛrɛpløː]
handtekening (de)	autogram	[autogram]

verhaal (het)	rövid történet	[røvid tørteːnɛt]
novelle (de)	elbeszélés	[ɛlbɛseːleːʃ]
roman (de)	regény	[rɛgeːɲ]
werk (literatuur)	alkotás	[ɒlkotaːʃ]
fabel (de)	állatmese	[aːllɒtmɛʃɛ]
detectiveroman (de)	krimi	[krimi]

gedicht (het)	vers	[vɛrʃ]
poëzie (de)	költészet	[kølteːsɛt]
epos (het)	költemény, vers	[køltɛmeːɲ], [vɛrʃ]
dichter (de)	költő	[køltøː]

fictie (de)	szépirodalom	[seːpirodɒlom]
sciencefiction (de)	scifi	[stsifi], [skifi]
avonturenroman (de)	kalandok	[kɒlɒndok]
opvoedkundige literatuur (de)	tanító irodalom	[tɒniːtoː irodɒlom]
kinderliteratuur (de)	gyermekirodalom	[ɟɛrmɛk irodɒlom]

153. Circus

circus (de/het)	cirkusz	[tsirkus]
chapiteau circus (de/het)	vándorcirkusz	[vaːndortsirkus]
programma (het)	műsor	[myːʃor]
voorstelling (de)	előadás	[ɛløːɒdaːʃ]
nummer (circus ~)	műsorszám	[myːʃorsaːm]
arena (de)	aréna	[ɒreːnɒ]

pantomime (de)	némajáték	[ne:mɒja:te:k]
clown (de)	bohóc	[boho:ts]

acrobaat (de)	akrobata	[ɒkrobɒtɒ]
acrobatiek (de)	akrobatika	[ɒkrobɒtikɒ]
gymnast (de)	tornász	[torna:s]
gymnastiek (de)	torna	[tornɒ]
salto (de)	szaltó	[sɒlto:]

sterke man (de)	atléta	[ɒtle:tɒ]
temmer (de)	állatszelídítő	[a:llɒt sɛli:di:to:]
ruiter (de)	lovas	[lovɒʃ]
assistent (de)	asszisztens	[ɒssistɛnʃ]

stunt (de)	mutatvány	[mutɒtva:ɲ]
goocheltruc (de)	bűvészmutatvány	[by:ve:smutɒtva:ɲ]
goochelaar (de)	bűvész	[by:ve:s]

jongleur (de)	zsonglőr	[ʒoŋglø:r]
jongleren (ww)	zsonglőrködik	[ʒoŋglø:rkødik]
dierentrainer (de)	idomár	[idoma:r]
dressuur (de)	idomítás	[idomi:ta:ʃ]
dresseren (ww)	idomít	[idomi:t]

154. Muziek. Popmuziek

muziek (de)	zene	[zɛnɛ]
muzikant (de)	zenész	[zɛne:s]
muziekinstrument (het)	hangszer	[hɒŋgsɛr]
spelen (bijv. gitaar ~)	játszani	[ja:tzɒni]

gitaar (de)	gitár	[gita:r]
viool (de)	hegedű	[hɛgɛdy:]
cello (de)	cselló	[ʧɛllo:]
contrabas (de)	nagybőgő	[nɒɟbø:gø:]
harp (de)	hárfa	[ha:rfɒ]

piano (de)	zongora	[zoŋgorɒ]
vleugel (de)	zongora	[zoŋgorɒ]
orgel (het)	orgona	[orgonɒ]

blaasinstrumenten (mv.)	fúvós hangszer	[fu:vo:ʃ hɒŋgsɛr]
hobo (de)	oboa	[obоɒ]
saxofoon (de)	szakszofon	[sɒksofon]
klarinet (de)	klarinét	[klɒrine:t]
fluit (de)	fuvola	[fuvolɒ]
trompet (de)	trombita	[trombitɒ]

accordeon (de/het)	harmonika	[hɒrmonikɒ]
trommel (de)	dob	[dob]

duet (het)	duett	[duɛtt]
trio (het)	trió	[trio:]
kwartet (het)	kvartett	[kvɒrtɛtt]

| koor (het) | énekkar | [eːnɛkkɒr] |
| orkest (het) | zenekar | [zɛnɛkɒr] |

popmuziek (de)	popzene	[popzɛnɛ]
rockmuziek (de)	rockzene	[rokzɛnɛ]
rockgroep (de)	rockegyüttes	[rokɛɟyttɛʃ]
jazz (de)	dzsessz	[dʑɛsː]

| idool (het) | bálvány | [baːlvaːɲ] |
| bewonderaar (de) | rajongó | [rɒjoŋgoː] |

concert (het)	hangverseny	[hɒŋgvɛrʃɛɲ]
symfonie (de)	szimfónia	[simfoːniɒ]
compositie (de)	szerzemény	[sɛrzɛmeːɲ]

zang (de)	éneklés	[eːnɛkleːʃ]
lied (het)	dal	[dɒl]
melodie (de)	dallam	[dɒllɒm]
ritme (het)	ritmus	[ritmuʃ]
blues (de)	blues	[blyz]

bladmuziek (de)	kották	[kottaːk]
dirigeerstok (baton)	karmesteri pálca	[kɒrmɛʃtɛri paːltsɒ]
strijkstok (de)	vonó	[vonoː]
snaar (de)	húr	[huːr]
koffer (de)	tartó	[tɒrtoː]

Rusten. Entertainment. Reizen

155. Trip. Reizen

toerisme (het)	turizmus	[turizmuʃ]
toerist (de)	turista	[turiʃtɒ]
reis (de)	utazás	[utɒzaːʃ]
avontuur (het)	kaland	[kɒlɒnd]
tocht (de)	utazás	[utɒzaːʃ]
vakantie (de)	szabadság	[sɒbɒdʃaːg]
met vakantie zijn	szabadságon van	[sɒbɒdʃaːgon vɒn]
rust (de)	pihenés	[pihɛneːʃ]
trein (de)	vonat	[vonɒt]
met de trein	vonattal	[vonɒttɒl]
vliegtuig (het)	repülőgép	[rɛpyløːgeːp]
met het vliegtuig	repülőgéppel	[rɛpyløːgeːppɛl]
met de auto	autóval	[ɒutoːvɒl]
per schip (bw)	hajóval	[hɒjoːvɒl]
bagage (de)	csomag	[ʧomɒg]
valies (de)	bőrönd	[bøːrønd]
bagagekarretje (het)	kocsi	[koʧi]
paspoort (het)	útlevél	[uːtlɛveːl]
visum (het)	vízum	[viːzum]
kaartje (het)	jegy	[jɛɟ]
vliegticket (het)	repülőjegy	[rɛpyløːjɛɟ]
reisgids (de)	útikalauz	[uːtikɒlɒuz]
kaart (de)	térkép	[teːrkeːp]
gebied (landelijk ~)	vidék	[videːk]
plaats (de)	hely	[hɛj]
exotische bestemming (de)	egzotikum	[ɛgzotikum]
exotisch (bn)	egzotikus	[ɛgzotikuʃ]
verwonderlijk (bn)	csodálatos	[ʧodaːlɒtoʃ]
groep (de)	csoport	[ʧoport]
rondleiding (de)	kirándulás	[kiraːndulaːʃ]
gids (de)	idegenvezető	[idɛgɛn vɛzɛtøː]

156. Hotel

hotel (het)	szálloda	[saːllodɒ]
motel (het)	motel	[motɛl]
3-sterren	három csillagos	[haːrom ʧillɒgoʃ]

| 5-sterren | öt csillagos | [øt ʧillɒgoʃ] |
| overnachten (ww) | megszáll | [mɛgsaːll] |

kamer (de)	szoba	[sobɒ]
eenpersoonskamer (de)	egyágyas szoba	[ɛɟaːɟoʃ sobɒ]
tweepersoonskamer (de)	kétágyas szoba	[keːtaːɟoʃ sobɒ]
een kamer reserveren	lefoglal egy szobát	[lɛfoglɒl ɛɟ sobaːt]

| halfpension (het) | félpanzió | [feːlpɒnzioː] |
| volpension (het) | teljes panzió | [tɛjɛʃ pɒnzioː] |

met badkamer	fürdőszobával	[fyrdøːsobaːvɒl]
met douche	zuhannyal	[zuhɒnnɒl]
satelliet-tv (de)	műholdas televízió	[myːholdɒʃ tɛlɛvizioː]
airconditioner (de)	légkondicionáló	[leːgkonditsionaːloː]
handdoek (de)	törülköző	[tørylkøzøː]
sleutel (de)	kulcs	[kulʧ]

administrateur (de)	adminisztrátor	[ɒdministraːtor]
kamermeisje (het)	szobalány	[sobɒlaːɲ]
piccolo (de)	hordár	[hordaːr]
portier (de)	portás	[portaːʃ]

restaurant (het)	étterem	[eːttɛrɛm]
bar (de)	bár	[baːr]
ontbijt (het)	reggeli	[rɛggɛli]
avondeten (het)	vacsora	[vɒʧorɒ]
buffet (het)	svédasztal	[ʃveːdɒstɒl]

lift (de)	lift	[lift]
NIET STOREN	KÉRJÜK, NE ZAVARJANAK!	[keːrjyk nɛ zɒvɒrjɒnɒk]
VERBODEN TE ROKEN!	DOHÁNYOZNI TILOS!	[doha:nøzni tiloʃ]

157. Boeken. Lezen

boek (het)	könyv	[køɲv]
auteur (de)	szerző	[sɛrzøː]
schrijver (de)	író	[iːroː]
schrijven (een boek)	megír	[mɛgiːr]

lezer (de)	olvasó	[olvɒʃoː]
lezen (ww)	olvas	[olvɒʃ]
lezen (het)	olvasás	[olvɒʃaːʃ]

| stil (~ lezen) | magában | [mɒgaːbɒn] |
| hardop (~ lezen) | hangosan | [hɒŋgoʃɒn] |

uitgeven (boek ~)	kiad	[kiɒd]
uitgeven (het)	kiadás	[kiɒdaːʃ]
uitgever (de)	kiadó	[kiɒdoː]
uitgeverij (de)	kiadóvállalat	[kiɒdoː vaːllɒlɒt]
verschijnen (bijv. boek)	megjelenik	[mɛgjɛlɛnik]
verschijnen (het)	megjelenés	[mɛgjɛlɛneːʃ]

oplage (de)	példányszám	[pe:lda:ɲsa:m]
boekhandel (de)	könyvesbolt	[køɲvɛʃbolt]
bibliotheek (de)	könyvtár	[køɲvta:r]
novelle (de)	elbeszélés	[ɛlbɛse:le:ʃ]
verhaal (het)	rövid történet	[røvid tørte:nɛt]
roman (de)	regény	[rɛge:ɲ]
detectiveroman (de)	krimi	[krimi]
memoires (mv.)	emlékiratok	[ɛmle:kirɒtok]
legende (de)	legenda	[lɛgɛndɒ]
mythe (de)	mítosz	[mi:tos]
gedichten (mv.)	versek	[vɛrʃɛk]
autobiografie (de)	önéletrajz	[øne:lɛtrɒjz]
bloemlezing (de)	válogatott	[va:logɒtott]
sciencefiction (de)	scifi	[stsifi], [skifi]
naam (de)	cím	[tsi:m]
inleiding (de)	bevezetés	[bɛvɛzɛte:ʃ]
voorblad (het)	címlap	[tsi:mlɒp]
hoofdstuk (het)	fejezet	[fɛjɛzɛt]
fragment (het)	részlet	[re:slɛt]
episode (de)	epizód	[ɛpizo:d]
intrige (de)	szüzsé	[syʒe:]
inhoud (de)	tartalom	[tɒrtɒlom]
inhoudsopgave (de)	tartalomjegyzék	[tɒrtɒlomjɛɟze:k]
hoofdpersonage (het)	főszereplő	[fø:sɛrɛplø:]
boekdeel (het)	kötet	[køtɛt]
omslag (de/het)	borítólap	[bori:to:lɒp]
boekband (de)	bekötés	[bɛkøte:ʃ]
bladwijzer (de)	könyvjelző	[køɲvjɛlzø:]
pagina (de)	oldal	[oldɒl]
bladeren (ww)	lapoz	[lɒpoz]
marges (mv.)	lapszél	[lɒpse:l]
annotatie (de)	jegyzet	[jɛɟzɛt]
opmerking (de)	megjegyzés	[mɛgjɛɟze:ʃ]
tekst (de)	szöveg	[søvɛg]
lettertype (het)	betűtípus	[bɛty:ti:puʃ]
drukfout (de)	sajtóhiba	[ʃɒjto:hibɒ]
vertaling (de)	fordítás	[fordi:ta:ʃ]
vertalen (ww)	fordít	[fordi:t]
origineel (het)	az eredeti	[ɒz ɛrɛdɛti]
beroemd (bn)	híres	[hi:rɛʃ]
onbekend (bn)	ismeretlen	[iʃmɛrɛtlɛn]
interessant (bn)	érdekes	[e:rdɛkɛʃ]
bestseller (de)	bestseller	[bɛstsɛllɛr]
woordenboek (het)	szótár	[so:ta:r]
leerboek (het)	tankönyv	[tɒŋkøɲv]
encyclopedie (de)	enciklopédia	[ɛntsiklope:diɒ]

158. Jacht. Vissen

jacht (de)	vadászat	[vɒdaːsɒt]
jagen (ww)	vadászik	[vɒdaːsik]
jager (de)	vadász	[vɒdaːs]
schieten (ww)	lő	[løː]
geweer (het)	puska	[puʃkɒ]
patroon (de)	töltény	[tølteːɲ]
hagel (de)	sörét	[ʃøreːt]
val (de)	csapda	[ʧɒbdɒ]
valstrik (de)	kelepce	[kɛlɛptsɛ]
een val zetten	csapdát állít	[ʧɒpdaːt aːlliːt]
stroper (de)	vadorzó	[vɒdorzoː]
wild (het)	vad	[vɒd]
jachthond (de)	vadászkutya	[vɒdaːskuсɒ]
safari (de)	szafári	[sɒfaːri]
opgezet dier (het)	kitömött test	[kitømøtt tɛʃt]
visser (de)	halász	[hɒlaːs]
visvangst (de)	halászat	[hɒlaːsɒt]
vissen (ww)	halászik	[hɒlaːsik]
hengel (de)	horgászbot	[horgaːsbot]
vislijn (de)	horgászzsinór	[horgaːsʒinoːr]
haak (de)	horog	[horog]
dobber (de)	úszó	[uːsoː]
aas (het)	csalétek	[ʧɒleːtɛk]
de hengel uitwerpen	bedobja a horgot	[bɛdobiɒ ɒ horgot]
bijten (ov. de vissen)	harap	[hɒrɒp]
vangst (de)	halászzsákmány	[hɒlaːs ʒaːkmaːɲ]
wak (het)	lék	[leːk]
net (het)	háló	[haːloː]
boot (de)	csónak	[ʧoːnɒk]
vissen met netten	halászik	[hɒlaːsik]
het net uitwerpen	beveti a hálót	[bɛvɛti ɒ haːloːt]
het net binnenhalen	kihúzza a hálót	[kihuːzzɒ ɒ haːloːt]
walvisvangst (de)	bálnavadász	[baːlnɒvɒdaːs]
walvisvaarder (de)	bálnavadászhajó	[baːlnɒvɒdaːshɒjoː]
harpoen (de)	szigony	[sigoɲ]

159. Spellen. Biljart

biljart (het)	biliárd	[biliaːrd]
biljartzaal (de)	biliárdszoba	[biliaːrd sobɒ]
biljartbal (de)	biliárdgolyó	[biliaːrdgojoː]
een bal in het gat jagen	elgurítja a golyót	[ɛlguriːсɒ ɒ gojoːt]
keu (de)	dákó	[daːkoː]
gat (het)	lyuk	[juk]

160. Spellen. Speelkaarten

ruiten (mv.)	káró	[kaːroː]
schoppen (mv.)	pikk	[pikk]
klaveren (mv.)	kőr	[køːr]
harten (mv.)	treff	[trɛff]
aas (de)	ász	[aːs]
koning (de)	király	[kiraːj]
dame (de)	dáma	[daːmɒ]
boer (de)	alsó	[ɒlʃoː]
speelkaart (de)	kártya	[kaːrcɒ]
kaarten (mv.)	kártyák	[kaːrcaːk]
troef (de)	adu	[ɒdu]
pak (het) kaarten	egy csomag kártya	[ɛɟ tʃomɒg kaːrcɒ]
uitdelen (kaarten ~)	kioszt	[kiost]
schudden (de kaarten ~)	kever	[kɛvɛr]
beurt (de)	lépés	[leːpeːʃ]
valsspeler (de)	csaló	[tʃɒloː]

161. Casino. Roulette

casino (het)	kaszinó	[kɒsinoː]
roulette (de)	rulett	[rulɛtt]
inzet (de)	tét	[teːt]
een bod doen	megteszi a tétet	[mɛgtɛsi ɒ teːtɛt]
rood (de)	piros	[piroʃ]
zwart (de)	fekete	[fɛkɛtɛ]
inzetten op rood	pirosra tesz	[piroʃrɒ tɛs]
inzetten op zwart	feketére tesz	[fɛkɛteːrɛ tɛs]
croupier (de)	krupié	[krupieː]
de cilinder draaien	forgatja a kereket	[forgɒcɒ ɒ kɛrɛkɛt]
spelregels (mv.)	játék szabályai	[jaːteːk sɒbaːjɒi]
fiche (pokerfiche, etc.)	érme	[eːrmɛ]
winnen (ww)	nyer	[ɲɛr]
winst (de)	nyeremény	[ɲɛrɛmeːɲ]
verliezen (ww)	elveszít	[ɛlvɛsiːt]
verlies (het)	veszteség	[vɛstɛʃeːg]
speler (de)	játékos	[jaːteːkoʃ]
blackjack (kaartspel)	Black Jack	[blɛk dzɛk]
dobbelspel (het)	kockajáték	[kotskɒjaːteːk]
speelautomaat (de)	játékautomata	[jaːteːk ɒutomɒtɒ]

162. Rusten. Spellen. Diversen

wandelen (on.ww.)	sétál	[ʃeːtaːl]
wandeling (de)	séta	[ʃeːtɒ]
trip (per auto)	kirándulás	[kiraːndulaːʃ]
avontuur (het)	kaland	[kɒlɒnd]
picknick (de)	piknik	[piknik]
spel (het)	játék	[jaːteːk]
speler (de)	játékos	[jaːteːkoʃ]
partij (de)	játszma	[jaːtsmɒ]
collectioneur (de)	gyűjtő	[ɟyːjtøː]
collectioneren (ww)	gyűjt	[ɟyːjt]
collectie (de)	gyűjtemény	[ɟyːjtɛmeːɲ]
kruiswoordraadsel (het)	keresztrejtvény	[kɛrɛstrɛjtveːɲ]
hippodroom (de)	lóversenytér	[loːvɛrʃɛɲteːr]
discotheek (de)	diszkó	[disko:]
sauna (de)	szauna	[sɒunɒ]
loterij (de)	sorsjáték	[ʃorʃjaːteːk]
trektocht (kampeertocht)	túra	[tuːrɒ]
kamp (het)	tábor	[taːbor]
tent (de)	sátor	[ʃaːtor]
kompas (het)	iránytű	[iraːɲtyː]
rugzaktoerist (de)	turista	[turiʃtɒ]
bekijken (een film ~)	néz	[neːz]
kijker (televisie~)	tévénéző	[teːveːneːzøː]
televisie-uitzending (de)	tévéprogram	[teːveː progrɒm]

163. Fotografie

fotocamera (de)	fényképezőgép	[feːɲkeːpɛzøːgeːp]
foto (de)	fénykép	[feːɲkeːp]
fotograaf (de)	fényképész	[feːɲkeːpeːs]
fotostudio (de)	fotószalon	[fotoːsɒlon]
fotoalbum (het)	fényképalbum	[feːɲkeːp ɒlbum]
lens (de), objectief (het)	objektív	[objɛktiːv]
telelens (de)	teleobjektív	[tɛlɛobjɛktiːv]
filter (de/het)	filter	[filtɛr]
lens (de)	lencse	[lɛntʃɛ]
optiek (de)	optika	[optikɒ]
diafragma (het)	fényrekesz	[feːɲrɛkɛs]
belichtingstijd (de)	exponálás	[ɛkspona:lɒʃ]
zoeker (de)	képkereső	[keːpkɛrɛʃøː]
digitale camera (de)	digitális	[digitaːliʃ]
	fényképezőgép	feːɲkeːpɛzøːgeːp]

| statief (het) | statív | [ʃtɒtiv] |
| flits (de) | vaku | [vɒku] |

fotograferen (ww)	fényképez	[fe:ɲke:pɛz]
foto's maken	fényképez	[fe:ɲke:pɛz]
zich laten fotograferen	lefényképezteti magát	[lɛfe:ɲke:pɛztɛti mɒga:t]

focus (de)	fókusz	[fo:kus]
scherpstellen (ww)	élessé tesz	[e:lɛʃe: tɛs]
scherp (bn)	éles	[e:lɛʃ]
scherpte (de)	élesség	[e:lɛʃe:g]

| contrast (het) | kontraszt | [kontrɒst] |
| contrastrijk (bn) | kontrasztos | [kontrɒstoʃ] |

kiekje (het)	felvétel	[fɛlve:tɛl]
negatief (het)	negatív	[nɛgɒti:v]
filmpje (het)	film	[film]
beeld (frame)	filmkocka	[filmkotskɒ]
afdrukken (foto's ~)	nyomtat	[ɲomtɒt]

164. Strand. Zwemmen

strand (het)	strand	[ʃtrɒnd]
zand (het)	homok	[homok]
leeg (~ strand)	puszta	[pustɒ]

bruine kleur (de)	lesülés	[lɛʃyle:ʃ]
zonnebaden (ww)	lesül	[lɛʃyl]
gebruind (bn)	lesült	[lɛʃylt]
zonnecrème (de)	napolaj	[nɒpolɒj]

bikini (de)	bikini	[bikini]
badpak (het)	fürdőruha	[fyrdø:ruhɒ]
zwembroek (de)	fürdőnadrág	[fyrdø:nɒdra:g]

zwembad (het)	uszoda	[usodɒ]
zwemmen (ww)	úszik	[u:sik]
douche (de)	zuhany	[zuhɒɲ]
zich omkleden (ww)	átöltözik	[a:tøltøzik]
handdoek (de)	törülköző	[tørylkøzø:]

| boot (de) | csónak | [ʧo:nɒk] |
| motorboot (de) | motorcsónak | [motor ʧo:nɒk] |

waterski's (mv.)	vízisí	[vi:ziʃi:]
waterfiets (de)	vízibicikli	[vi:zi bitsikli]
surfen (het)	szörfözés	[sørføze:ʃ]
surfer (de)	szörföző	[sørфøzø:]

scuba, aqualong (de)	könnyűbúvárfelszerelés	[køɲɲu:bu:va:rfɛlsɛrɛle:ʃ]
zwemvliezen (mv.)	uszony	[usoɲ]
duikmasker (het)	maszk	[mɒsk]
duiker (de)	búvár	[bu:va:r]

| duiken (ww) | búvárkodik | [buːvaːrkodik] |
| onder water (bw) | víz alatt | [viːz ɒlɒtt] |

parasol (de)	esernyő	[ɛʃɛrɲøː]
ligstoel (de)	napozóágy	[nɒpozoːaːɟ]
zonnebril (de)	szemüveg	[sɛmyvɛg]
luchtmatras (de/het)	gumimatrac	[gumimɒtrɒts]

| spelen (ww) | játszik | [jaːtsik] |
| gaan zwemmen (ww) | fürdik | [fyrdik] |

bal (de)	labda	[lɒbdɒ]
opblazen (oppompen)	felfúj	[fɛlfuːj]
lucht-, opblaasbare (bn)	felfújható	[fɛlfuːjhɒtoː]

golf (hoge ~)	hullám	[hullaːm]
boei (de)	bója	[boːjɒ]
verdrinken (ww)	vízbe fullad	[viːzbɛ fullɒd]

redden (ww)	megment	[mɛgmɛnt]
reddingsvest (de)	mentőmellény	[mɛntøːmɛlleːɲ]
waarnemen (ww)	figyel	[fiɟɛl]
redder (de)	mentő	[mɛntøː]

TECHNISCHE APPARATUUR. VERVOER

Technische apparatuur

165. Computer

computer (de)	számítógép	[saːmiːtoːgeːp]
laptop (de)	laptop	[lɔptop]
aanzetten (ww)	bekapcsol	[bɛkoptʃol]
uitzetten (ww)	kikapcsol	[kikoptʃol]
toetsenbord (het)	billentyűzet	[billɛɲɲcyːzɛt]
toets (enter~)	billentyű	[billɛɲcyː]
muis (de)	egér	[ɛgeːr]
muismat (de)	egérpad	[ɛgeːrpod]
knopje (het)	gomb	[gomb]
cursor (de)	kurzor	[kurzor]
monitor (de)	monitor	[monitor]
scherm (het)	képernyő	[keːpɛrɲøː]
harde schijf (de)	merevlemez	[mɛrɛvlɛmɛz]
geheugen (het)	memória	[mɛmoːrio]
RAM-geheugen (het)	RAM	[rom]
bestand (het)	fájl	[faːjl]
folder (de)	mappa	[moppo]
openen (ww)	nyit	[ɲit]
sluiten (ww)	zár	[zaːr]
opslaan (ww)	ment	[mɛnt]
verwijderen (wissen)	töröl	[tørøl]
kopiëren (ww)	másol	[maːʃol]
sorteren (ww)	osztályoz	[ostaːjoz]
overplaatsen (ww)	átír	[aːtiːr]
programma (het)	program	[progrom]
software (de)	szoftver	[softvɛr]
programmeur (de)	programozó	[progromozoː]
programmeren (ww)	programoz	[progromoz]
hacker (computerkraker)	hacker	[hokɛr]
wachtwoord (het)	jelszó	[jɛlsoː]
virus (het)	vírus	[viːruʃ]
ontdekken (virus ~)	megtalál	[mɛgtolaːl]
byte (de)	byte	[bojt]
megabyte (de)	megabyte	[mɛgobojt]

| data (de) | adatok | [ɒdɒtok] |
| databank (de) | adatbázis | [ɒdɒtbaːziʃ] |

kabel (USB-~, enz.)	kábel	[kaːbɛl]
afsluiten (ww)	szétkapcsol	[seːtkɒptʃol]
aansluiten op (ww)	hozzákapcsol	[hozzaːkɒptʃol]

166. Internet. E-mail

internet (het)	internet	[intɛrnɛt]
browser (de)	böngésző	[bøŋgeːsøː]
zoekmachine (de)	kereső program	[kɛrɛʃøː progrɒm]
internetprovider (de)	szolgáltató	[solgaːltɒtoː]

webmaster (de)	webgazda	[vɛbgɒzdɒ]
website (de)	weboldal	[vɛboldɒl]
webpagina (de)	weboldal	[vɛboldɒl]

| adres (het) | cím | [tsiːm] |
| adresboek (het) | címkönyv | [tsiːmkøɲv] |

| postvak (het) | postaláda | [poʃtɒlaːdɒ] |
| post (de) | posta | [poʃtɒ] |

bericht (het)	levél	[lɛveːl]
verzender (de)	feladó	[fɛlɒdoː]
verzenden (ww)	felad	[fɛlɒd]
verzending (de)	feladás	[fɛlɒdaːʃ]

| ontvanger (de) | címzett | [tsiːmzɛtt] |
| ontvangen (ww) | kap | [kɒp] |

| correspondentie (de) | levelezés | [lɛvɛlɛzeːʃ] |
| corresponderen (met …) | levelez | [lɛvɛlɛz] |

bestand (het)	fájl	[faːjl]
downloaden (ww)	letölt	[lɛtølt]
creëren (ww)	teremt	[tɛrɛmt]

| verwijderen (een bestand ~) | töröl | [tørøl] |
| verwijderd (bn) | törölt | [tørølt] |

verbinding (de)	kapcsolat	[kɒptʃolɒt]
snelheid (de)	sebesség	[ʃɛbɛʃeːg]
modem (de)	modem	[modɛm]

| toegang (de) | hozzáférés | [hozzaːfeːreːʃ] |
| poort (de) | port | [port] |

| aansluiting (de) | csatlakozás | [tʃɒtlɒkozaːʃ] |
| zich aansluiten (ww) | csatlakozik | [tʃɒtlɒkozik] |

| selecteren (ww) | választ | [vaːlɒst] |
| zoeken (ww) | keres | [kɛrɛʃ] |

167. Elektriciteit

elektriciteit (de)	villany	[villɒɲ]
elektrisch (bn)	villamos	[villɒmoʃ]
elektriciteitscentrale (de)	villamos erőmű	[villɒmoʃ ɛrø:my:]
energie (de)	energia	[ɛnɛrgiɒ]
elektrisch vermogen (het)	villamos energia	[villɒmoʃ ɛnɛrgiɒ]
lamp (de)	körte	[kørtɛ]
zaklamp (de)	zseblámpa	[ʒɛb la:mpɒ]
straatlantaarn (de)	utcalámpa	[utsɒ la:mpɒ]
licht (elektriciteit)	villany	[villɒɲ]
aandoen (ww)	bekapcsol	[bɛkɒpʧol]
uitdoen (ww)	kikapcsol	[kikɒpʧol]
het licht uitdoen	eloltja a villanyt	[ɛlolcɒ ɒ villɒɲt]
doorbranden (gloeilamp)	kiég	[kie:g]
kortsluiting (de)	rövidzárlat	[røvidʒa:rlɒt]
onderbreking (de)	szakadás	[sɒkɒda:ʃ]
contact (het)	érintkezés	[e:rintkɛze:ʃ]
schakelaar (de)	bekapcsoló	[bɛkɒpʧolo:]
stopcontact (het)	konnektor	[konnɛktor]
stekker (de)	dugó	[dugo:]
verlengsnoer (de)	elosztó	[ɛlosto:]
zekering (de)	biztosíték	[bistoʃi:te:k]
kabel (de)	vezeték	[vɛzɛte:k]
bedrading (de)	vezetés	[vɛzɛte:ʃ]
ampère (de)	amper	[ɒmpɛr]
stroomsterkte (de)	áramerő	[a:rɒmɛrø:]
volt (de)	volt	[volt]
spanning (de)	feszültség	[fɛsylʧe:g]
elektrisch toestel (het)	villamos készülék	[villɒmoʃ ke:syle:k]
indicator (de)	indikátor	[indika:tor]
elektricien (de)	villanyszerelő	[villɒɲsɛrɛlø:]
solderen (ww)	forraszt	[forrɒst]
soldeerbout (de)	forrasztópáka	[forrɒsto:pa:kɒ]
stroom (de)	áramlás	[a:rɒmla:ʃ]

168. Gereedschappen

werktuig (stuk gereedschap)	szerszám	[sɛrsa:m]
gereedschap (het)	szerszámok	[sɛrsa:mok]
uitrusting (de)	felszerelés	[fɛlsɛrɛle:ʃ]
hamer (de)	kalapács	[kɒlɒpa:ʧ]
schroevendraaier (de)	csavarhúzó	[ʧɒvɒrhu:zo:]
bijl (de)	fejsze	[fɛjsɛ]

zaag (de)	fűrész	[fy:re:s]
zagen (ww)	fűrészel	[fy:re:sɛl]
schaaf (de)	gyalu	[ɟolu]
schaven (ww)	gyalul	[ɟolul]
soldeerbout (de)	forrasztópáka	[forrɒsto:pa:kɒ]
solderen (ww)	forraszt	[forrɒst]

vijl (de)	reszelő	[rɛsɛlø:]
nijptang (de)	harapófogó	[hɒrɒpo:fogo:]
combinatietang (de)	laposfogó	[lɒpoʃfogo:]
beitel (de)	véső	[ve:ʃø:]

boorkop (de)	fúró	[fu:ro:]
boormachine (de)	fúrógép	[fu:ro:ge:p]
boren (ww)	fúr	[fu:r]

| mes (het) | kés | [ke:ʃ] |
| lemmet (het) | él | [e:l] |

scherp (bijv. ~ mes)	éles	[e:lɛʃ]
bot (bn)	tompa	[tompɒ]
bot raken (ww)	eltompul	[ɛltompul]
slijpen (een mes ~)	élesít	[e:lɛʃi:t]

bout (de)	csavar	[ʧɒvɒr]
moer (de)	csavaranya	[ʧɒvɒrɒɲɒ]
schroefdraad (de)	menet	[mɛnɛt]
houtschroef (de)	facsavar	[fɒʧɒvɒr]

| spijker (de) | szeg | [sɛg] |
| kop (de) | fej | [fɛj] |

liniaal (de/het)	vonalzó	[vonɒlzo:]
rolmeter (de)	mérőszalag	[me:rø:sɒlɒg]
waterpas (de/het)	vízszintező	[vi:zsintɛzø:]
loep (de)	nagyító	[nɒɟi:to:]

meetinstrument (het)	mérőkészülék	[me:rø:ke:syle:k]
opmeten (ww)	mér	[me:r]
schaal (meetschaal)	skála	[ʃka:lɒ]
gegevens (mv.)	állás	[a:lla:ʃ]

| compressor (de) | légsűrítő | [le:gʃy:ri:tø:] |
| microscoop (de) | mikroszkóp | [mikrosko:p] |

pomp (de)	szivattyú	[sivɒc:u:]
robot (de)	robotgép	[robotge:p]
laser (de)	lézer	[le:zɛr]

moersleutel (de)	csavarkulcs	[ʧɒvɒr kulʧ]
plakband (de)	ragasztószalag	[rɒgɒsto: sɒlɒg]
lijm (de)	ragasztó	[rɒgɒsto:]

schuurpapier (het)	csiszolópapír	[ʧisolo:pɒpi:r]
veer (de)	rugó	[rugo:]
magneet (de)	mágnes	[ma:gnɛʃ]

handschoenen (mv.)	kesztyű	[kɛscy:]
touw (bijv. henneptouw)	kötél	[køte:l]
snoer (het)	zsinór	[ʒino:r]
draad (de)	vezeték	[vɛzɛte:k]
kabel (de)	kábel	[ka:bɛl]

moker (de)	nagy kalapács	[nɒɟ kɒlɒpa:t͡ʃ]
breekijzer (het)	bontórúd	[bonto:ru:d]
ladder (de)	létra	[le:trɒ]
trapje (inklapbaar ~)	létra	[le:trɒ]

aanschroeven (ww)	becsavar	[bɛt͡ʃɒvɒr]
losschroeven (ww)	kicsavar	[kit͡ʃɒvɒr]
dichtpersen (ww)	beszorít	[bɛsori:t]
vastlijmen (ww)	ráragaszt	[ra:rɒgɒst]
snijden (ww)	vág	[va:g]

defect (het)	üzemzavar	[yzɛmzɒvɒr]
reparatie (de)	javítás	[jɒvi:ta:ʃ]
repareren (ww)	javít	[jɒvi:t]
regelen (een machine ~)	szabályoz	[sɒba:joz]

checken (ww)	ellenőriz	[ɛllɛnø:riz]
controle (de)	ellenőrzés	[ɛllɛnø:rze:ʃ]
gegevens (mv.)	állás	[a:lla:ʃ]

degelijk (bijv. ~ machine)	biztos	[biztoʃ]
ingewikkeld (bn)	bonyolult	[bonølult]

roesten (ww)	rozsdásodik	[roʒda:ʃodik]
roestig (bn)	rozsdás	[roʒda:ʃ]
roest (de/het)	rozsda	[roʒdɒ]

Vervoer

169. Vliegtuig

vliegtuig (het)	repülőgép	[rɛpylø:ge:p]
vliegticket (het)	repülőjegy	[rɛpylø:jɛɟ]
luchtvaartmaatschappij (de)	légitársaság	[le:gi ta:rʃɒʃa:g]
luchthaven (de)	repülőtér	[rɛpylø:te:r]
supersonisch (bn)	szuperszónikus	[supɛrso:nikuʃ]
gezagvoerder (de)	kapitány	[kɒpita:ɲ]
bemanning (de)	személyzet	[sɛme:jzɛt]
piloot (de)	pilóta	[pilo:tɒ]
stewardess (de)	légikisasszony	[le:gikiʃɒssoɲ]
stuurman (de)	navigátor	[nɒviga:tor]
vleugels (mv.)	szárnyak	[sa:rɲɒk]
staart (de)	vég	[ve:g]
cabine (de)	fülke	[fylkɛ]
motor (de)	motor	[motor]
landingsgestel (het)	futómű	[futo:my:]
turbine (de)	turbina	[turbinɒ]
propeller (de)	légcsavar	[le:gtʃɒvɒr]
zwarte doos (de)	fekete doboz	[fɛkɛtɛ doboz]
stuur (het)	kormány	[korma:ɲ]
brandstof (de)	üzemanyag	[yzɛmɒɲɒg]
veiligheidskaart (de)	instrukció	[inʃtruktsio:]
zuurstofmasker (het)	oxigénmaszk	[oksige:nmɒsk]
uniform (het)	egyenruha	[ɛɟɛnruhɒ]
reddingsvest (de)	mentőmellény	[mɛntø:mɛlle:ɲ]
parachute (de)	ejtőernyő	[ɛjtø:ɛrɲø:]
opstijgen (het)	felszállás	[fɛlsa:lla:ʃ]
opstijgen (ww)	felszáll	[fɛlsa:ll]
startbaan (de)	kifutópálya	[kifuto:pa:jɒ]
zicht (het)	láthatóság	[la:thɒto:ʃa:g]
vlucht (de)	repülés	[rɛpyle:ʃ]
hoogte (de)	magasság	[mɒgɒʃa:g]
luchtzak (de)	turbulencia	[turbulɛntsiɒ]
plaats (de)	hely	[hɛj]
koptelefoon (de)	fejhallgató	[fɛlhɒllgɒto:]
tafeltje (het)	felhajtható asztal	[fɛlhɒjthɒto: ɒstɒl]
venster (het)	repülőablak	[rɛpylø:ɒblɒk]
gangpad (het)	járat	[ja:rɒt]

170. Trein

trein (de)	vonat	[vonɒt]
elektrische trein (de)	villanyvonat	[villɒɲvonɒt]
sneltrein (de)	gyorsvonat	[ɟørʃvonɒt]
diesellocomotief (de)	dízelmozdony	[di:zɛlmozdoɲ]
stoomlocomotief (de)	gőzmozdony	[gø:zmozdoɲ]
rijtuig (het)	személykocsi	[sɛme:jkotʃi]
restauratierijtuig (het)	étkezőkocsi	[e:tkɛzø:kotʃi]
rails (mv.)	sín	[ʃi:n]
spoorweg (de)	vasút	[vɒʃu:t]
dwarsligger (de)	talpfa	[tɒlpfɒ]
perron (het)	peron	[pɛron]
spoor (het)	vágány	[va:ga:ɲ]
semafoor (de)	karjelző	[kɒrjɛlzø:]
halte (bijv. kleine treinhalte)	állomás	[a:llomɒ:ʃ]
machinist (de)	vonatvezető	[vonɒtvɛzɛtø:]
kruier (de)	hordár	[horda:r]
conducteur (de)	kalauz	[kɒlɒuz]
passagier (de)	utas	[utɒʃ]
controleur (de)	ellenőr	[ɛllɛnø:r]
gang (in een trein)	folyosó	[fojoʃo:]
noodrem (de)	vészfék	[ve:sfe:k]
coupé (de)	fülke	[fylkɛ]
bed (slaapplaats)	polc	[polts]
bovenste bed (het)	felső polc	[fɛlʃø: polts]
onderste bed (het)	alsó polc	[ɒlʃo: polts]
beddengoed (het)	ágynemű	[a:ɲnɛmy:]
kaartje (het)	jegy	[jɛɟ]
dienstregeling (de)	menetrend	[mɛnɛtrɛnd]
informatiebord (het)	tabló	[toblo:]
vertrekken	indul	[indul]
(De trein vertrekt ...)		
vertrek (ov. een trein)	indulás	[indula:ʃ]
aankomen (ov. de treinen)	érkezik	[e:rkɛzik]
aankomst (de)	érkezés	[e:rkɛze:ʃ]
aankomen per trein	vonaton érkezik	[vonɒton e:rkɛzik]
in de trein stappen	felszáll a vonatra	[fɛlsa:ll ɒ vonɒtrɒ]
uit de trein stappen	leszáll a vonatról	[lɛsa:ll ɒ vonɒtro:l]
treinwrak (het)	vasúti szerencsétlenség	[vɒʃu:ti sɛrɛntʃe:tlɛnʃe:g]
stoomlocomotief (de)	gőzmozdony	[gø:zmozdoɲ]
stoker (de)	kazánfűtő	[kɒza:nfy:tø:]
stookplaats (de)	tűztér	[ty:zte:r]
steenkool (de)	szén	[se:n]

171. Schip

schip (het)	hajó	[hɔjoː]
vaartuig (het)	vízi jármű	[viːzi jaːrmyː]
stoomboot (de)	gőzhajó	[gøːzhɔjoː]
motorschip (het)	motoros hajó	[motoroʃ hɔjoː]
lijnschip (het)	óceánjáró	[oːtsɛaːnjaːroː]
kruiser (de)	cirkáló	[tsirkaːloː]
jacht (het)	jacht	[jɔxt]
sleepboot (de)	vontatóhajó	[vontɔtoː hɔjoː]
duwbak (de)	uszály	[usaːj]
ferryboot (de)	komp	[komp]
zeilboot (de)	vitorlás hajó	[vitorlaːʃ hɔjoː]
brigantijn (de)	brigantine	[brigantin]
ijsbreker (de)	jégtörő hajó	[jeːgtørø: hɔjoː]
duikboot (de)	tengeralattjáró	[tɛŋgɛrɔlɒttjaːroː]
boot (de)	csónak	[ʧoːnɒk]
sloep (de)	csónak	[ʧoːnɒk]
reddingssloep (de)	mentőcsónak	[mɛntø:ʧoːnɒk]
motorboot (de)	motorcsónak	[motor ʧoːnɒk]
kapitein (de)	kapitány	[kɒpitaːɲ]
zeeman (de)	tengerész	[tɛŋgɛreːs]
matroos (de)	tengerész	[tɛŋgɛreːs]
bemanning (de)	személyzet	[sɛmeːjzɛt]
bootsman (de)	fedélzetmester	[fɛdeːlzɛtmɛʃtɛr]
scheepsjongen (de)	matrózinas	[mɒtroːzinɒʃ]
kok (de)	hajószakács	[hɔjoːsɒkaːʧ]
scheepsarts (de)	hajóorvos	[hɔjoːorvoʃ]
dek (het)	fedélzet	[fɛdeːlzɛt]
mast (de)	árboc	[aːrbots]
zeil (het)	vitorla	[vitorlɒ]
ruim (het)	hajóűr	[hɔjoːyːr]
voorsteven (de)	orr	[orr]
achtersteven (de)	hajófar	[hɔjoːfɒr]
roeispaan (de)	evező	[ɛvɛzøː]
schroef (de)	csavar	[ʧɒvɒr]
kajuit (de)	hajófülke	[hɔjoːfylkɛ]
officierskamer (de)	társalgó	[taːrʃɒlgoː]
machinekamer (de)	gépház	[geːphaːz]
brug (de)	parancsnoki híd	[pɒrɒnʧnoki hiːd]
radiokamer (de)	rádiófülke	[raːdioːfylkɛ]
radiogolf (de)	hullám	[hullaːm]
logboek (het)	hajónapló	[hɔjoːnɒploː]
verrekijker (de)	távcső	[taːvʧøː]
klok (de)	harang	[hɔrɒŋg]

vlag (de)	zászló	[za:slo:]
kabel (de)	kötél	[køte:l]
knoop (de)	tengeri csomó	[tɛŋgɛri ʧomo:]

leuning (de)	korlát	[korla:t]
trap (de)	hajólépcső	[hɒjo:le:pʧø:]

anker (het)	horgony	[horgoɲ]
het anker lichten	horgonyt felszed	[horgoɲt fɛlsɛd]
het anker neerlaten	horgonyt vet	[horgoɲt vɛt]
ankerketting (de)	horgonylánc	[horgoɲla:nts]

haven (bijv. containerhaven)	kikötő	[kikøtø:]
kaai (de)	móló, kikötő	[mo:lo:], [kikøtø:]
aanleggen (ww)	kiköt	[kikøt]
wegvaren (ww)	elold	[ɛlold]

reis (de)	utazás	[utɒza:ʃ]
cruise (de)	hajóút	[hɒjo:u:t]
koers (de)	irány	[ira:ɲ]
route (de)	járat	[ja:rɒt]

vaarwater (het)	hajózható út	[hɒjo:zhɒto: u:t]
zandbank (de)	zátony	[za:toɲ]
stranden (ww)	zátonyra fut	[za:toɲrɒ fut]

storm (de)	vihar	[vihɒr]
signaal (het)	jelzés	[jɛlze:ʃ]
zinken (ov. een boot)	elmerül	[ɛlmɛryl]
SOS (noodsignaal)	SOS	[sos]
reddingsboei (de)	mentőöv	[mɛntø:øv]

172. Vliegveld

luchthaven (de)	repülőtér	[rɛpylø:te:r]
vliegtuig (het)	repülőgép	[rɛpylø:ge:p]
luchtvaartmaatschappij (de)	légitársaság	[le:gi ta:rʃɒʃa:g]
luchtverkeersleider (de)	diszpécser	[dispe:ʧɛr]

vertrek (het)	elrepülés	[ɛlrɛpyle:ʃ]
aankomst (de)	megérkezés	[mɛge:rkɛze:ʃ]
aankomen (per vliegtuig)	megérkezik	[mɛge:rkɛzik]

vertrektijd (de)	az indulás ideje	[ɒz indula:ʃ idɛjɛ]
aankomstuur (het)	a leszállás ideje	[ɒ lɛsa:lla:ʃ idɛjɛ]

vertraagd zijn (ww)	késik	[ke:ʃik]
vluchtvertraging (de)	a felszállás késése	[ɒ fɛlsa:lla:ʃ ke:ʃe:ʃɛ]

informatiebord (het)	tájékoztató tabló	[ta:je:koztɒto: tɒblo:]
informatie (de)	információ	[informa:tsio:]
aankondigen (ww)	bemond	[bɛmond]
vlucht (bijv. KLM ~)	járat	[ja:rɒt]
douane (de)	vám	[va:m]

douanier (de)	vámos	[vɑːmoʃ]
douaneaangifte (de)	vámnyilatkozat	[vɑːmɲilɒtkozɒt]
paspoortcontrole (de)	útlevélvizsgálat	[uːtlɛveːlviʒgaːlɒt]

bagage (de)	poggyász	[poɟɑːs]
handbagage (de)	kézipoggyász	[keːzipodɟɑːs]
bagagekarretje (het)	kocsi	[kotʃi]

landing (de)	leszállás	[lɛsɑːllaːʃ]
landingsbaan (de)	leszállóhely	[lɛsɑːlloːU4947hɛj]
landen (ww)	leszáll	[lɛsɑːll]
vliegtuigtrap (de)	utaslépcső	[utɒʃ leːptʃøː]

inchecken (het)	bejegyzés	[bɛjɛɟzeːʃ]
incheckbalie (de)	jegy és poggyászkezelés	[jɛɟ eːʃ poɟɑːs kɛzɛleːʃ]
inchecken (ww)	bejegyzi magát	[bɛjɛɟzi mɒgaːt]
instapkaart (de)	beszállókártya	[bɛsɑːlloːkaːrcɒ]
gate (de)	kapu	[kɒpu]

transit (de)	tranzit	[trɒnzit]
wachten (ww)	vár	[vɑːr]
wachtzaal (de)	váróterem	[vɑːroːtɛrɛm]
begeleiden (uitwuiven)	kísér	[kiːʃeːr]
afscheid nemen (ww)	elbúcsúzik	[ɛlbuːtʃuːzik]

173. Fiets. Motorfiets

fiets (de)	kerékpár	[kɛreːkpaːr]
bromfiets (de)	robogó	[robogoː]
motorfiets (de)	motorkerékpár	[motorkɛreːkpaːr]

met de fiets rijden	biciklizik	[bitsiklizik]
stuur (het)	kormány	[kormaːɲ]
pedaal (de/het)	pedál	[pɛdaːl]
remmen (mv.)	fék	[feːk]
fietszadel (de/het)	nyereg	[ɲɛrɛg]

pomp (de)	szivattyú	[sivɒcːuː]
bagagedrager (de)	csomagtartó	[tʃomɒgtɒrtoː]
fietslicht (het)	lámpa	[laːmpɒ]
helm (de)	sisak	[ʃiʃɒk]

wiel (het)	kerék	[kɛreːk]
spatbord (het)	sárhányó	[ʃaːrhaːɲøː]
velg (de)	felni	[fɛlni]
spaak (de)	küllő	[kylløː]

Auto's

174. Soorten auto's

auto (de)	autó	[ɒuto:]
sportauto (de)	sportautó	[ʃport ɒuto:]
limousine (de)	limuzin	[limuzin]
terreinwagen (de)	terepjáró	[tɛrɛpja:ro:]
cabriolet (de)	kabrió	[kabrio:]
minibus (de)	mikrobusz	[mikrobus]
ambulance (de)	mentőautó	[mɛntø:ɒuto:]
vrachtwagen (de)	teherautó	[tɛhɛrɒuto:]
tankwagen (de)	tartálykocsi	[tɒrta:jkotʃi]
bestelwagen (de)	furgon	[furgon]
trekker (de)	vontató gép	[vontɒto: ge:p]
aanhangwagen (de)	pótkocsi	[po:tkotʃi]
comfortabel (bn)	kényelmes	[ke:nɛlmɛʃ]
tweedehands (bn)	használt	[hɒsna:lt]

175. Auto's. Carrosserie

motorkap (de)	motorháztető	[motorha:z tɛtø:]
spatbord (het)	sárvédő	[ʃa:rve:dø:]
dak (het)	tető	[tɛtø:]
voorruit (de)	szélvédő	[se:lve:dø:]
achterruit (de)	visszapillantó tükör	[vissɒpillɒnto: tykør]
ruitensproeier (de)	ablakmosó	[ɒblɒk moʃo:]
wisserbladen (mv.)	ablaktörlő	[ɒblɒktørlø:]
zijruit (de)	oldalablak	[oldɒl ɒblɒk]
raamlift (de)	ablakemelő	[ɒblɒkɛmɛlø:]
antenne (de)	antenna	[ɒntɛnnɒ]
zonnedak (het)	tolótető	[tolo:tɛtø:]
bumper (de)	lökhárító	[løkha:ri:to:]
koffer (de)	csomagtartó	[tʃomɒgtɒrto:]
portier (het)	ajtó	[ɒjto:]
handvat (het)	kilincs	[kilintʃ]
slot (het)	zár	[za:r]
nummerplaat (de)	rendszámtábla	[rɛntsa:mta:blɒ]
knalpot (de)	hangtompító	[hɒŋg tompi:to:]
benzinetank (de)	benzintartály	[bɛnzintɒrta:j]
uitlaatpijp (de)	kipufogócső	[kipufogo:tʃø:]

gas (het)	gáz	[ga:z]
pedaal (de/het)	pedál	[pɛda:l]
gaspedaal (de/het)	gázpedál	[ga:zpɛda:l]

rem (de)	fék	[fe:k]
rempedaal (de/het)	fékpedál	[fe:kpɛda:l]
remmen (ww)	fékez	[fe:kɛz]
handrem (de)	kézifék	[ke:zife:k]

koppeling (de)	kuplung	[kupluŋg]
koppelingspedaal (de/het)	kuplungpedál	[kupluŋg pɛda:l]
koppelingsschijf (de)	kuplungtárcsa	[kupluŋg ta:rʧɒ]
schokdemper (de)	lengéscsillapító	[lɛŋge:ʃʧillɒpi:to:]

wiel (het)	kerék	[kɛre:k]
reservewiel (het)	pótkerék	[po:tkɛre:k]
wieldop (de)	dísztárcsa	[di:sta:rʧɒ]

aandrijfwielen (mv.)	hajtókerekek	[hɒjto: kɛrɛkɛk]
met voorwielaandrijving	elsőkerékmeghajtású	[ɛlʃø: kɛre:kmɛghɒjta:ʃu:]
met achterwielaandrijving	hátsókerékmeghajtású	[ha:tʃo:kɛre:kmɛghɒjta:ʃu:]
met vierwielaandrijving	négykerékmeghajtású	[ne:ckɛre:kmɛghɒjta:ʃu:]

versnellingsbak (de)	sebességváltó	[ʃɛbɛʃe:gva:lto:]
automatisch (bn)	automatikus	[ɒutomɒtikuʃ]
mechanisch (bn)	mechanikus	[mɛhɒnikuʃ]
versnellingspook (de)	sebességváltókar	[ʃɛbɛʃe:g va:lto:kɒr]

voorlicht (het)	fényszóró	[fe:ɲso:ro:]
voorlichten (mv.)	fényszóró	[fe:ɲso:ro:]

dimlicht (het)	tompított fényszóró	[tompi:tott fe:ɲso:ro:]
grootlicht (het)	fényszóró	[fe:ɲso:ro:]
stoplicht (het)	stoplámpa	[ʃtopla:mpɒ]

standlichten (mv.)	helyzetjelző lámpa	[hɛjzɛtjɛlzø: la:mpɒ]
noodverlichting (de)	villogó lámpa	[villogo: la:mpɒ]
mistlichten (mv.)	ködlámpa	[kødla:mpɒ]
pinker (de)	indexlámpa	[indɛksla:mpɒ]
achteruitrijdlicht (het)	tolatólámpa	[tolɒto: la:mpɒ]

176. Auto's. Passagiersruimte

interieur (het)	utastér	[utaste:r]
leren (van leer gemaak)	bőr	[bø:r]
fluwelen (abn)	velúr	[vɛlu:r]
bekleding (de)	kárpitozás	[ka:rpitoza:ʃ]

toestel (het)	készülék	[ke:syle:k]
instrumentenbord (het)	szerelvényfal	[sɛrɛlve:ɲfɒl]
snelheidsmeter (de)	sebességmérő	[ʃɛbɛʃe:gme:rø:]
pijltje (het)	mutató	[mutɒto:]
kilometerteller (de)	kilométerszámláló	[kilome:tɛrsa:mla:lo:]
sensor (de)	érzékelő	[e:rze:kɛlø:]

niveau (het)	szint	[sint]
controlelampje (het)	figyelmeztető lámpa	[fiɟɛlmɛstɛtø: la:mpɒ]

stuur (het)	kormány	[korma:ɲ]
toeter (de)	kürt	[kyrt]
knopje (het)	gomb	[gomb]
schakelaar (de)	átkapcsoló	[a:tkɒptʃolo:]

stoel (bestuurders~)	ülés	[yle:ʃ]
rugleuning (de)	támla	[ta:mlɒ]
hoofdsteun (de)	fejtámla	[fɛjta:mlɒ]
veiligheidsgordel (de)	biztonsági öv	[bistonʃa:gi øv]
de gordel aandoen	övet csatol	[øvɛt tʃɒtol]
regeling (de)	szabályozás	[sɒba:joza:ʃ]

airbag (de)	légpárna	[le:gpa:rnɒ]
airconditioner (de)	légkondicionáló	[le:gkonditsiona:lo:]

radio (de)	rádió	[ra:dio:]
CD-speler (de)	CDlejátszó	[tsɛdɛlɛja:tso:]
aanzetten (bijv. radio ~)	bekapcsol	[bɛkɒptʃol]
antenne (de)	antenna	[ɒntɛnnɒ]
handschoenenkastje (het)	kesztyűtartó	[kɛscytɒrto:]
asbak (de)	hamutartó	[hɒmutɒrto:]

177. Auto's. Motor

motor (de)	motor	[motor]
diesel- (abn)	diesel	[dizɛl]
benzine- (~motor)	benzin	[bɛnzin]

motorinhoud (de)	hengerűrtartalom	[hɛŋgɛr y:r tɒrtɒlom]
vermogen (het)	teljesítmény	[tɛjɛʃi:tme:ɲ]
paardenkracht (de)	lóerő	[lo:ɛrø:]
zuiger (de)	dugattyú	[dugɒc:u:]
cilinder (de)	henger	[hɛŋgɛr]
klep (de)	szelep	[sɛlɛp]

injectie (de)	injektor	[inʒɛktor]
generator (de)	generátor	[gɛnɛra:tor]
carburator (de)	karburátor	[kɒrbura:tor]
motorolie (de)	motorolaj	[motorolɒj]

radiator (de)	radiátor	[rɒdia:tor]
koelvloeistof (de)	hűtővíz	[hy:tø:vi:z]
ventilator (de)	ventilátor	[vɛntila:tor]

accu (de)	akkumulátor	[ɒkkumula:tor]
starter (de)	indító	[indi:to:]
contact (ontsteking)	gyújtó	[ɟu:jto:]
bougie (de)	gyújtógyertya	[ɟu:jto:ɟɛrcɒ]

pool (de)	csatlakozócsavar	[tʃɒtlɒkozo:tʃɒvɒr]
positieve pool (de)	plusz	[plus]

| negatieve pool (de) | mínusz | [mi:nus] |
| zekering (de) | biztosíték | [bistoʃi:te:k] |

luchtfilter (de)	légszűrő	[le:gsy:rø:]
oliefilter (de)	olajszűrő	[olɒjsy:rø:]
benzinefilter (de)	üzemanyagszűrő	[yzɛmɒɲɒgsy:rø:]

178. Auto's. Botsing. Reparatie

auto-ongeval (het)	baleset	[bɒlɛʃɛt]
verkeersongeluk (het)	közlekedési baleset	[køzlɛkɛde:ʃi bɒlɛʃɛt]
aanrijden	belerohan	[bɛlɛrohɒn]
(tegen een boom, enz.)		
verongelukken (ww)	karambolozik	[kɒrɒmbolozik]
beschadiging (de)	kár	[ka:r]
heelhuids (bn)	sértetlen	[ʃe:rtɛtlɛn]

| kapot gaan (zijn gebroken) | eltörik | [ɛltørik] |
| sleeptouw (het) | vontatókötél | [vontɒto:køte:l] |

lek (het)	gumi defekt	[gumi dɛfɛkt]
lekke krijgen (band)	leenged	[lɛɛŋgɛd]
oppompen (ww)	felfúj	[fɛlfu:j]
druk (de)	nyomás	[ɲoma:ʃ]
checken (ww)	ellenőriz	[ɛllɛnø:riz]

reparatie (de)	javítás	[jɒvi:ta:ʃ]
garage (de)	szerviz	[sɛrvis]
wisselstuk (het)	pótalkatrész	[po:tɒlkɒtre:s]
onderdeel (het)	alkatrész	[ɒlkɒtre:s]

bout (de)	csavar	[ʧɒvɒr]
schroef (de)	csavar	[ʧɒvɒr]
moer (de)	csavaranya	[ʧɒvɒrɒɲɒ]
sluitring (de)	alátétlemez	[ɒla:te:tlɛmɛz]
kogellager (de/het)	csapágy	[ʧɒpa:ɟ]

pijp (de)	cső	[ʧø:]
pakking (de)	alátét	[ɒla:te:t]
kabel (de)	vezeték	[vɛzɛte:k]

dommekracht (de)	emelő	[ɛmɛlø:]
moersleutel (de)	csavarkulcs	[ʧɒvɒr kulʧ]
hamer (de)	kalapács	[kɒlɒpa:ʧ]
pomp (de)	szivattyú	[sivɒc:u:]
schroevendraaier (de)	csavarhúzó	[ʧɒvɒrhu:zo:]

brandblusser (de)	tűzoltó készülék	[ty:zolto: ke:syle:k]
afslaan	lefullaszt	[lɛfullast]
(ophouden te werken)		
uitvallen (het)	leállítás	[lɛa:lli:ta:ʃ]
zijn gebroken	el van törve	[ɛl vɒn tørvɛ]
oververhitten (ww)	túlmelegszik	[tu:lmɛlɛgsik]
verstopt raken (ww)	eldugul	[ɛldugul]

bevriezen (autodeur, enz.)	megfagy	[mɛgfɒɟ]
barsten (leidingen, enz.)	elreped	[ɛlrɛpɛd]

druk (de)	nyomás	[ɲoma:ʃ]
niveau (bijv. olieniveau)	szint	[sint]
slap (de drijfriem is ~)	ernyedt	[ɛrɲɛtt]

deuk (de)	horpadás	[horpɒda:ʃ]
geklop (vreemde geluiden)	kopogás	[kopoga:ʃ]
barst (de)	repedés	[rɛpɛde:ʃ]
kras (de)	karcolás	[kɒrtsola:ʃ]

179. Auto's. Weg

weg (de)	út	[u:t]
snelweg (de)	autópálya	[ɒuto:pa:jɒ]
autoweg (de)	országút	[orsa:gu:t]
richting (de)	irány	[ira:ɲ]
afstand (de)	távolság	[ta:volʃa:g]

brug (de)	híd	[hi:d]
parking (de)	parkolóhely	[pɒrkolo:hɛj]
plein (het)	tér	[te:r]
verkeersknooppunt (het)	autópálya kereszteződése	[ɒuto:pa:jɒ kɛrɛstɛzø:de:sɛ]
tunnel (de)	alagút	[ɒlɒgu:t]

benzinestation (het)	benzinkút	[bɛnziŋku:t]
parking (de)	parkolóhely	[pɒrkolo:hɛj]
benzinepomp (de)	kútoszlop	[ku:toslop]
garage (de)	autóműhely	[ɒutomy:hɛj]
tanken (ww)	feltölt	[fɛltølt]
brandstof (de)	üzemanyag	[yzɛmɒɲɒg]
jerrycan (de)	kanna	[kɒnnɒ]

asfalt (het)	aszfalt	[ɒsfolt]
markering (de)	indexálás	[indɛksa:la:ʃ]
trottoirband (de)	útszegély	[u:tsɛge:j]
geleiderail (de)	kerítés	[kɛri:te:ʃ]
greppel (de)	útárok	[u:ta:rok]
vluchtstrook (de)	útszél	[u:tse:l]
lichtmast (de)	utcai lámpa	[uts:ɒj la:mpɒ]

besturen (een auto ~)	vezet	[vɛzɛt]
afslaan (naar rechts ~)	fordul	[fordul]
U-bocht maken (ww)	visszafordul	[vis:ɒfordul]
achteruit (de)	tolatás	[tolɒta:ʃ]
toeteren (ww)	jelez	[jɛlɛz]
toeter (de)	hangjel	[hɒŋgjɛl]
vastzitten (in modder)	elakad	[ɛlɒkɒd]
spinnen (wielen gaan ~)	megcsúszni	[mɛktʃu:sni]
uitzetten (ww)	lefojt	[lɛfojt]
snelheid (de)	sebesség	[ʃɛbɛʃe:g]
een snelheidsovertreding maken	túllépi a sebességet	[tu:lle:pi ɒ ʃɛbɛʃe:gɛt]

bekeuren (ww)	büntet	[byntɛt]
verkeerslicht (het)	lámpa	[la:mpɒ]
rijbewijs (het)	jogosítvány	[jogoʃi:tva:ɲ]

overgang (de)	átjáró	[a:tja:ro:]
kruispunt (het)	kereszteződés	[kɛrɛstɛzø:de:s]
zebrapad (oversteekplaats)	zebra	[zɛbrɒ]
bocht (de)	forduló	[fordulo:]
voetgangerszone (de)	gyalogút	[ɟologu:t]

180. Verkeersborden

verkeersregels (mv.)	közlekedési szabályok	[køzlɛkɛde:ʃi sɒba:jok]
verkeersbord (het)	közlekedési tábla	[køzlɛkɛde:ʃi ta:blɒ]
inhalen (het)	megelőzés	[mɛgɛlø:ze:ʃ]
bocht (de)	fordulás	[fordula:ʃ]
U-bocht, kering (de)	megfordulás	[mɛgfordula:ʃ]
Rotonde (de)	körforgalom	[kørforgɒlom]

Verboden richting	behajtani tilos	[bɛhɒjtɒni tiloʃ]
Verboden toegang	közlekedni tilos	[køzlɛkɛdni tiloʃ]
Inhalen verboden	megelőzni tilos	[mɛgɛlø:zni tiloʃ]
Parkeerverbod	parkolni tilos	[pɒrkolni tiloʃ]
Verbod stil te staan	megállni tilos	[mɛga:lni tiloʃ]

Gevaarlijke bocht	hirtelen fordulat	[hirtɛlɛn fordulɒt]
Gevaarlijke daling	veszélyes lejtő	[vɛse:jɛʃ lɛjtø:]
Eenrichtingsweg	egyirányú közlekedés	[ɛɟira:nju: køzlɛkɛde:ʃ]
Voetgangers	zebra	[zɛbrɒ]
Slipgevaar	csúszásveszély	[tʃu:sa:ʃvɛse:j]
Voorrang verlenen	add a szabad utat	[ɒdd ɒ sɒbɒd utɒt]

MENSEN. GEBEURTENISSEN IN HET LEVEN

Gebeurtenissen in het leven

181. Vakanties. Evenement

feest (het)	ünnep	[ynnɛp]
nationale feestdag (de)	nemzeti ünnep	[nɛmzɛti ynnɛp]
feestdag (de)	ünnepnap	[ynnɛpnɒp]
herdenken (ww)	ünnepel	[ynnɛpɛl]
gebeurtenis (de)	esemény	[ɛʃɛmeːɲ]
evenement (het)	rendezvény	[rɛndɛzveːɲ]
banket (het)	díszvacsora	[diːsvɒtʃorɒ]
receptie (de)	fogadás	[fogɒdaːʃ]
feestmaal (het)	lakoma	[lɒkomɒ]
verjaardag (de)	évforduló	[eːvforduloː]
jubileum (het)	jubileum	[jubilɛum]
vieren (ww)	megemlékezik	[mɛgɛmleːkɛzik]
Nieuwjaar (het)	Újév	[uːjeːv]
Gelukkig Nieuwjaar!	Boldog Újévet!	[boldog uːjeːvɛt]
Kerstfeest (het)	karácsony	[kɒraːtʃoɲ]
Vrolijk kerstfeest!	Boldog karácsonyt!	[boldog kɒraːtʃoɲt]
kerstboom (de)	karácsonyfa	[kɒraːtʃoɲfɒ]
vuurwerk (het)	tűzijáték	[tyːzijaːteːk]
bruiloft (de)	lakodalom	[lɒkodɒlom]
bruidegom (de)	vőlegény	[vøːlɛgeːɲ]
bruid (de)	mennyasszony	[mɛɲɲɒssoɲ]
uitnodigen (ww)	meghív	[mɛghiːv]
uitnodigingskaart (de)	meghívó	[mɛghiːvoː]
gast (de)	vendég	[vɛndeːg]
op bezoek gaan	vendégségbe megy	[vɛndeːgʃeːgbɛ mɛɟ]
gasten verwelkomen	vendéget fogad	[vɛndeːgɛt fogɒd]
geschenk, cadeau (het)	ajándék	[ɒjaːndeːk]
geven (iets cadeau ~)	ajándékoz	[ɒjaːndeːkoz]
geschenken ontvangen	ajándékot kap	[ɒjaːndeːkot kɒp]
boeket (het)	csokor	[tʃokor]
felicitaties (mv.)	üdvözlet	[ydvøzlɛt]
feliciteren (ww)	gratulál	[grɒtulaːl]
wenskaart (de)	üdvözlő képeslap	[ydvøzløː keːpɛʃlɒp]
een kaartje versturen	képeslapot küld	[keːpɛʃlɒpot kyld]

een kaartje ontvangen	képeslapot kap	[ke:pɛʃlɒpot kɒp]
toast (de)	pohárköszöntő	[poha:rkøsøntø:]
aanbieden (een drankje ~)	kínál	[ki:na:l]
champagne (de)	pezsgő	[pɛʒgø:]

plezier hebben (ww)	szórakozik	[so:rɒkozik]
plezier (het)	vidámság	[vida:mʃa:g]
vreugde (de)	öröm	[ørøm]

dans (de)	tánc	[ta:nts]
dansen (ww)	táncol	[ta:ntsol]

wals (de)	keringő	[kɛriŋgø:]
tango (de)	tangó	[tɒŋgo:]

182. Begrafenissen. Begrafenis

kerkhof (het)	temető	[tɛmɛtø:]
graf (het)	sír	[ʃi:r]
kruis (het)	kereszt	[kɛrɛst]
grafsteen (de)	sírkő	[ʃi:rkø:]
omheining (de)	kerítés	[kɛri:te:ʃ]
kapel (de)	kápolna	[ka:polnɒ]

dood (de)	halál	[hɒla:l]
sterven (ww)	meghal	[mɛghɒl]
overledene (de)	halott	[hɒlott]
rouw (de)	gyász	[ɟa:s]

begraven (ww)	temet	[tɛmɛt]
begrafenisonderneming (de)	temetkezési vállalat	[tɛmɛtkɛze:ʃi va:llɒlɒt]
begrafenis (de)	temetés	[tɛmɛte:ʃ]

krans (de)	koszorú	[kosoru:]
doodskist (de)	koporsó	[koporʃo:]
lijkwagen (de)	ravatal	[rɒvɒtɒl]
lijkkleed (de)	halotti ruha	[hɒlotti ruhɒ]

urn (de)	urna	[urnɒ]
crematorium (het)	krematórium	[krɛmɒto:rium]

overlijdensbericht (het)	nekrológ	[nɛkrolo:g]
huilen (wenen)	sír	[ʃi:r]
snikken (huilen)	zokog	[zokog]

183. Oorlog. Soldaten

peloton (het)	szakasz	[sɒkɒs]
compagnie (de)	század	[sa:zɒd]
regiment (het)	ezred	[ɛzrɛd]
leger (armee)	hadsereg	[hɒtʃɛrɛg]
divisie (de)	hadosztály	[hɒdosta:j]

sectie (de)	csapat	[ʧopɒt]
troep (de)	hadsereg	[hɒʧɛrɛg]

soldaat (militair)	katona	[kɒtonɒ]
officier (de)	tiszt	[tist]

soldaat (rang)	közlegény	[køzlɛge:ɲ]
sergeant (de)	őrmester	[ø:rmɛʃtɛr]
luitenant (de)	hadnagy	[hɒdnɒɟ]
kapitein (de)	százados	[sa:zɒdoʃ]
majoor (de)	őrnagy	[ø:rnɒɟ]
kolonel (de)	ezredes	[ɛzrɛdɛʃ]
generaal (de)	tábornok	[ta:bornok]

matroos (de)	tengerész	[tɛŋgɛre:s]
kapitein (de)	kapitány	[kɒpita:ɲ]
bootsman (de)	fedélzetmester	[fɛde:lzɛtmɛʃtɛr]

artillerist (de)	tüzér	[tyze:r]
valschermjager (de)	deszantos	[dɛsɒntoʃ]
piloot (de)	pilóta	[pilo:tɒ]
stuurman (de)	kormányos	[korma:nøʃ]
mecanicien (de)	gépész	[ge:pe:s]

sappeur (de)	utász	[uta:s]
parachutist (de)	ejtőernyős	[ɛjtø:ɛrɲø:ʃ]
verkenner (de)	felderítő	[fɛldɛri:tø:]
scherpschutter (de)	mesterlövész	[mɛʃtɛrløve:s]

patrouille (de)	őrjárat	[ø:rja:rɒt]
patrouilleren (ww)	őrjáratoz	[ø:rja:rɒtoz]
wacht (de)	őr	[ø:r]

krijger (de)	harcos	[hɒrtsoʃ]
patriot (de)	hazafi	[hɒzɒfi]
held (de)	hős	[hø:ʃ]
heldin (de)	hősnő	[hø:ʃnø:]

verrader (de)	áruló	[a:rulo:]
deserteur (de)	szökevény	[søkve:ɲ]
deserteren (ww)	megszökik	[mɛgsøkik]

huurling (de)	zsoldos	[ʒoldoʃ]
rekruut (de)	újonc	[u:jonts]
vrijwilliger (de)	önkéntes	[øŋke:ntɛʃ]

gedode (de)	halott	[hɒlott]
gewonde (de)	sebesült	[ʃɛbɛʃylt]
krijgsgevangene (de)	fogoly	[fogoj]

184. Oorlog. Militaire acties. Deel 1

oorlog (de)	háború	[ha:boru:]
oorlog voeren (ww)	harcol	[hɒrtsol]

burgeroorlog (de)	polgárháború	[polga:rha:boru:]
achterbaks (bw)	alattomos	[alattomos]
oorlogsverklaring (de)	hadüzenet	[hɒdyzɛnɛt]
verklaren (de oorlog ~)	hadat üzen	[hɒdɒt yzɛn]
agressie (de)	agresszió	[ɒgrɛssio:]
aanvallen (binnenvallen)	támad	[ta:mɒd]

binnenvallen (ww)	meghódít	[mɛgho:di:t]
invaller (de)	megszállók	[mɛksa:llo:k]
veroveraar (de)	hódító	[ho:di:to:]

verdediging (de)	védelem	[ve:dɛlɛm]
verdedigen (je land ~)	védelmez	[ve:dɛlmɛz]
zich verdedigen (ww)	védekezik	[ve:dɛkɛzik]

vijand (de)	ellenség	[ɛllɛnʃe:g]
tegenstander (de)	ellenfél	[ɛllɛnfe:l]
vijandelijk (bn)	ellenséges	[ɛllɛnʃe:gɛʃ]

strategie (de)	hadászat	[hɒda:sɒt]
tactiek (de)	taktika	[tɒktikɒ]

order (de)	parancs	[pɒrɒnʧ]
bevel (het)	parancs	[pɒrɒnʧ]
bevelen (ww)	parancsol	[pɒrɒnʧol]
opdracht (de)	megbízás	[mɛgbi:za:ʃ]
geheim (bn)	titkos	[titkoʃ]

veldslag (de)	csata	[ʧɒtɒ]
strijd (de)	harc	[hɒrts]

aanval (de)	támadás	[ta:mɒda:ʃ]
bestorming (de)	roham	[rohɒm]
bestormen (ww)	megrohamoz	[mɛgrohɒmoz]
bezetting (de)	ostrom	[oʃtrom]

aanval (de)	támadás	[ta:mɒda:ʃ]
in het offensief te gaan	támad	[ta:mɒd]

terugtrekking (de)	visszavonulás	[vissɒvonula:ʃ]
zich terugtrekken (ww)	visszavonul	[vissɒvonul]

omsingeling (de)	bekerítés	[bɛkɛri:te:ʃ]
omsingelen (ww)	körülvesz	[kørylvɛs]

bombardement (het)	bombázás	[bomba:za:ʃ]
een bom gooien	bombáz	[bomba:z]
bombarderen (ww)	bombáz	[bomba:z]
ontploffing (de)	robbanás	[robbɒna:ʃ]

schot (het)	lövés	[løve:ʃ]
een schot lossen	lő	[lø:]
schieten (het)	tüzelés	[tyzɛle:ʃ]

mikken op (ww)	céloz	[tse:loz]
aanleggen (een wapen ~)	céloz	[tse:loz]

treffen (doelwit ~)	eltalál	[ɛltɒlaːl]
zinken (tot zinken brengen)	elsüllyeszt	[ɛlʃyjːɛst]
kogelgat (het)	lék	[leːk]
zinken (gezonken zijn)	elsüllyed	[ɛlʃyjːɛd]

front (het)	front	[front]
evacuatie (de)	kitelepítés	[kitɛlɛpiːteːʃ]
evacueren (ww)	kitelepít	[kitɛlɛpiːt]

prikkeldraad (de)	tüskésdrót	[tyʃkeːʃdroːt]
verdedigingsobstakel (het)	torlasz	[torlɒs]
wachttoren (de)	torony	[toroɲ]

hospitaal (het)	katonai kórház	[kɒtonɒj koːrhaːz]
verwonden (ww)	megsebez	[mɛgʃɛbɛz]
wond (de)	seb	[ʃɛb]
gewonde (de)	sebesült	[ʃɛbɛʃylt]
gewond raken (ww)	megsebesül	[mɛgʃɛbɛʃyl]
ernstig (~e wond)	súlyos	[ʃuːjoʃ]

185. Oorlog. Militaire acties. Deel 2

krijgsgevangenschap (de)	fogság	[fogʃaːg]
krijgsgevangen nemen	foglyul ejt	[fogjyl ɛjt]
krijgsgevangene zijn	fogságban van	[fogʃaːgbɒn vɒn]
krijgsgevangen genomen worden	fogságba esik	[fogʃaːgbɒ ɛʃik]

concentratiekamp (het)	koncentrációs tábor	[kontsɛntraːtsioːʃ taːbor]
krijgsgevangene (de)	fogoly	[fogoj]
vluchten (ww)	megszökik	[mɛgsøkik]

verraden (ww)	elárul	[ɛlaːrul]
verrader (de)	áruló	[aːruloː]
verraad (het)	árulás	[aːrulaːʃ]

fusilleren (executeren)	agyonlő	[ɒɟønløː]
executie (de)	agyonlövés	[ɒɟønløveːʃ]

uitrusting (de)	felszerelés	[fɛlsɛrɛleːʃ]
schouderstuk (het)	válllap	[vaːlllɒp]
gasmasker (het)	gázálarc	[gaːzaːlɒrts]

portofoon (de)	rádió	[raːdioː]
geheime code (de)	rejtjel	[rɛjtjɛl]
samenzwering (de)	konspiráció	[konʃpiraːtsioː]
wachtwoord (het)	jelszó	[jɛlsoː]

mijn (landmijn)	akna	[ɒknɒ]
ondermijnen (legden mijnen)	elaknásít	[ɛlɒknaːʃiːt]
mijnenveld (het)	aknamező	[ɒknɒmɛzøː]

luchtalarm (het)	légiriadó	[leːgiriɒdoː]
alarm (het)	riadó	[riɒdoː]

| signaal (het) | jelzés | [jɛlze:ʃ] |
| vuurpijl (de) | jelzőrakéta | [jɛlzø:rɒke:tɒ] |

staf (generale ~)	főhadiszállás	[fø:hɒdisa:lla:ʃ]
verkenning (de)	felderítés	[fɛldɛri:te:ʃ]
toestand (de)	helyzet	[hɛjzɛt]
rapport (het)	beszámoló	[bɛsa:molo:]
hinderlaag (de)	les	[lɛʃ]
versterking (de)	erősítés	[ɛrø:ʃi:te:ʃ]

doel (bewegend ~)	célpont	[tse:lpont]
proefterrein (het)	lőtér	[lø:te:r]
manoeuvres (mv.)	hadgyakorlatok	[hɒdɟokorlɒtok]

paniek (de)	pánik	[pa:nik]
verwoesting (de)	pusztulás	[pustula:ʃ]
verwoestingen (mv.)	elpusztítás	[ɛlpusti:ta:ʃ]
verwoesten (ww)	elpusztít	[ɛlpusti:t]

overleven (ww)	életben marad	[e:lɛtbɛn mɒrɒd]
ontwapenen (ww)	lefegyverez	[lɛfɛɟvɛrɛz]
behandelen (een pistool ~)	bánik	[ba:nik]

| Geeft acht! | Vigyázz! | [viɟa:zz] |
| Op de plaats rust! | Pihenj! | [pihɛɲ] |

heldendaad (de)	hőstett	[hø:ʃtɛtt]
eed (de)	eskü	[ɛʃky]
zweren (een eed doen)	esküszik	[ɛʃkysik]

decoratie (de)	kitüntetés	[kityntɛte:ʃ]
onderscheiden (een ereteken geven)	kitüntet	[kityntɛt]
medaille (de)	érem	[e:rɛm]
orde (de)	rendjel	[rɛɲɟɛl]

overwinning (de)	győzelem	[ɟø:zɛlɛm]
verlies (het)	vereség	[vɛrɛʃe:g]
wapenstilstand (de)	fegyverszünet	[fɛɟvɛrsynɛt]

wimpel (vaandel)	zászló	[za:slo:]
roem (de)	dicsőség	[ditʃø:ʃe:g]
parade (de)	díszszemle	[di:ssɛmlɛ]
marcheren (ww)	menetel	[mɛnɛtɛl]

186. Wapens

wapens (mv.)	fegyver	[fɛɟvɛr]
vuurwapens (mv.)	lőfegyver	[lø:fɛɟvɛr]
koude wapens (mv.)	vágó és szúrófegyver	[va:go: e:ʃ su:ro:fɛɟvɛr]

chemische wapens (mv.)	vegyifegyver	[vɛɟifɛɟvɛr]
kern-, nucleair (bn)	nukleáris	[nuklɛa:riʃ]
kernwapens (mv.)	nukleáris fegyver	[nuklɛa:riʃ fɛɟvɛr]

| bom (de) | bomba | [bombɒ] |
| atoombom (de) | atombomba | [ɒtombombɒ] |

pistool (het)	pisztoly	[pistoj]
geweer (het)	puska	[puʃkɒ]
machinepistool (het)	géppisztoly	[ge:ppistoj]
machinegeweer (het)	géppuska	[ge:ppuʃkɒ]

loop (schietbuis)	cső	[ʧø:]
loop (bijv. geweer met kortere ~)	fegyvercső	[fɛɟvɛrʧø:]
kaliber (het)	kaliber	[kɒlibɛr]

trekker (de)	ravasz	[rɒvɒs]
korrel (de)	irányzék	[ira:ɲze:k]
magazijn (het)	tár	[ta:r]
geweerkolf (de)	puskatus	[puʃkɒtuʃ]

| granaat (handgranaat) | gránát | [gra:na:t] |
| explosieven (mv.) | robbanóanyag | [robbɒno:ɒɲɒg] |

kogel (de)	golyó	[gojo:]
patroon (de)	töltény	[tølte:ɲ]
lading (de)	töltet	[tøltɛt]
ammunitie (de)	lőszer	[lø:sɛr]

bommenwerper (de)	bombázó	[bomba:zo:]
straaljager (de)	vadászgép	[vɒda:sge:p]
helikopter (de)	helikopter	[hɛlikoptɛr]

afweergeschut (het)	légvédelmi ágyú	[le:gve:dɛlmi a:ɟu:]
tank (de)	harckocsi	[hɒrtskoʧi]
kanon (tank met een ~ van 76 mm)	ágyú	[a:ɟu:]

| artillerie (de) | tüzérség | [tyze:rʃe:g] |
| aanleggen (een wapen ~) | céloz | [tse:loz] |

projectiel (het)	lövedék	[løvɛde:k]
mortiergranaat (de)	akna	[ɒknɒ]
mortier (de)	aknavető	[ɒknɒvɛtø:]
granaatscherf (de)	szilánk	[sila:ŋk]

duikboot (de)	tengeralattjáró	[tɛŋgɛrɒlɒttja:ro:]
torpedo (de)	torpedó	[torpɛdo:]
raket (de)	rakéta	[rɒke:tɒ]

laden (geweer, kanon)	megtölt	[mɛgtølt]
schieten (ww)	lő	[lø:]
richten op (mikken)	céloz	[tse:loz]
bajonet (de)	szurony	[suroɲ]

degen (de)	párbajtőr	[pa:rbɒjtø:r]
sabel (de)	szablya	[sɒbjɒ]
speer (de)	dárda	[da:rdɒ]
boog (de)	íj	[i:j]

pijl (de)	nyíl	[ɲiːl]
musket (de)	muskéta	[muʃkeːtɒ]
kruisboog (de)	számszeríj	[saːmsɛriːj]

187. Oude mensen

primitief (bn)	ősi	[øːʃi]
voorhistorisch (bn)	történelem előtti	[tørteːnɛlɛm ɛløːtti]
eeuwenoude (~ beschaving)	ősi	[øːʃi]

Steentijd (de)	kőkorszak	[køːkorsɒk]
Bronstijd (de)	bronzkor	[bronskor]
IJstijd (de)	jégkorszak	[jeːgkorsɒk]

stam (de)	törzs	[tørʒ]
menseneter (de)	emberevő	[ɛmbɛrɛvøː]
jager (de)	vadász	[vɒdaːs]
jagen (ww)	vadászik	[vɒdaːsik]
mammoet (de)	mamut	[mɒmut]

grot (de)	barlang	[bɒrlɒŋg]
vuur (het)	tűz	[tyːz]
kampvuur (het)	tábortűz	[taːbortyːz]
rotstekening (de)	barlangrajz	[bɒrlɒŋg rɒjz]

werkinstrument (het)	munkaeszköz	[muŋkɒɛskøz]
speer (de)	dárda	[daːrdɒ]
stenen bijl (de)	kőfejsze	[køːfɛjsɛ]
oorlog voeren (ww)	harcol	[hɒrtsol]
temmen (bijv. wolf ~)	szelídít	[sɛliːdiːt]
idool (het)	bálvány	[baːlvaːɲ]
aanbidden (ww)	imád	[imaːd]
bijgeloof (het)	babona	[bɒbonɒ]

evolutie (de)	fejlődés	[fɛjløːdeːʃ]
ontwikkeling (de)	fejlődés	[fɛjløːdeːʃ]
verdwijning (de)	eltűnés	[ɛltyːneːʃ]
zich aanpassen (ww)	alkalmazkodik	[ɒlkɒlmɒskodik]

archeologie (de)	régészet	[reːgeːsɛt]
archeoloog (de)	régész	[reːgeːs]
archeologisch (bn)	régészeti	[reːgeːsɛti]

opgravingsplaats (de)	ásatások	[aːʃɒtaːʃok]
opgravingen (mv.)	ásatások	[aːʃɒtaːʃok]
vondst (de)	lelet	[lɛlɛt]
fragment (het)	töredék	[tørɛdeːk]

188. Middeleeuwen

volk (het)	nép	[neːp]
volkeren (mv.)	népek	[neːpɛk]

| stam (de) | törzs | [tørʒ] |
| stammen (mv.) | törzsek | [tørʒɛk] |

barbaren (mv.)	barbárok	[bɔrba:rok]
Galliërs (mv.)	gallok	[gɒllok]
Goten (mv.)	gótok	[go:tok]
Slaven (mv.)	szlávok	[sla:vok]
Vikings (mv.)	vikingek	[vikiŋgɛk]

| Romeinen (mv.) | rómaiak | [ro:mɒjɒk] |
| Romeins (bn) | római | [ro:mɒi] |

Byzantijnen (mv.)	bizánciak	[biza:ntsiɒk]
Byzantium (het)	Bizánc	[biza:nts]
Byzantijns (bn)	bizánci	[biza:ntsi]

keizer (bijv. Romeinse ~)	császár	[ʧa:sa:r]
opperhoofd (het)	törzsfőnök	[tørʒfø:nøk]
machtig (bn)	hatalmas	[hɒtɒlmɒʃ]
koning (de)	király	[kira:j]
heerser (de)	uralkodó	[urɒlkodo:]

ridder (de)	lovag	[lovɒg]
feodaal (de)	hűbérúr	[hy:be:ru:r]
feodaal (bn)	hűbéri	[hy:be:ri]
vazal (de)	hűbéres	[hy:be:rɛʃ]

hertog (de)	herceg	[hɛrtsɛg]
graaf (de)	gróf	[gro:f]
baron (de)	báró	[ba:ro:]
bisschop (de)	püspök	[pyʃpøk]

harnas (het)	fegyverzet	[fɛɟvɛrzɛt]
schild (het)	pajzs	[pɒjʒ]
zwaard (het)	kard	[kɒrd]
vizier (het)	sisakrostély	[ʃiʃɒkroʃte:j]
maliënkolder (de)	páncéling	[pa:ntse:liŋg]

| kruistocht (de) | keresztes hadjárat | [kɛrɛstɛʃ hɒdja:rɒt] |
| kruisvaarder (de) | keresztes lovag | [kɛrɛstɛʃ lovɒg] |

gebied (bijv. bezette ~en)	terület	[tɛrylɛt]
aanvallen (binnenvallen)	támad	[ta:mɒd]
veroveren (ww)	meghódít	[mɛgho:di:t]
innemen (binnenvallen)	meghódít	[mɛgho:di:t]

bezetting (de)	ostrom	[oʃtrom]
belegerd (bn)	ostromolt	[oʃtromolt]
belegeren (ww)	ostromol	[oʃtromol]

inquisitie (de)	inkvizíció	[iŋkvizi:tsio:]
inquisiteur (de)	inkvizítor	[iŋkvizi:tor]
foltering (de)	kínvallatás	[ki:nvɒllɒta:ʃ]
wreed (bn)	kegyetlen	[kɛɟɛtlɛn]
ketter (de)	eretnek	[ɛrɛtnɛk]
ketterij (de)	eretnekség	[ɛrɛtnɛkʃe:g]

zeevaart (de)	tengerhajózás	[tɛŋgɛr hɔjo:za:ʃ]
piraat (de)	kalóz	[kɒlo:z]
piraterij (de)	kalózság	[kɒlo:zʃa:g]
enteren (het)	csáklyázás	[ʧa:kja:za:ʃ]
buit (de)	zsákmány	[ʒa:kma:ɲ]
schatten (mv.)	kincsek	[kinʧɛk]

ontdekking (de)	felfedezés	[fɛlfɛdɛze:ʃ]
ontdekken (bijv. nieuw land)	felfedez	[fɛlfɛdɛz]
expeditie (de)	kutatóút	[kutɒto:u:t]

musketier (de)	muskétás	[muʃke:ta:ʃ]
kardinaal (de)	bíboros	[bi:boroʃ]
heraldiek (de)	címertan	[tsi:mɛrtɒn]
heraldisch (bn)	címertani	[tsi:mɛrtɒni]

189. Leider. Baas. Autoriteiten

koning (de)	király	[kira:j]
koningin (de)	királynő	[kira:jnø:]
koninklijk (bn)	királyi	[kira:ji]
koninkrijk (het)	királyság	[kira:jʃa:g]

| prins (de) | herceg | [hɛrtsɛg] |
| prinses (de) | hercegnő | [hɛrtsɛgnø:] |

president (de)	elnök	[ɛlnøk]
vicepresident (de)	alelnök	[ɒlɛlnøk]
senator (de)	szenátor	[sɛna:tor]

monarch (de)	egyeduralkodó	[ɛɟɛɟurɒlkodo:]
heerser (de)	uralkodó	[urɒlkodo:]
dictator (de)	diktátor	[dikta:tor]
tiran (de)	zsarnok	[ʒɒrnok]
magnaat (de)	mágnás	[ma:gna:ʃ]

directeur (de)	igazgató	[igɒzgɒto:]
chef (de)	főnök	[fø:nøk]
beheerder (de)	vezető	[vɛzɛtø:]
baas (de)	főnök	[fø:nøk]
eigenaar (de)	tulajdonos	[tulɒjdonoʃ]

hoofd (bijv. ~ van de delegatie)	vezető	[vɛzɛtø:]
autoriteiten (mv.)	hatóságok	[hɒto:ʃa:gok]
superieuren (mv.)	vezetőség	[vɛzɛtø:ʃe:g]

gouverneur (de)	kormányzó	[korma:ɲzo:]
consul (de)	konzul	[konzul]
diplomaat (de)	diplomata	[diplomɒtɒ]
burgemeester (de)	polgármester	[polga:rmɛʃtɛr]
sheriff (de)	seriff	[ʃɛriff]
keizer (bijv. Romeinse ~)	császár	[ʧa:sa:r]
tsaar (de)	cár	[tsa:r]

| farao (de) | fáraó | [fa:rɒo:] |
| kan (de) | kán | [ka:n] |

190. Weg. Weg. Routebeschrijving

| weg (de) | út | [u:t] |
| route (de kortste ~) | út | [u:t] |

autoweg (de)	országút	[orsa:gu:t]
snelweg (de)	autópálya	[ɒuto:pa:jɒ]
rijksweg (de)	országút	[orsa:gu:t]

| hoofdweg (de) | főút | [fø:u:t] |
| landweg (de) | dűlőút | [dy:lø:u:t] |

| pad (het) | ösvény | [øʃve:ɲ] |
| paadje (het) | gyalogút | [ɟologu:t] |

Waar?	Hol?	[hol]
Waarheen?	Hová?	[hova:]
Waarvandaan?	Honnan?	[honnɒn]

| richting (de) | irány | [ira:ɲ] |
| aanwijzen (de weg ~) | mutat | [mutɒt] |

naar links (bw)	balra	[bɒlrɒ]
naar rechts (bw)	jobbra	[jobbrɒ]
rechtdoor (bw)	egyenesen	[ɛɟɛnɛʃɛn]
terug (bijv. ~ keren)	hátra	[ha:trɒ]

bocht (de)	kanyar	[kɒɲɒr]
afslaan (naar rechts ~)	fordul	[fordul]
U-bocht maken (ww)	visszafordul	[vis:ɒfordul]

| zichtbaar worden (ww) | látszik | [la:tsik] |
| verschijnen (in zicht komen) | megjelenik | [mɛgjɛlɛnik] |

stop (korte onderbreking)	megállás	[mɛga:lla:ʃ]
zich verpozen (uitrusten)	pihen	[pihɛn]
rust (de)	pihenés	[pihɛne:ʃ]

verdwalen (de weg kwijt zijn)	eltéved	[ɛlte:vɛd]
leiden naar ... (de weg)	vezet ...hez	[vɛzɛt ...hɛz]
bereiken (ergens aankomen)	kimegy ...hez	[kimɛɟ ...hɛz]
deel (~ van de weg)	szakasz	[sɒkɒs]

asfalt (het)	aszfalt	[ɒsfɒlt]
trottoirband (de)	útszegély	[u:tsɛge:j]
greppel (de)	árok	[a:rok]
putdeksel (het)	csatornafedél	[ʧɒtornɒfɛde:l]
vluchtstrook (de)	útszél	[u:tse:l]
kuil (de)	gödör	[gødør]
gaan (te voet)	megy	[mɛɟ]
inhalen (voorbijgaan)	megelőz	[mɛgɛlø:z]

| stap (de) | lépés | [le:pe:ʃ] |
| te voet (bw) | gyalog | [ɟolog] |

blokkeren (de weg ~)	elkerít	[ɛlkɛri:t]
slagboom (de)	sorompó	[ʃorompo:]
doodlopende straat (de)	zsákutca	[ʒa:kuttsɒ]

191. De wet overtreden. Criminelen. Deel 1

bandiet (de)	bandita	[bɒnditɒ]
misdaad (de)	bűntett	[by:ntɛtt]
misdadiger (de)	bűnöző	[by:nøzø:]

dief (de)	tolvaj	[tolvɒj]
stelen (ww)	lop	[lop]
stelen, diefstal (de)	lopás	[lopa:ʃ]

kidnappen (ww)	elrabol	[ɛlrɒbol]
kidnapping (de)	elrablás	[ɛlrɒbla:ʃ]
kidnapper (de)	elrabló	[ɛlrɒblo:]

| losgeld (het) | váltságdíj | [va:ltʃa:gdi:j] |
| eisen losgeld (ww) | váltságdíjat követel | [va:ltʃa:gdi:jɒt køvɛtɛl] |

| overvallen (ww) | kirabol | [kirɒbol] |
| overvaller (de) | rabló | [rɒblo:] |

afpersen (ww)	kizsarol	[kiʒɒrol]
afperser (de)	zsaroló	[ʒɒrolo:]
afpersing (de)	zsarolás	[ʒɒrola:ʃ]

vermoorden (ww)	megöl	[mɛgøl]
moord (de)	gyilkosság	[ɟilkoʃa:g]
moordenaar (de)	gyilkos	[ɟilkoʃ]

schot (het)	lövés	[løve:ʃ]
een schot lossen	lő	[lø:]
neerschieten (ww)	agyonlő	[ɒɟønlø:]
schieten (ww)	tüzel	[tyzɛl]
schieten (het)	tüzelés	[tyzɛle:ʃ]

ongeluk (gevecht, enz.)	eset	[ɛʃɛt]
gevecht (het)	verekedés	[vɛrɛkɛde:ʃ]
Help!	Segítség!	[ʃɛgi:tʃe:g]
slachtoffer (het)	áldozat	[a:ldozɒt]

beschadigen (ww)	megrongál	[mɛgroŋga:l]
schade (de)	kár	[ka:r]
lijk (het)	hulla	[hullɒ]
zwaar (~ misdrijf)	súlyos	[ʃu:joʃ]

aanvallen (ww)	támad	[ta:mɒd]
slaan (iemand ~)	üt	[yt]
in elkaar slaan (toetakelen)	megver	[mɛgvɛr]

ontnemen (beroven)	elvesz	[ɛlvɛs]
steken (met een mes)	levág	[lɛvaːg]
verminken (ww)	megcsonkít	[mɛgʧoŋkiːt]
verwonden (ww)	megsebez	[mɛgʃɛbɛz]

chantage (de)	zsarolás	[ʒɒrolaːʃ]
chanteren (ww)	zsarol	[ʒɒrol]
chanteur (de)	zsaroló	[ʒɒroloː]

afpersing (de)	védelmi pénz zsarolása	[veːdɛlmi peːnz ʒɒrolaːʃɒ]
afperser (de)	védelmi pénz beszedője	[veːdɛlmi peːnz bɛsɛdøːjɛ]
gangster (de)	gengszter	[gɛŋgstɛr]
maffia (de)	maffia	[mɒffiɒ]

kruimeldief (de)	zsebtolvaj	[ʒɛptolvɒj]
inbreker (de)	betörő	[bɛtørøː]
smokkelen (het)	csempészés	[ʧɛmpeːseːʃ]
smokkelaar (de)	csempész	[ʧɛmpeːs]

namaak (de)	hamisítás	[hɒmiʃiːtaːʃ]
namaken (ww)	hamisít	[hɒmiʃiːt]
namaak-, vals (bn)	hamisított	[hɒmiʃiːtott]

192. De wet overtreden. Criminelen. Deel 2

verkrachting (de)	erőszakolás	[ɛrøːsokolaːʃ]
verkrachten (ww)	erőszakol	[ɛrøːsokol]
verkrachter (de)	erőszakos	[ɛrøːsokoʃ]
maniak (de)	megszállott	[mɛksaːllott]

prostituee (de)	prostituált nő	[proʃtituaːlt nøː]
prostitutie (de)	prostitúció	[proʃtituːtsioː]
pooier (de)	strici	[ʃtritsi]

drugsverslaafde (de)	narkós	[nɒrkoːʃ]
drugshandelaar (de)	kábítószerkereskedő	[kaːbiːtoːsɛrkɛrɛʃkɛdø]

opblazen (ww)	felrobbant	[fɛlrobbɒnt]
explosie (de)	robbanás	[robbɒnaːʃ]
in brand steken (ww)	felgyújt	[fɛljuːjt]
brandstichter (de)	gyújtogató	[juːjtogɒtoː]

terrorisme (het)	terrorizmus	[tɛrrorizmuʃ]
terrorist (de)	terrorista	[tɛrroriʃtɒ]
gijzelaar (de)	túsz	[tuːs]

bedriegen (ww)	megcsal	[mɛgʧol]
bedrog (het)	csalás	[ʧolaːʃ]
oplichter (de)	csaló	[ʧoloː]

omkopen (ww)	megveszteget	[mɛgvɛstɛgɛt]
omkoperij (de)	megvesztegetés	[mɛgvɛstɛgteːʃ]
smeergeld (het)	csúszópénz	[ʧuːsoːpeːnz]
vergif (het)	méreg	[meːrɛg]

vergiftigen (ww)	megmérgez	[mɛgme:rgɛz]
vergif innemen (ww)	megmérgezi magát	[mɛgme:rgɛzi mɒga:t]
zelfmoord (de)	öngyilkosság	[øɲɟilkoʃa:g]
zelfmoordenaar (de)	öngyilkos	[øɲɟilkoʃ]
bedreigen (bijv. met een pistool)	fenyeget	[fɛnɛgɛt]
bedreiging (de)	fenyegetés	[fɛnɛgɛte:ʃ]
een aanslag plegen	megkísért	[mɛkki:ʃe:rt]
aanslag (de)	merénylet	[mɛre:ɲlɛt]
stelen (een auto)	ellop	[ɛllop]
kapen (een vliegtuig)	eltérít	[ɛlte:ri:t]
wraak (de)	bosszú	[bossu:]
wreken (ww)	megbosszul	[mɛgbossul]
martelen (gevangenen)	kínoz	[ki:noz]
foltering (de)	kínvallatás	[ki:nvɒllɒta:ʃ]
folteren (ww)	gyötör	[ɟøtør]
piraat (de)	kalóz	[kɒlo:z]
straatschender (de)	huligán	[huliga:n]
gewapend (bn)	fegyveres	[fɛɟvɛrɛʃ]
geweld (het)	erőszak	[ɛrø:sɒk]
spionage (de)	kémkedés	[ke:mkɛde:ʃ]
spioneren (ww)	kémkedik	[ke:mkɛdik]

193. Politie. Wet. Deel 1

justitie (de)	igazságügy	[igɒʃa:gyɟ]
gerechtshof (het)	bíróság	[bi:ro:ʃa:g]
rechter (de)	bíró	[bi:ro:]
jury (de)	esküdtek	[ɛʃkyttɛk]
juryrechtspraak (de)	esküdtbíróság	[ɛʃkyttbi:ro:ʃa:g]
berechten (ww)	elítél	[ɛli:te:l]
advocaat (de)	ügyvéd	[yɟve:d]
beklaagde (de)	vádlott	[va:dlott]
beklaagdenbank (de)	vádlottak padja	[va:dlottɒk pɒɟɒ]
beschuldiging (de)	vád	[va:d]
beschuldigde (de)	vádlott	[va:dlott]
vonnis (het)	ítélet	[i:te:lɛt]
veroordelen (in een rechtszaak)	elítél	[ɛli:te:l]
schuldige (de)	bűnös	[by:nøʃ]
straffen (ww)	büntet	[byntɛt]
bestraffing (de)	büntetés	[byntɛte:ʃ]

boete (de)	pénzbüntetés	[pe:nzbyntɛte:ʃ]
doodstraf (de)	halálbüntetés	[hɒla:lbyntɛte:ʃ]
elektrische stoel (de)	villamosszék	[villɒmoʃse:k]
schavot (het)	akasztófa	[ɒkɒsto:fɒ]

| executeren (ww) | kivégez | [kive:gɛz] |
| executie (de) | kivégzés | [kive:gze:ʃ] |

| gevangenis (de) | börtön | [børtøn] |
| cel (de) | cella | [tsɛllɒ] |

konvooi (het)	őrkíséret	[ø:rki:ʃe:rɛt]
gevangenisbewaker (de)	börtönőr	[børtønø:r]
gedetineerde (de)	fogoly	[fogoj]

| handboeien (mv.) | kézbilincs | [ke:zbilintʃ] |
| handboeien omdoen | megbilincsel | [mɛgbilintʃɛl] |

ontsnapping (de)	szökés	[søke:ʃ]
ontsnappen (ww)	megszökik	[mɛgsøkik]
verdwijnen (ww)	eltűnik	[ɛlty:nik]
vrijlaten (uit de gevangenis)	megszabadít	[mɛgsɒbɒdi:t]
amnestie (de)	közkegyelem	[køskɛɟɛlɛm]

politie (de)	rendőrség	[rɛndø:rʃe:g]
politieagent (de)	rendőr	[rɛndø:r]
politiebureau (het)	rendőrőrszoba	[rɛndø:rø:rsobɒ]
knuppel (de)	gumibot	[gumibot]
megafoon (de)	hangtölcsér	[hɒŋg tøltʃe:r]

patrouilleerwagen (de)	járőrszolgálat	[ja:rø:r solga:lɒt]
sirene (de)	sziréna	[sire:na]
de sirene aansteken	bekapcsolja a szirénát	[bɛkɒptʃojo ɒ sire:na:t]
geloei (het) van de sirene	szirénahang	[sire:nɒhɒŋg]

plaats delict (de)	helyszín	[hɛjsi:n]
getuige (de)	tanú	[tɒnu:]
vrijheid (de)	szabadság	[sɒbɒdʃa:g]
handlanger (de)	bűntárs	[by:nta:rʃ]
ontvluchten (ww)	elbújik	[ɛlbu:jik]
spoor (het)	nyom	[ɲom]

194. Politie. Wet. Deel 2

opsporing (de)	körözés	[kørøze:ʃ]
opsporen (ww)	keres	[kɛrɛʃ]
verdenking (de)	gyanú	[ɟonu:]
verdacht (bn)	gyanús	[ɟonu:ʃ]
aanhouden (stoppen)	megállít	[mɛga:lli:t]
tegenhouden (ww)	letartóztat	[lɛtɒrto:ztɒt]

strafzaak (de)	ügy	[yɟ]
onderzoek (het)	vizsgálat	[viʒga:lɒt]
detective (de)	nyomozó	[ɲomozo:]

| onderzoeksrechter (de) | vizsgáló | [viʒga:lo:] |
| versie (de) | verzió | [vɛrzio:] |

motief (het)	indok	[indok]
verhoor (het)	vallatás	[vɒllɒta:ʃ]
ondervragen (door de politie)	vallat	[vɒllɒt]
ondervragen (omstanders ~)	kikérdez	[kike:rdɛz]
controle (de)	ellenőrzés	[ɛllɛnø:rze:ʃ]

razzia (de)	razzia	[rɒzziɒ]
huiszoeking (de)	átkutatás	[a:tkutɒta:ʃ]
achtervolging (de)	üldözés	[yldøze:ʃ]
achtervolgen (ww)	üldöz	[yldøz]
opsporen (ww)	követ	[køvɛt]

arrest (het)	letartóztatás	[lɛtɒrto:ztɒta:ʃ]
arresteren (ww)	letartóztat	[lɛtɒrto:ztɒt]
vangen, aanhouden (een dief, enz.)	elfog	[ɛlfog]
aanhouding (de)	elfogás	[ɛlfoga:ʃ]

document (het)	irat	[irɒt]
bewijs (het)	bizonyíték	[bizoni:te:k]
bewijzen (ww)	bebizonyít	[bɛbizoni:t]
voetspoor (het)	nyom	[ɲom]
vingerafdrukken (mv.)	ujjlenyomat	[ujjlɛnɒmɒt]
bewijs (het)	bizonyíték	[bizoni:te:k]

alibi (het)	alibi	[ɒlibi]
onschuldig (bn)	ártatlan	[a:rtɒtlɒn]
onrecht (het)	igazságtalanság	[igɒʃa:gtɒlɒnʃa:g]
onrechtvaardig (bn)	igazságtalan	[igɒʃa:gtɒlɒn]

crimineel (bn)	krimi	[krimi]
confisqueren (in beslag nemen)	elkoboz	[ɛlkoboz]
drug (de)	kábítószer	[ka:bi:to:sɛr]
wapen (het)	fegyver	[fɛɟvɛr]
ontwapenen (ww)	lefegyverez	[lɛfɛɟvɛrɛz]
bevelen (ww)	parancsol	[pɒrɒntʃol]
verdwijnen (ww)	eltűnik	[ɛlty:nik]

wet (de)	törvény	[tørve:ɲ]
wettelijk (bn)	törvényes	[tørve:nɛʃ]
onwettelijk (bn)	törvénytelen	[tørve:ɲtɛlɛn]

| verantwoordelijkheid (de) | felelősség | [fɛlɛlø:ʃe:g] |
| verantwoordelijk (bn) | felelős | [fɛlɛlø:ʃ] |

177

NATUUR

De Aarde. Deel 1

195. De kosmische ruimte

kosmos (de)	világűr	[vila:gy:r]
kosmisch (bn)	űr	[y:r]
kosmische ruimte (de)	világűr	[vila:gy:r]
wereld (de)	világmindenség	[vila:g mindɛnʃe:g]
heelal (het)	világegyetem	[vila:gɛɟɛtɛm]
sterrenstelsel (het)	galaxis	[gɒlɒksis]
ster (de)	csillag	[ʧillɒg]
sterrenbeeld (het)	csillagzat	[ʧillɒgzɒt]
planeet (de)	bolygó	[bojgo:]
satelliet (de)	műhold	[my:hold]
meteoriet (de)	meteorit	[mɛtɛorit]
komeet (de)	üstökös	[yʃtøkøʃ]
asteroïde (de)	aszteroida	[ɒstɛroidɒ]
baan (de)	égitest pályája	[e:gitɛʃt pa:ja:jɒ]
draaien (om de zon, enz.)	kering	[kɛriŋg]
atmosfeer (de)	légkör	[le:gkør]
Zon (de)	a Nap	[ɒ nɒp]
zonnestelsel (het)	naprendszer	[nɒprɛndsɛr]
zonsverduistering (de)	napfogyatkozás	[nɒpfoɟotkoza:ʃ]
Aarde (de)	a Föld	[ɒ føld]
Maan (de)	a Hold	[ɒ hold]
Mars (de)	Mars	[mɒrʃ]
Venus (de)	Vénusz	[ve:nus]
Jupiter (de)	Jupiter	[jupitɛr]
Saturnus (de)	Szaturnusz	[sɒturnus]
Mercurius (de)	Merkúr	[mɛrkur]
Uranus (de)	Uranus	[urɒnuʃ]
Neptunus (de)	Neptunusz	[nɛptunus]
Pluto (de)	Plútó	[plu:to:]
Melkweg (de)	Tejút	[tɛju:t]
Grote Beer (de)	Göncölszekér	[gøntsølsɛke:r]
Poolster (de)	Sarkcsillag	[ʃɒrkʧillɒg]
marsmannetje (het)	marslakó	[mɒrʃlɒko:]
buitenaards wezen (het)	földönkívüli	[føldøŋki:vyli]

| bovenaards (het) | űrlény | [y:rle:ɲ] |
| vliegende schotel (de) | ufó | [ufo:] |

ruimtevaartuig (het)	űrhajó	[y:rhɒjo:]
ruimtestation (het)	orbitális űrállomás	[orbita:liʃ y:ra:lloma:ʃ]
start (de)	rajt	[rɒjt]

motor (de)	hajtómű	[hɒjto:my:]
straalpijp (de)	fúvóka	[fu:vo:kɒ]
brandstof (de)	fűtőanyag	[fy:tø:ɒɲɒg]

cabine (de)	fülke	[fylkɛ]
antenne (de)	antenna	[ɒntɛnnɒ]
patrijspoort (de)	hajóablak	[hɒjo:ɒblɒk]
zonnebatterij (de)	napelem	[nɒpɛlɛm]
ruimtepak (het)	űrhajósruha	[y:rhɒjo:ʃ ruhɒ]

| gewichtloosheid (de) | súlytalanság | [ʃu:jtɒlɒnʃa:g] |
| zuurstof (de) | oxigén | [oksige:n] |

| koppeling (de) | összekapcsolás | [øssɛkɒptʃola:ʃ] |
| koppeling maken | összekapcsol | [øssɛkɒptʃol] |

observatorium (het)	csillagvizsgáló	[tʃillɒgviʒga:lo:]
telescoop (de)	távcső	[ta:vtʃø:]
waarnemen (ww)	figyel	[fiɟɛl]
exploreren (ww)	kutat	[kutɒt]

196. De Aarde

Aarde (de)	a Föld	[ɒ føld]
aardbol (de)	földgolyó	[føldgojo:]
planeet (de)	bolygó	[bojgo:]

atmosfeer (de)	légkör	[le:gkør]
aardrijkskunde (de)	földrajz	[føldrɒjz]
natuur (de)	természet	[tɛrme:sɛt]

wereldbol (de)	földgömb	[føldgomb]
kaart (de)	térkép	[te:rke:p]
atlas (de)	atlasz	[ɒtlɒs]

| Europa (het) | Európa | [ɛuro:pɒ] |
| Azië (het) | Ázsia | [a:ʒiɒ] |

| Afrika (het) | Afrika | [ɒfrikɒ] |
| Australië (het) | Ausztrália | [ɒustra:liɒ] |

Amerika (het)	Amerika	[ɒmɛrikɒ]
Noord-Amerika (het)	ÉszakAmerika	[e:sɒkɒmɛrikɒ]
Zuid-Amerika (het)	DélAmerika	[de:lɒmɛrikɒ]

| Antarctica (het) | Antarktisz | [ɒntɒrktis] |
| Arctis (de) | Arktisz | [ɒrktis] |

197. Windrichtingen

noorden (het)	észak	[e:sɒk]
naar het noorden	északra	[e:sɒkrɒ]
in het noorden	északon	[e:sɒkon]
noordelijk (bn)	északi	[e:sɒki]
zuiden (het)	dél	[de:l]
naar het zuiden	délre	[de:lrɛ]
in het zuiden	délen	[de:lɛn]
zuidelijk (bn)	déli	[de:li]
westen (het)	nyugat	[ɲugɒt]
naar het westen	nyugatra	[ɲugɒtrɒ]
in het westen	nyugaton	[ɲugɒton]
westelijk (bn)	nyugati	[ɲugɒti]
oosten (het)	kelet	[kɛlɛt]
naar het oosten	keletre	[kɛlɛtrɛ]
in het oosten	keleten	[kɛlɛtɛn]
oostelijk (bn)	keleti	[kɛlɛti]

198. Zee. Oceaan

zee (de)	tenger	[tɛŋgɛr]
oceaan (de)	óceán	[o:tsɛa:n]
golf (baai)	öböl	[øbøl]
straat (de)	tengerszoros	[tɛŋgɛrsoroʃ]
continent (het)	földrész	[føldre:s]
eiland (het)	sziget	[sigɛt]
schiereiland (het)	félsziget	[fe:lsigɛt]
archipel (de)	szigetcsoport	[sigɛtʧoport]
baai, bocht (de)	öböl	[øbøl]
haven (de)	rév	[re:v]
lagune (de)	lagúna	[lɒgu:nɒ]
kaap (de)	fok	[fok]
atol (de)	atoll	[ɒtoll]
rif (het)	szirt	[sirt]
koraal (het)	korall	[korɒll]
koraalrif (het)	korallszirt	[korɒllsirt]
diep (bn)	mély	[me:j]
diepte (de)	mélység	[me:jʃe:g]
diepzee (de)	abisszikus	[abisszikus]
trog (bijv. Marianentrog)	mélyedés	[me:jɛde:ʃ]
stroming (de)	folyás	[fojaːʃ]
omspoelen (ww)	körülvesz	[køryɪvɛs]
oever (de)	part	[pɒrt]
kust (de)	part	[pɒrt]

vloed (de)	dagály	[dɒga:j]
eb (de)	apály	[ɒpa:j]
ondiepte (ondiep water)	zátony	[za:toɲ]
bodem (de)	alj	[ɒj]

golf (hoge ~)	hullám	[hulla:m]
golfkam (de)	taraj	[tɒrɒj]
schuim (het)	hab	[hɒb]

orkaan (de)	orkán	[orka:n]
tsunami (de)	szökőár	[søkø:a:r]
windstilte (de)	szélcsend	[se:lʧɛnd]
kalm (bijv. ~e zee)	csendes	[ʧɛndɛʃ]

pool (de)	sark	[ʃɒrk]
polair (bn)	sarki	[ʃɒrki]

breedtegraad (de)	szélesség	[se:lɛʃe:g]
lengtegraad (de)	hosszúság	[hossu:ʃa:g]
parallel (de)	szélességi kör	[se:lɛʃe:gi kør]
evenaar (de)	egyenlítő	[ɛɟɛnli:tø:]

hemel (de)	ég	[e:g]
horizon (de)	látóhatár	[la:to:hɒta:r]
lucht (de)	levegő	[lɛvɛgø:]

vuurtoren (de)	világítótorony	[vila:gi:to:toroɲ]
duiken (ww)	lemerül	[lɛmɛryl]
zinken (ov. een boot)	elsüllyed	[ɛlʃyj:ɛd]
schatten (mv.)	kincsek	[kinʧɛk]

199. Namen van zeeën en oceanen

Atlantische Oceaan (de)	Atlantióceán	[ɒtlɒntio:tsɛa:n]
Indische Oceaan (de)	Indiaióceán	[indiɒio:tsɛa:n]
Stille Oceaan (de)	Csendesóceán	[ʧɛndɒʃo:tsɛa:n]
Noordelijke IJszee (de)	Északisarkióceán	[e:sɒkiʃɒrkio:tsɛa:n]

Zwarte Zee (de)	Feketetenger	[fɛkɛtɛtɛŋgɛr]
Rode Zee (de)	Vöröstenger	[vørøʃtɛŋgɛr]
Gele Zee (de)	Sárgatenger	[ʃa:rgɒtɛŋgɛr]
Witte Zee (de)	Fehértenger	[fɛhe:rtɛŋgɛr]

Kaspische Zee (de)	Kaszpitenger	[kɒspitɛŋgɛr]
Dode Zee (de)	Holttenger	[holttɛŋgɛr]
Middellandse Zee (de)	Földközitenger	[føldkøzitɛŋgɛr]

Egeïsche Zee (de)	Égeitenger	[e:gɛitɛŋgɛr]
Adriatische Zee (de)	Adriaitenger	[ɒdriɒitɛŋgɛr]

Arabische Zee (de)	Arabtenger	[ɒrɒbtɛŋgɛr]
Japanse Zee (de)	Japántenger	[jɒpa:ntɛŋgɛr]
Beringzee (de)	Beringtenger	[bɛriŋtɛŋgɛr]
Zuid-Chinese Zee (de)	Délkínaitenger	[de:lki:nɒitɛŋgɛr]

Koraalzee (de)	Koralltenger	[korɒlltɛŋgɛr]
Tasmanzee (de)	Tasmántenger	[tɒsmaːntɛŋgɛr]
Caribische Zee (de)	Karibtenger	[kɒribtɛŋgɛr]

| Barentszzee (de) | Barentstenger | [bɒrɛntʃtɛŋgɛr] |
| Karische Zee (de) | Karatenger | [kɒrɒtɛŋgɛr] |

Noordzee (de)	Északitenger	[eːsɒkitɛŋgɛr]
Baltische Zee (de)	Baltitenger	[bɒltitɛŋgɛr]
Noorse Zee (de)	Norvégtenger	[norveːgtɛŋgɛr]

200. Bergen

berg (de)	hegy	[hɛɟ]
bergketen (de)	hegylánc	[hɛɟlaːnts]
gebergte (het)	hegygerinc	[hɛɟgɛrints]

bergtop (de)	csúcs	[tʃuːtʃ]
bergpiek (de)	hegyfok	[hɛɟfok]
voet (ov. de berg)	láb	[laːb]
helling (de)	lejtő	[lɛjtøː]

vulkaan (de)	vulkán	[vulkaːn]
actieve vulkaan (de)	működő vulkán	[mykødø: vulkaːn]
uitgedoofde vulkaan (de)	kialudt vulkán	[kiɒlutt vulkaːn]

uitbarsting (de)	kitörés	[kitøreːʃ]
krater (de)	vulkántölcsér	[vulka:ntøltʃeːr]
magma (het)	magma	[mɒgmɒ]
lava (de)	láva	[laːvɒ]
gloeiend (~e lava)	izzó	[izzoː]

kloof (canyon)	kanyon	[kɒɲon]
bergkloof (de)	hegyszoros	[hɛɟsoroʃ]
spleet (de)	hasadék	[hɒʃɒdeːk]

bergpas (de)	hágó	[haːgoː]
plateau (het)	fennsík	[fɛnnʃiːk]
klip (de)	szikla	[siklɒ]
heuvel (de)	domb	[domb]

gletsjer (de)	gleccser	[glɛtʃɛr]
waterval (de)	vízesés	[viːzɛʃeːʃ]
geiser (de)	szökőforrás	[søkøːforraːʃ]
meer (het)	tó	[toː]

vlakte (de)	síkság	[ʃiːkʃaːg]
landschap (het)	táj	[taːj]
echo (de)	visszhang	[visshɒŋg]

alpinist (de)	alpinista	[ɒlpiniʃtɒ]
bergbeklimmer (de)	sziklamászó	[siklɒ maːsoː]
trotseren (berg ~)	meghódít	[mɛghoːdiːt]
beklimming (de)	megmászás	[mɛgmaːsaːʃ]

201. Bergen namen

Alpen (de)	Alpok	[ɒlpok]
Mont Blanc (de)	Mont Blanc	[mont blɒn]
Pyreneeën (de)	Pireneusok	[pirɛnɛuʃok]
Karpaten (de)	Kárpátok	[kaːrpaːtok]
Oeralgebergte (het)	Urál hegység	[uraːl hɛɟʃeːg]
Kaukasus (de)	Kaukázus	[kɒukaːzuʃ]
Elbroes (de)	Elbrusz	[ɛlbruʃ]
Altaj (de)	Altaj hegység	[ɒltoj hɛɟʃeːg]
Tiensjan (de)	Tiensan	[tjɒnʃɒn]
Pamir (de)	Pamír	[pɒmiːr]
Himalaya (de)	Himalája	[himɒlaːjɒ]
Everest (de)	Everest	[ɛvɛrɛst]
Andes (de)	Andok	[ɒndok]
Kilimanjaro (de)	Kilimandzsáró	[kilimɒndʑaːroː]

202. Rivieren

rivier (de)	folyó	[fojoː]
bron (~ van een rivier)	forrás	[forraːʃ]
rivierbedding (de)	meder	[mɛdɛr]
rivierbekken (het)	medence	[mɛdɛntsɛ]
uitmonden in …	befolyik	[bɛfojik]
zijrivier (de)	mellékfolyó	[mɛlleːkfojoː]
oever (de)	part	[pɒrt]
stroming (de)	folyás	[fojaːʃ]
stroomafwaarts (bw)	folyón lefelé	[fojoːn lɛfɛleː]
stroomopwaarts (bw)	folyón fölfelé	[fojoːn følfɛleː]
overstroming (de)	árvíz	[aːrviːz]
overstroming (de)	áradás	[aːrodaːʃ]
buiten zijn oevers treden	kiárad	[kiaːrod]
overstromen (ww)	eláraszt	[ɛlaːrost]
zandbank (de)	zátony	[zaːtoɲ]
stroomversnelling (de)	zuhogó	[zuhogoː]
dam (de)	gát	[gaːt]
kanaal (het)	csatorna	[t͡ʃɒtornɒ]
spaarbekken (het)	víztároló	[viːztaːroloː]
sluis (de)	zsilip	[ʒilip]
waterlichaam (het)	vizek	[vizɛk]
moeras (het)	mocsár	[mot͡ʃaːr]
broek (het)	ingovány	[iŋgovaːɲ]
draaikolk (de)	forgatag	[forgɒtɒg]
stroom (de)	patak	[pɒtɒk]

| drink- (abn) | iható | [ihɒto:] |
| zoet (~ water) | édesvízi | [e:dɛʃvi:zi] |

| ijs (het) | jég | [je:g] |
| bevriezen (rivier, enz.) | befagy | [bɛfɒɟ] |

203. Namen van rivieren

| Seine (de) | Szajna | [sɒjnɒ] |
| Loire (de) | Loire | [luɒr] |

Theems (de)	Temze	[tɛmzɛ]
Rijn (de)	Rajna	[rɒjnɒ]
Donau (de)	Duna	[dunɒ]

Wolga (de)	Volga	[volgɒ]
Don (de)	Don	[don]
Lena (de)	Léna	[le:nɒ]

Gele Rivier (de)	Sárgafolyó	[ʃa:rgɒfojo:]
Blauwe Rivier (de)	Jangce	[jɒŋgtsɛ]
Mekong (de)	Mekong	[mɛkoŋg]
Ganges (de)	Gangesz	[gɒŋgɛs]

Nijl (de)	Nílus	[ni:luʃ]
Kongo (de)	Kongó	[koŋgo:]
Okavango (de)	Okavango	[okɒvɒŋgo]
Zambezi (de)	Zambézi	[zɒmbe:zi]
Limpopo (de)	Limpopo	[limpopo]
Mississippi (de)	Mississippi	[mississippi]

204. Bos

| bos (het) | erdő | [ɛrdø:] |
| bos- (abn) | erdő | [ɛrdø:] |

oerwoud (dicht bos)	sűrűség	[ʃy:ry:ʃe:g]
bosje (klein bos)	erdőcske	[ɛrdø:ʧkɛ]
open plek (de)	tisztás	[tista:ʃ]

| struikgewas (het) | bozót | [bozo:t] |
| struiken (mv.) | cserje | [ʧɛrjɛ] |

| paadje (het) | gyalogút | [ɟologu:t] |
| ravijn (het) | vízmosás | [vi:zmoʃa:ʃ] |

boom (de)	fa	[fɒ]
blad (het)	levél	[lɛve:l]
gebladerte (het)	lomb	[lomb]

| vallende bladeren (mv.) | lombhullás | [lombhulla:ʃ] |
| vallen (ov. de bladeren) | lehull | [lɛhull] |

boomtop (de)	tető	[tɛtø:]
tak (de)	ág	[a:g]
ent (de)	ág	[a:g]
knop (de)	rügy	[ryɟ]
naald (de)	tűlevél	[ty:lɛve:l]
dennenappel (de)	toboz	[toboz]

boom holte (de)	odú	[odu:]
nest (het)	fészek	[fe:sɛk]
hol (het)	üreg	[yrɛg]

stam (de)	törzs	[tørʒ]
wortel (bijv. boom~s)	gyökér	[ɟøke:r]
schors (de)	kéreg	[ke:rɛg]
mos (het)	moha	[mohɒ]

ontwortelen (een boom)	kiás	[kia:ʃ]
kappen (een boom ~)	irt	[irt]
ontbossen (ww)	irt	[irt]
stronk (de)	tönk	[tøŋk]

kampvuur (het)	tábortűz	[ta:borty:z]
bosbrand (de)	erdőtűz	[ɛrdø:ty:z]
blussen (ww)	olt	[olt]

boswachter (de)	erdész	[ɛrde:s]
bescherming (de)	őrzés	[ø:rze:ʃ]
beschermen	őriz	[ø:riz]
(bijv. de natuur ~)		
stroper (de)	vadorzó	[vɒdorzo:]
val (de)	csapda	[ʧɒbdɒ]

plukken (paddestoelen ~)	gombázik	[gomba:zik]
plukken (bessen ~)	szed	[sɛd]
verdwalen (de weg kwijt zijn)	eltéved	[ɛlte:vɛd]

205. Natuurlijke hulpbronnen

natuurlijke rijkdommen (mv.)	természeti kincsek	[tɛrme:sɛti kinʧɛk]
delfstoffen (mv.)	ásványkincsek	[a:ʃva:ɲ kinʧɛk]
lagen (mv.)	rétegek	[re:tɛgɛk]
veld (bijv. olie~)	lelőhely	[lɛlø:hɛj]

winnen (uit erts ~)	kitermel	[kitɛrmɛl]
winning (de)	kitermelés	[kitɛrmɛle:ʃ]
erts (het)	érc	[e:rts]
mijn (bijv. kolenmijn)	bánya	[ba:ɲɒ]
mijnschacht (de)	akna	[ɒknɒ]
mijnwerker (de)	bányász	[ba:nja:s]

gas (het)	gáz	[ga:z]
gasleiding (de)	gázvezeték	[ga:zvɛzɛte:k]
olie (aardolie)	nyersolaj	[ɲɛrʃolɒj]
olieleiding (de)	olajvezeték	[olɒjvɛzɛte:k]

oliebron (de)	olajkút	[olɒjku:t]
boortoren (de)	fúrótorony	[fu:ro:toroɲ]
tanker (de)	tartályhajó	[tɒrta:jhɒjo:]
zand (het)	homok	[homok]
kalksteen (de)	mészkő	[me:skø:]
grind (het)	kavics	[kɒvitʃ]
veen (het)	tőzeg	[tø:zɛg]
klei (de)	agyag	[ɒɟog]
steenkool (de)	szén	[se:n]
ijzer (het)	vas	[vɒʃ]
goud (het)	arany	[ɒrɒɲ]
zilver (het)	ezüst	[ɛzyʃt]
nikkel (het)	nikkel	[nikkɛl]
koper (het)	réz	[re:z]
zink (het)	horgany	[horgɒɲ]
mangaan (het)	mangán	[mɒŋga:n]
kwik (het)	higany	[higɒɲ]
lood (het)	ólom	[o:lom]
mineraal (het)	ásvány	[a:ʃva:ɲ]
kristal (het)	kristály	[kriʃta:j]
marmer (het)	márvány	[ma:rva:ɲ]
uraan (het)	uránium	[ura:nium]

De Aarde. Deel 2

206. Weer

weer (het)	időjárás	[idø:ja:ra:ʃ]
weersvoorspelling (de)	időjárásjelentés	[idø:ja:ra:ʃɛlɛnte:ʃ]
temperatuur (de)	hőmérséklet	[hø:me:rʃe:klɛt]
thermometer (de)	hőmérő	[hø:me:rø:]
barometer (de)	légsúlymérő	[le:gʃu:jme:rø:]

vochtigheid (de)	nedvesség	[nɛdvɛʃe:g]
hitte (de)	hőség	[hø:ʃe:g]
heet (bn)	forró	[forro:]
het is heet	hőség van	[hø:ʃe:g vɒn]

| het is warm | meleg van | [mɛlɛg vɒn] |
| warm (bn) | meleg | [mɛlɛg] |

| het is koud | hideg van | [hidɛg vɒn] |
| koud (bn) | hideg | [hidɛg] |

zon (de)	nap	[nɒp]
schijnen (de zon)	süt	[ʃyt]
zonnig (~e dag)	napos	[nɒpoʃ]
opgaan (ov. de zon)	felkel	[fɛlkɛl]
ondergaan (ww)	lemegy	[lɛmɛɟ]

| wolk (de) | felhő | [fɛlhø:] |
| bewolkt (bn) | felhős | [fɛlhø:ʃ] |

| regenwolk (de) | esőfelhő | [ɛʃø:fɛlhø:] |
| somber (bn) | borús | [boru:ʃ] |

| regen (de) | eső | [ɛʃø:] |
| het regent | esik az eső | [ɛʃik ɒz ɛʃø:] |

| regenachtig (bn) | esős | [ɛʃø:ʃ] |
| motregenen (ww) | szemerkél | [sɛmɛrke:l] |

plensbui (de)	zápor	[za:por]
stortbui (de)	zápor	[za:por]
hard (bn)	erős	[ɛrø:ʃ]

| plas (de) | tócsa | [to:tʃɒ] |
| nat worden (ww) | ázik | [a:zik] |

mist (de)	köd	[kød]
mistig (bn)	ködös	[kødøʃ]
sneeuw (de)	hó	[ho:]
het sneeuwt	havazik	[hɒvɒzik]

207. Zwaar weer. Natuurrampen

noodweer (storm)	zivatar	[zivɒtɒr]
bliksem (de)	villám	[villaːm]
flitsen (ww)	villámlik	[villaːmlik]
donder (de)	mennydörgés	[mɛɲɲdørgeːʃ]
donderen (ww)	dörög	[dørøg]
het dondert	mennydörög	[mɛɲɲdørøg]
hagel (de)	jégeső	[jeːgɛʃøː]
het hagelt	jég esik	[jeːg ɛʃik]
overstromen (ww)	elárad	[ɛlaːrɒd]
overstroming (de)	árvíz	[aːrviːz]
aardbeving (de)	földrengés	[føldrɛŋgeːʃ]
aardschok (de)	lökés	[løkeːʃ]
epicentrum (het)	epicentrum	[ɛpitsɛntrum]
uitbarsting (de)	kitörés	[kitøreːʃ]
lava (de)	láva	[laːvɒ]
wervelwind (de)	forgószél	[forgoːseːl]
windhoos (de)	tornádó	[tornaːdoː]
tyfoon (de)	tájfun	[taːjfun]
orkaan (de)	orkán	[orkaːn]
storm (de)	vihar	[vihɒr]
tsunami (de)	szökőár	[søkøːaːr]
cycloon (de)	ciklon	[tsiklon]
onweer (het)	rossz idő	[ross idøː]
brand (de)	tűz	[tyːz]
ramp (de)	katasztrófa	[kɒtɒstroːfɒ]
meteoriet (de)	meteorit	[mɛtɛorit]
lawine (de)	lavina	[lɒvinɒ]
sneeuwverschuiving (de)	hógörgeteg	[hoːgørgɛtɛg]
sneeuwjacht (de)	hóvihar	[hoːvihɒr]
sneeuwstorm (de)	hóvihar	[hoːvihɒr]

208. Geluiden. Geluiden

stilte (de)	csend	[ʧɛnd]
geluid (het)	hang	[hɒŋg]
lawaai (het)	lárma	[laːrmɒ]
lawaai maken (ww)	lármázik	[laːrmaːzik]
lawaaierig (bn)	lármás	[laːrmaːʃ]
luid (~ spreken)	hangosan	[hɒŋgoʃon]
luid (bijv. ~e stem)	hangos	[hɒŋgoʃ]
aanhoudend (voortdurend)	állandó	[aːllɒndoː]

schreeuw (de)	kiáltás	[kia:lta:ʃ]
schreeuwen (ww)	kiált	[kia:lt]
gefluister (het)	suttogás	[ʃuttoga:ʃ]
fluisteren (ww)	suttog	[ʃuttog]

| geblaf (het) | ugatás | [ugɒta:ʃ] |
| blaffen (ww) | ugat | [ugɒt] |

gekreun (het)	nyögés	[ɲøge:ʃ]
kreunen (ww)	nyög	[ɲøg]
hoest (de)	köhögés	[køhøge:ʃ]
hoesten (ww)	köhög	[køhøg]

gefluit (het)	fütty	[fyc:]
fluiten (op het fluitje blazen)	fütyül	[fycyl]
geklop (het)	kopogás	[kopoga:ʃ]
kloppen (aan een deur)	kopog	[kopog]

| kraken (hout, ijs) | recseg | [rɛtʃɛg] |
| gekraak (het) | recsegés | [rɛtʃɛge:ʃ] |

sirene (de)	sziréna	[sire:na]
fluit (stoom ~)	síp	[ʃi:p]
fluiten (schip, trein)	sípol	[ʃi:pol]
toeter (de)	jel	[jɛl]
toeteren (ww)	jelez	[jɛlɛz]

209. Winter

winter (de)	tél	[te:l]
winter- (abn)	téli	[te:li]
in de winter (bw)	télen	[te:lɛn]

sneeuw (de)	hó	[ho:]
het sneeuwt	havazik	[hɒvɒzik]
sneeuwval (de)	hóesés	[ho:ɛʃe:ʃ]
sneeuwhoop (de)	hótorlasz	[ho:torlɒs]

sneeuwvlok (de)	hópehely	[ho:pɛhɛj]
sneeuwbal (de)	hógolyó	[ho:gojo:]
sneeuwman (de)	hóember	[ho:ɛmbɛr]
ijspegel (de)	jégcsap	[je:gtʃɒp]

december (de)	december	[dɛtsɛmbɛr]
januari (de)	január	[jɒnua:r]
februari (de)	február	[fɛbrua:r]

| vorst (de) | fagy | [fɒɟ] |
| vries- (abn) | fagyos | [fɒɟøʃ] |

onder nul (bw)	fagypont alatt	[fɒɟpont ɒlɒtt]
eerste vorst (de)	reggeli fagy	[rɛggɛli fɒɟ]
rijp (de)	zúzmara	[zu:zmɒrɒ]
koude (de)	hideg	[hidɛg]

het is koud	hideg van	[hidɛg vɒn]
bontjas (de)	bunda	[bundɒ]
wanten (mv.)	egyujjas kesztyű	[ɛɟujjɒʃ kɛscy:]

ziek worden (ww)	megbetegeskedik	[mɛgbɛtɛgɛʃkɛdik]
verkoudheid (de)	megfázás	[mɛgfa:za:ʃ]
verkouden raken (ww)	megfázik	[mɛgfa:zik]

ijs (het)	jég	[je:g]
ijzel (de)	jégkéreg	[je:gke:rɛg]
bevriezen (rivier, enz.)	befagy	[bɛfɒɟ]
ijsschol (de)	jégtábla	[je:gta:blɒ]

ski's (mv.)	sí	[ʃi:]
skiër (de)	síelő	[ʃi:ɛlø:]
skiën (ww)	síel	[ʃi:ɛl]
schaatsen (ww)	korcsolyázik	[kɒrtʃoja:zik]

Fauna

210. Zoogdieren. Roofdieren

roofdier (het)	ragadozó állat	[rɒgɒdozo: a:llɒt]
tijger (de)	tigris	[tigriʃ]
leeuw (de)	oroszlán	[orosla:n]
wolf (de)	farkas	[fɒrkɒʃ]
vos (de)	róka	[ro:kɒ]
jaguar (de)	jaguár	[jɒgua:r]
luipaard (de)	leopárd	[lɛopa:rd]
jachtluipaard (de)	gepárd	[gɛpa:rd]
panter (de)	párduc	[pa:rduts]
poema (de)	puma	[pumɒ]
sneeuwluipaard (de)	hópárduc	[ho:pa:rduts]
lynx (de)	hiúz	[hiu:z]
coyote (de)	prérifarkas	[pre:rifɒrkɒʃ]
jakhals (de)	sakál	[ʃɒka:l]
hyena (de)	hiéna	[hie:nɒ]

211. Wilde dieren

dier (het)	állat	[a:llɒt]
beest (het)	vadállat	[vɒda:llɒt]
eekhoorn (de)	mókus	[mo:kuʃ]
egel (de)	sündisznó	[ʃyndisno:]
haas (de)	nyúl	[ɲu:l]
konijn (het)	nyúl	[ɲu:l]
das (de)	borz	[borz]
wasbeer (de)	mosómedve	[moʃo:mɛdvɛ]
hamster (de)	hörcsög	[hørtʃøg]
marmot (de)	mormota	[mormotɒ]
mol (de)	vakond	[vɒkond]
muis (de)	egér	[ɛge:r]
rat (de)	patkány	[pɒtka:ɲ]
vleermuis (de)	denevér	[dɛnɛve:r]
hermelijn (de)	hermelin	[hɛrmɛlin]
sabeldier (het)	coboly	[tsoboj]
marter (de)	nyuszt	[ɲust]
wezel (de)	menyét	[mɛɲe:t]
nerts (de)	nyérc	[ɲe:rts]

| bever (de) | hódprém | [ho:dprɛ:m] |
| otter (de) | vidra | [vidrɒ] |

paard (het)	ló	[lo:]
eland (de)	jávorszarvas	[ja:vorsɒrvɒʃ]
hert (het)	szarvas	[sɒrvɒʃ]
kameel (de)	teve	[tɛvɛ]

bizon (de)	bölény	[bøle:ɲ]
wisent (de)	európai bölény	[ɛuro:pɒj bøle:ɲ]
buffel (de)	bivaly	[bivɒj]

zebra (de)	zebra	[zɛbrɒ]
antilope (de)	antilop	[ɒntilop]
ree (de)	őz	[ø:z]
damhert (het)	dámszarvas	[da:msɒrvɒʃ]
gems (de)	zerge	[zɛrgɛ]
everzwijn (het)	vaddisznó	[vɒddisno:]

walvis (de)	bálna	[ba:lnɒ]
rob (de)	fóka	[fo:kɒ]
walrus (de)	rozmár	[rozma:r]
zeebeer (de)	medvefóka	[mɛdvɛfo:kɒ]
dolfijn (de)	delfin	[dɛlfin]

beer (de)	medve	[mɛdvɛ]
ijsbeer (de)	jegesmedve	[jɛgɛʃmɛdvɛ]
panda (de)	panda	[pɒndɒ]

aap (de)	majom	[mɒjom]
chimpansee (de)	csimpánz	[tʃimpa:nz]
orang-oetan (de)	orangután	[orɒŋguta:n]
gorilla (de)	gorilla	[gorillɒ]
makaak (de)	makákó	[mɒka:ko:]
gibbon (de)	gibbon	[gibbon]

olifant (de)	elefánt	[ɛlɛfa:nt]
neushoorn (de)	orrszarvú	[orrsɒrvu:]
giraffe (de)	zsiráf	[ʒira:f]
nijlpaard (het)	víziló	[vi:zilo:]

| kangoeroe (de) | kenguru | [kɛŋguru] |
| koala (de) | koala | [koɒlɒ] |

mangoest (de)	mongúz	[moŋgu:z]
chinchilla (de)	csincsilla	[tʃintʃillɒ]
stinkdier (het)	bűzös borz	[by:zøʃ borz]
stekelvarken (het)	tarajos sül	[tɒrɒjoʃ ʃyl]

212. Huisdieren

poes (de)	macska	[mɒtʃkɒ]
kater (de)	kandúr	[kɒndu:r]
paard (het)	ló	[lo:]

| hengst (de) | mén | [meːn] |
| merrie (de) | kanca | [kɒntsɒ] |

koe (de)	tehén	[tɛheːn]
bul, stier (de)	bika	[bikɒ]
os (de)	ökör	[økør]

schaap (het)	juh	[juh]
ram (de)	kos	[koʃ]
geit (de)	kecske	[kɛtʃkɛ]
bok (de)	bakkecske	[bɒkkɛtʃkɛ]

| ezel (de) | szamár | [sɒmaːr] |
| muilezel (de) | öszvér | [øsveːr] |

varken (het)	disznó	[disnoː]
biggetje (het)	malac	[mɒlɒts]
konijn (het)	nyúl	[ɲuːl]

| kip (de) | tyúk | [cuːk] |
| haan (de) | kakas | [kɒkɒʃ] |

eend (de)	kacsa	[kɒtʃɒ]
woerd (de)	gácsér	[gaːtʃeːr]
gans (de)	liba	[libɒ]

| kalkoen haan (de) | pulykakakas | [pujkɒkɒkɒʃ] |
| kalkoen (de) | pulyka | [pujkɒ] |

huisdieren (mv.)	háziállatok	[haːzi aːllɒtok]
tam (bijv. hamster)	szelíd	[sɛliːd]
temmen (tam maken)	megszelídít	[mɛgsɛliːdiːt]
fokken (bijv. paarden ~)	tenyészt	[tɛneːst]

boerderij (de)	telep	[tɛlɛp]
gevogelte (het)	baromfi	[bɒromfi]
rundvee (het)	jószág	[joːsaːg]
kudde (de)	nyáj	[njaːj]

paardenstal (de)	istálló	[iʃtaːlloː]
zwijnenstal (de)	disznóól	[disnoːoːl]
koeienstal (de)	tehénistálló	[tɛheːniʃtaːlloː]
konijnenhok (het)	nyúlketrec	[ɲuːlkɛtrɛts]
kippenhok (het)	tyúkól	[cuːkoːl]

213. Honden. Hondenrassen

hond (de)	kutya	[kucɒ]
herdershond (de)	juhászkutya	[juhaːskucɒ]
poedel (de)	uszkár	[uskaːr]
teckel (de)	dakszli	[dɒksli]

| buldog (de) | buldog | [buldog] |
| boxer (de) | boxer | [boksɛr] |

mastiff (de)	masztiff	[mɒstiff]
rottweiler (de)	rottweiler	[rottvɛjlɛr]
doberman (de)	dobermann	[dobɛrmɒnn]

basset (de)	Basset hound	[bɒssɛt hɒund]
bobtail (de)	bobtél	[bopte:l]
dalmatiër (de)	dalmata	[dolmɒtɒ]
cockerspaniël (de)	spániel	[ʃpa:niɛl]

| Newfoundlander (de) | újfundlandi | [u:jfundlɒdi] |
| sint-bernard (de) | bernáthegyi kutya | [bɛrna:thɛɟi kucɒ] |

husky (de)	husky	[hɒski]
chowchow (de)	Csau csau	[ʧau-ʧau]
spits (de)	spicc	[ʃpits]
mopshond (de)	mopsz	[mops]

214. Dierengeluiden

geblaf (het)	ugatás	[ugɒta:ʃ]
blaffen (ww)	ugat	[ugɒt]
miauwen (ww)	nyávog	[ɲa:vog]
spinnen (katten)	dorombol	[dorombol]

loeien (ov. een koe)	bőg	[bø:g]
brullen (stier)	bőg	[bø:g]
grommen (ov. de honden)	morog	[morog]

gehuil (het)	üvöltés	[yvølte:ʃ]
huilen (wolf, enz.)	üvölt	[yvølt]
janken (ov. een hond)	szűköl	[sy:køl]

mekkeren (schapen)	béget	[be:gɛt]
knorren (varkens)	röfög	[røføg]
gillen (bijv. varken)	visít	[viʃi:t]

kwaken (kikvorsen)	brekeg	[brɛkɛg]
zoemen (hommel, enz.)	zümmög	[zymmøg]
tjirpen (sprinkhanen)	ciripel	[tsiripɛl]

215. Jonge dieren

jong (het)	állatok kölyke	[a:llɒtok køjkɛ]
poesje (het)	cica	[tsitsɒ]
muisje (het)	kisegér	[kiʃɛge:r]
puppy (de)	kölyök	[køjøk]

jonge haas (de)	kisnyúl	[kiʃɲu:l]
konijntje (het)	nyuszi	[ɲusi]
wolfje (het)	kisfarkas	[kiʃforkɒʃ]
vosje (het)	kisróka	[kiʃro:kɒ]
beertje (het)	bocs	[boʧ]

leeuwenjong (het)	oroszlánkölyök	[orosla:n køjøk]
tijgertje (het)	tigriskölyök	[tigriʃ køjøk]
olifantenjong (het)	kiselefánt	[kiʃɛlɛfa:nt]

biggetje (het)	malac	[mɒlɒts]
kalf (het)	borjú	[borju:]
geitje (het)	gida	[gidɒ]
lam (het)	kisbárány	[kiʃba:ra:ɲ]
reekalf (het)	szarvasborjú	[sɒrvɒʃborju:]
jonge kameel (de)	kisteve	[kiʃtɛvɛ]

slangenjong (het)	kis kígyó	[kiʃ ki:ɟo:]
kikkertje (het)	békácska	[be:ka:tʃkɒ]

vogeltje (het)	madárfióka	[mɒda:rfio:kɒ]
kuiken (het)	csibe	[tʃibɛ]
eendje (het)	kiskacsa	[kiʃkɒtʃɒ]

216. Vogels

vogel (de)	madár	[mɒda:r]
duif (de)	galamb	[gɒlɒmb]
mus (de)	veréb	[vɛre:b]
koolmees (de)	cinke	[tsiŋkɛ]
ekster (de)	szarka	[sɒrkɒ]

raaf (de)	holló	[hollo:]
kraai (de)	varjú	[vɒrju:]
kauw (de)	csóka	[tʃo:kɒ]
roek (de)	vetési varjú	[vɛte:ʃi vɒrju:]

eend (de)	kacsa	[kɒtʃɒ]
gans (de)	liba	[libɒ]
fazant (de)	fácán	[fa:tsa:n]

arend (de)	sas	[ʃɒʃ]
havik (de)	héja	[he:jɒ]
valk (de)	sólyom	[ʃo:jom]
gier (de)	griff	[griff]
condor (de)	kondor	[kondor]

zwaan (de)	hattyú	[hɒc:u:]
kraanvogel (de)	daru	[dɒru]
ooievaar (de)	gólya	[go:jɒ]

papegaai (de)	papagáj	[pɒpɒga:j]
kolibrie (de)	kolibri	[kolibri]
pauw (de)	páva	[pa:vɒ]

struisvogel (de)	strucc	[ʃtruts]
reiger (de)	kócsag	[ko:tʃog]
flamingo (de)	flamingó	[flɒmiŋgo:]
pelikaan (de)	pelikán	[pɛlika:n]
nachtegaal (de)	fülemüle	[fylɛmylɛ]

zwaluw (de)	fecske	[fɛʧkɛ]
lijster (de)	rigó	[rigo:]
zanglijster (de)	énekes rigó	[e:nɛkɛʃ rigo:]
merel (de)	fekete rigó	[fɛkɛtɛ rigo:]

gierzwaluw (de)	sarlós fecske	[ʃɒrlo:ʃ fɛʧkɛ]
leeuwerik (de)	pacsirta	[pɒʧirtɒ]
kwartel (de)	fürj	[fyrj]

specht (de)	harkály	[hɒrka:j]
koekoek (de)	kakukk	[kɒkukk]
uil (de)	bagoly	[bɒgoj]
oehoe (de)	fülesbagoly	[fylɛʃbɒgoj]
auerhoen (het)	süketfajd	[ʃykɛtfɒjd]
korhoen (het)	nyírfajd	[ɲi:rfɒjd]
patrijs (de)	fogoly	[fogoj]

spreeuw (de)	seregély	[ʃɛrɛge:j]
kanarie (de)	kanári	[kɒna:ri]
hazelhoen (het)	császármadár	[ʧa:sa:rmɒda:r]
vink (de)	erdei pinty	[ɛrdɛi piɲc]
goudvink (de)	pirók	[piro:k]

meeuw (de)	sirály	[ʃira:j]
albatros (de)	albatrosz	[ɒlbɒtros]
pinguïn (de)	pingvin	[piŋgvin]

217. Vogels. Zingen en geluiden

fluiten, zingen (ww)	énekel	[e:nɛkɛl]
schreeuwen (dieren, vogels)	kiabál	[kiɒba:l]
kraaien (ov. een haan)	kukorékol	[kukore:kol]
kukeleku	kukurikú	[kukuriku:]

klokken (hen)	kotkodácsol	[kotkoda:ʧol]
krassen (kraai)	károg	[ka:rog]
kwaken (eend)	hápog	[ha:pog]
piepen (kuiken)	csipog	[ʧipog]
tjilpen (bijv. een mus)	csiripel	[ʧiripɛl]

218. Vis. Zeedieren

brasem (de)	dévérkeszeg	[de:ve:rkɛsɛg]
karper (de)	ponty	[poɲc]
baars (de)	folyami sügér	[fojɒmi ʃyge:r]
meerval (de)	harcsa	[hɒrʧɒ]
snoek (de)	csuka	[ʧukɒ]

zalm (de)	lazac	[lɒzɒts]
steur (de)	tokhal	[tokhɒl]
haring (de)	hering	[hɛriŋg]
atlantische zalm (de)	lazac	[lɒzɒts]

makreel (de)	makréla	[mɒkre:lɒ]
platvis (de)	lepényhal	[lɛpe:ɲhɒl]
snoekbaars (de)	fogas	[fogɒʃ]
kabeljauw (de)	tőkehal	[tø:kɛhɒl]
tonijn (de)	tonhal	[tonhɒl]
forel (de)	pisztráng	[pistra:ŋg]
paling (de)	angolna	[ɒŋgolnɒ]
sidderrog (de)	villamos rája	[villɒmoʃ ra:jɒ]
murene (de)	muréna	[mure:nɒ]
piranha (de)	pirája	[pira:jo]
haai (de)	cápa	[tsa:pɒ]
dolfijn (de)	delfin	[dɛlfin]
walvis (de)	bálna	[ba:lnɒ]
krab (de)	tarisznyarák	[tɒrisɲɒra:k]
kwal (de)	medúza	[mɛdu:zɒ]
octopus (de)	nyolckarú polip	[ɲoltskɒru: polip]
zeester (de)	tengeri csillag	[tɛŋgɛri tʃillɒg]
zee-egel (de)	tengeri sün	[tɛŋgɛri ʃyn]
zeepaardje (het)	tengeri csikó	[tɛŋgɛri tʃiko:]
oester (de)	osztriga	[ostrigɒ]
garnaal (de)	garnélarák	[gɒrne:lɒra:k]
kreeft (de)	homár	[homa:r]
langoest (de)	languszta	[lɒŋgustɒ]

219. Amfibieën. Reptielen

slang (de)	kígyó	[ki:ɟø:]
giftig (slang)	mérges	[me:rgɛʃ]
adder (de)	vipera	[vipɛrɒ]
cobra (de)	kobra	[kobrɒ]
python (de)	piton	[piton]
boa (de)	boa	[boɒ]
ringslang (de)	sikló	[ʃiklo:]
ratelslang (de)	csörgőkígyó	[tʃørgø:kiɟø:]
anaconda (de)	anakonda	[ɒnɒkondɒ]
hagedis (de)	gyík	[ɟi:k]
leguaan (de)	leguán	[lɛgua:n]
varaan (de)	varánusz	[vɒra:nus]
salamander (de)	szalamandra	[sɒlɒmɒndrɒ]
kameleon (de)	kaméleon	[kɒme:lɛon]
schorpioen (de)	skorpió	[ʃkorpio:]
schildpad (de)	teknősbéka	[tɛknø:ʃbe:kɒ]
kikker (de)	béka	[be:kɒ]
pad (de)	varangy	[vɒrɒɲɟ]
krokodil (de)	krokodil	[krokodil]

197

220. Insecten

insect (het)	rovar	[rovɒr]
vlinder (de)	lepke	[lɛpkɛ]
mier (de)	hangya	[hɒɲɒ]
vlieg (de)	légy	[leːɟ]
mug (de)	szúnyog	[suːnøg]
kever (de)	bogár	[bogaːr]
wesp (de)	darázs	[dɒraːʒ]
bij (de)	méh	[meːh]
hommel (de)	poszméh	[posmeːh]
horzel (de)	bögöly	[bøgøj]
spin (de)	pók	[poːk]
spinnenweb (het)	pókháló	[poːkhaːloː]
libel (de)	szitakötő	[sitɒkøtøː]
sprinkhaan (de)	tücsök	[tytʃøk]
nachtvlinder (de)	pillangó	[pillɒŋgoː]
kakkerlak (de)	svábbogár	[ʃvaːbbogaːr]
teek (de)	kullancs	[kullɒntʃ]
vlo (de)	bolha	[bolhɒ]
kriebelmug (de)	muslica	[muʃlitsɒ]
treksprinkhaan (de)	sáska	[ʃaːʃkɒ]
slak (de)	csiga	[tʃigɒ]
krekel (de)	tücsök	[tytʃøk]
glimworm (de)	szentjánosbogár	[sɛntjaːnoʃbogaːr]
lieveheersbeestje (het)	katicabogár	[kɒtitsɒbogaːr]
meikever (de)	cserebogár	[tʃɛrɛbogaːr]
bloedzuiger (de)	pióca	[pioːtsɒ]
rups (de)	hernyó ·	[hɛrnøː]
aardworm (de)	kukac	[kukɒts]
larve (de)	lárva	[laːrvɒ]

221. Dieren. Lichaamsdelen

snavel (de)	csőr	[tʃøːr]
vleugels (mv.)	szárnyak	[saːrɲɒk]
poot (ov. een vogel)	láb	[laːb]
verenkleed (het)	tollazat	[tollɒzɒt]
veer (de)	toll	[toll]
kuifje (het)	bóbita	[boːbitɒ]
kieuwen (mv.)	kopoltyúk	[kopolcuːk]
kuit, dril (de)	halikra	[hɒlikrɒ]
larve (de)	lárva	[laːrvɒ]
vin (de)	uszony	[usoɲ]
schubben (mv.)	pikkely	[pikkɛj]
slagtand (de)	agyar	[ɒɟor]

poot (bijv. ~ van een kat)	mancs	[mɒntʃ]
muil (de)	pofa	[pofɒ]
bek (mond van dieren)	torok	[torok]
staart (de)	farok	[fɒrok]
snorharen (mv.)	bajusz	[bɒjus]

| hoef (de) | pata | [pɒtɒ] |
| hoorn (de) | szarv | [sɒrv] |

schild (schildpad, enz.)	páncél	[pa:ntse:l]
schelp (de)	kagyló	[kɒɟlo:]
eierschaal (de)	héj	[he:j]

| vacht (de) | szőr | [sø:r] |
| huid (de) | bőr | [bø:r] |

222. Acties van de dieren

vliegen (ww)	repül	[rɛpyl]
cirkelen (vogel)	kering	[kɛriŋg]
wegvliegen (ww)	elrepül	[ɛlrɛpyl]
klapwieken (ww)	csapkod	[tʃɒpkod]

pikken (vogels)	csíp	[tʃi:p]
broeden (de eend zit te ~)	kikölti a tojást	[kikøti ɒ toja:ʃt]
uitbroeden (ww)	kibújik	[kibu:jik]
een nest bouwen	fészket rak	[fe:skɛt rɒk]

kruipen (ww)	mászik	[ma:sik]
steken (bij)	szúr	[su:r]
bijten (de hond, enz.)	harap	[hɒrɒp]

snuffelen (ov. de dieren)	szagol	[sɒgol]
blaffen (ww)	ugat	[ugɒt]
sissen (slang)	sziszeg	[sisɛg]
doen schrikken (ww)	ijesztget	[ijɛstgɛt]
aanvallen (ww)	támad	[ta:mɒd]

knagen (ww)	rág	[ra:g]
schrammen (ww)	kapar	[kɒpɒr]
zich verbergen (ww)	elbújik	[ɛlbu:jik]

spelen (ww)	játszik	[ja:tsik]
jagen (ww)	vadászik	[vɒda:sik]
winterslapen	téli álomban van	[te:li a:lombɒn vɒn]
uitsterven (dinosauriërs, enz.)	kihal	[kihɒl]

223. Dieren. Leefomgevingen

leefgebied (het)	lakókörnyezet	[lɒko: kørnɛzɛt]
migratie (de)	vándorlás	[va:ndorla:ʃ]
berg (de)	hegy	[hɛɟ]

rif (het)	szirt	[sirt]
klip (de)	szikla	[siklɒ]
bos (het)	erdő	[ɛrdø:]
jungle (de)	dzsungel	[dʒuŋgɛl]
savanne (de)	szavanna	[sɒvɒnnɒ]
toendra (de)	tundra	[tundrɒ]
steppe (de)	sztyepp	[scɛpp]
woestijn (de)	sivatag	[ʃivɒtɒg]
oase (de)	oázis	[oa:ziʃ]
zee (de)	tenger	[tɛŋgɛr]
meer (het)	tó	[to:]
oceaan (de)	óceán	[o:tsɛa:n]
moeras (het)	mocsár	[motʃa:r]
zoetwater- (abn)	édesvízi	[e:dɛʃvi:zi]
vijver (de)	tó	[to:]
rivier (de)	folyó	[fojo:]
berenhol (het)	medvebarlang	[mɛdvɛ bɒrlɒŋg]
nest (het)	fészek	[fe:sɛk]
boom holte (de)	odú	[odu:]
hol (het)	üreg	[yrɛg]
mierenhoop (de)	hangyaboly	[hɒɲɒboj]

224. Dierverzorging

dierentuin (de)	állatkert	[a:llɒt kɛrt]
natuurreservaat (het)	természetvédelmi terület	[tɛrme:sɛtve:dɛlmi tɛrylɛt]
fokkerij (de)	tenyésztés	[tɛne:ste:s]
openluchtkooi (de)	szabad kifutó	[sɒbɒd kifuto:]
kooi (de)	ketrec	[kɛtrɛts]
hondenhok (het)	kutyaól	[kucɒ o:l]
duiventil (de)	galambdúc	[gɒlɒmb du:ts]
aquarium (het)	akvárium	[ɒkva:rium]
dolfinarium (het)	delfinárium	[dɛlfina:rium]
fokken (bijv. honden ~)	tenyészt	[tɛne:st]
nakomelingen (mv.)	utódok	[uto:dok]
temmen (tam maken)	szelídít	[sɛli:di:t]
dresseren (ww)	idomít	[idomi:t]
voeding (de)	takarmány	[tɒkɒrma:ɲ]
voederen (ww)	etet	[ɛtɛt]
dierenwinkel (de)	állatkereskedés	[a:llɒt kɛrɛʃkɛde:ʃ]
muilkorf (de)	szájkosár	[sa:jkoʃa:r]
halsband (de)	nyakörv	[ɲɒkørv]
naam (ov. een dier)	becenév	[bɛtsɛne:v]
stamboom (honden met ~)	családfa	[tʃɒla:dfɒ]

225. Dieren. Diversen

meute (wolven)	raj	[rɒj]
zwerm (vogels)	falka	[fɒlkɒ]
school (vissen)	raj	[rɒj]
kudde (wilde paarden)	csorda	[ʧordɒ]
mannetje (het)	hím	[hi:m]
vrouwtje (het)	nőstény	[nø:ʃte:ɲ]
hongerig (bn)	éhes	[e:hɛʃ]
wild (bn)	vad	[vɒd]
gevaarlijk (bn)	veszélyes	[vɛse:jɛʃ]

226. Paarden

ras (het)	fajta	[fɒjtɒ]
veulen (het)	csikó	[ʧiko:]
merrie (de)	kanca	[kɒntsɒ]
mustang (de)	musztáng	[musta:ng]
pony (de)	póni	[po:ni]
koudbloed (de)	igásló	[iga:ʃlo:]
manen (mv.)	sörény	[ʃøre:ɲ]
staart (de)	farok	[fɒrok]
hoef (de)	pata	[pɒtɒ]
hoefijzer (het)	patkó	[pɒtko:]
beslaan (ww)	megpatkol	[mɛgpɒtkol]
paardensmid (de)	kovács	[kova:ʧ]
zadel (het)	nyereg	[ɲɛrɛg]
stijgbeugel (de)	kengyel	[kɛɲɟɛl]
breidel (de)	kantár	[kɒnta:r]
leidsels (mv.)	gyeplő	[ɟɛplø:]
zweep (de)	ostor	[oʃtor]
ruiter (de)	lovas	[lovɒʃ]
zadelen (ww)	nyergel	[ɲɛrgɛl]
een paard bestijgen	felnyergel	[fɛlɲɛrgɛl]
galop (de)	vágta	[va:gtɒ]
galopperen (ww)	vágtat	[va:gtɒt]
draf (de)	ügetés	[ygɛte:ʃ]
in draf (bw)	ügetve	[ygɛtvɛ]
renpaard (het)	versenyló	[vɛrʃɛɲlo:]
paardenrace (de)	lóverseny	[lo:vɛrʃɛɲ]
paardenstal (de)	istálló	[iʃta:llo:]
voederen (ww)	etet	[ɛtɛt]
hooi (het)	széna	[se:nɒ]

water geven (ww)	**itat**	[itɒt]
wassen (paard ~)	**lecsutakol**	[lɛʧutakol]
paardenkar (de)	**szekér**	[sɛke:r]
grazen (gras eten)	**legel**	[lɛgɛl]
hinniken (ww)	**nyerít**	[ɲɛri:t]
een trap geven	**rúg**	[ru:g]

Flora

227. Bomen

boom (de)	fa	[fɒ]
loof- (abn)	lombos	[lomboʃ]
dennen- (abn)	tűlevelű	[ty:lɛvɛly:]
groenblijvend (bn)	örökzöld	[ørøgzøld]
appelboom (de)	almafa	[ɒlmɒfɒ]
perenboom (de)	körte	[kørtɛ]
zoete kers (de)	cseresznyefa	[ʧɛrɛsɲɛfɒ]
zure kers (de)	meggyfa	[mɛdɟfɒ]
pruimelaar (de)	szilvafa	[silvɒfɒ]
berk (de)	nyírfa	[ɲi:rfɒ]
eik (de)	tölgy	[tølɟ]
linde (de)	hársfa	[ha:rʃfɒ]
esp (de)	rezgő nyár	[rɛzgø: ɲa:r]
esdoorn (de)	jávorfa	[ja:vorfɒ]
spar (de)	lucfenyő	[lutsfɛɲø:]
den (de)	erdei fenyő	[ɛrdɛi fɛɲø:]
lariks (de)	vörösfenyő	[vørøʃfɛɲø:]
zilverspar (de)	jegenyefenyő	[jɛgɛnɛfɛɲø:]
ceder (de)	cédrus	[tse:druʃ]
populier (de)	nyárfa	[ɲa:rfɒ]
lijsterbes (de)	berkenye	[bɛrkɛnɛ]
wilg (de)	fűzfa	[fy:zfɒ]
els (de)	égerfa	[ɛge:rfɒ]
beuk (de)	bükkfa	[bykkfɒ]
iep (de)	szilfa	[silfɒ]
es (de)	kőrisfa	[kø:riʃfɒ]
kastanje (de)	gesztenye	[gɛstɛnɛ]
magnolia (de)	magnólia	[mɒgno:liɒ]
palm (de)	pálma	[pa:lmɒ]
cipres (de)	ciprusfa	[tsipruʃfɒ]
mangrove (de)	mangrove	[mɒŋgrov]
baobab (apenbroodboom)	Majomkenyérfa	[mɒjomkɛnɛ:rfɒ]
eucalyptus (de)	eukaliptusz	[ɛukɒliptus]
mammoetboom (de)	mamutfenyő	[mɒmutfɛɲø:]

228. Heesters

struik (de)	bokor	[bokor]
heester (de)	cserje	[ʧɛrjɛ]

| wijnstok (de) | szőlő | [sø:lø:] |
| wijngaard (de) | szőlőskert | [sø:lø:ʃkɛrt] |

frambozenstruik (de)	málna	[ma:lnɒ]
rode bessenstruik (de)	ribizli	[ribizli]
kruisbessenstruik (de)	egres	[ɛgrɛʃ]

acacia (de)	akácfa	[ɒka:tsfɒ]
zuurbes (de)	sóskaborbolya	[ʃo:ʃkɒ borbojɒ]
jasmijn (de)	jázmin	[ja:zmin]

jeneverbes (de)	boróka	[boro:kɒ]
rozenstruik (de)	rózsabokor	[ro:ʒɒ bokor]
hondsroos (de)	vadrózsa	[vɒdro:ʒɒ]

229. Champignons

paddenstoel (de)	gomba	[gombɒ]
eetbare paddenstoel (de)	ehető gomba	[ɛhɛtø: gombɒ]
giftige paddenstoel (de)	mérges gomba	[me:rgɛʃ gombɒ]
hoed (de)	kalap	[kɒlɒp]
steel (de)	tönk	[tøɲk]

eekhoorntjesbrood (het)	ízletes vargánya	[i:zlɛtɛʃ vɒrga:ɲɒ]
rosse populierboleet (de)	vörös érdesnyelű tinóru	[vørøʃ e:rdɛʃnɛly: tinoru:]
berkenboleet (de)	barna érdestinóru	[bɒrnɒ e:rdɛʃtino:ru]
cantharel (de)	rókagomba	[ro:kɒgombɒ]
russula (de)	galambgomba	[gɒlɒmbgombɒ]

morielje (de)	kucsmagomba	[kuʧmɒgombɒ]
vliegenzwam (de)	légyölő gomba	[le:ɟølø: gombɒ]
groene knolamaniet (de)	mérges gomba	[me:rgɛʃ gombɒ]

230. Vruchten. Bessen

appel (de)	alma	[ɒlmɒ]
peer (de)	körte	[kørtɛ]
pruim (de)	szilva	[silvɒ]

aardbei (de)	eper	[ɛpɛr]
zure kers (de)	meggy	[mɛɟ]
zoete kers (de)	cseresznye	[ʧɛrɛsnɛ]
druif (de)	szőlő	[sø:lø:]

framboos (de)	málna	[ma:lnɒ]
zwarte bes (de)	feketeribizli	[fɛkɛtɛ ribizli]
rode bes (de)	pirosribizli	[piroʃribizli]
kruisbes (de)	egres	[ɛgrɛʃ]
veenbes (de)	áfonya	[a:foɲɒ]

| sinaasappel (de) | narancs | [nɒrɒnʧ] |
| mandarijn (de) | mandarin | [mɒndɒrin] |

ananas (de)	ananász	[ɒnɒnaːs]
banaan (de)	banán	[bɒnaːn]
dadel (de)	datolya	[dɒtojɒ]

citroen (de)	citrom	[tsitrom]
abrikoos (de)	sárgabarack	[ʃaːrgɒbɒrɒtsk]
perzik (de)	őszibarack	[øːsibɒrɒtsk]
kiwi (de)	kivi	[kivi]
grapefruit (de)	citrancs	[tsitrɒnʧ]

bes (de)	bogyó	[bojøː]
bessen (mv.)	bogyók	[bojøːk]
vossenbes (de)	vörös áfonya	[vørøʃ aːfojɒ]
bosaardbei (de)	szamóca	[sɒmoːtsɒ]
blauwe bosbes (de)	fekete áfonya	[fɛkɛtɛ aːfojɒ]

231. Bloemen. Planten

bloem (de)	virág	[viraːg]
boeket (het)	csokor	[ʧokor]

roos (de)	rózsa	[roːʒɒ]
tulp (de)	tulipán	[tulipaːn]
anjer (de)	szegfű	[sɛgfyː]
gladiool (de)	gladiólusz	[glɒdioːlus]

korenbloem (de)	búzavirág	[buːzɒviraːg]
klokje (het)	harangvirág	[hɒrɒŋgviraːg]
paardenbloem (de)	pitypang	[picpɒŋg]
kamille (de)	kamilla	[kɒmillɒ]

aloë (de)	aloé	[ɒloeː]
cactus (de)	kaktusz	[kɒktus]
ficus (de)	gumifa	[gumifɒ]

lelie (de)	liliom	[liliom]
geranium (de)	muskátli	[muʃkaːtli]
hyacint (de)	jácint	[jaːtsint]

mimosa (de)	mimóza	[mimoːzɒ]
narcis (de)	nárcisz	[naːrtsis]
Oost-Indische kers (de)	sarkantyúvirág	[ʃɒrkɒɲcuːviraːg]

orchidee (de)	orchidea	[orhidɛɒ]
pioenroos (de)	pünkösdi rózsa	[pyŋkøʃdi roːʒɒ]
viooltje (het)	ibolya	[ibojɒ]

driekleurig viooltje (het)	árvácska	[aːrvaːrʧkɒ]
vergeet-mij-nietje (het)	nefelejcs	[nɛfɛlɛjʧ]
madeliefje (het)	százszorszép	[saːzsorseːp]

papaver (de)	mák	[maːk]
hennep (de)	kender	[kɛndɛr]
munt (de)	menta	[mɛntɒ]

lelietje-van-dalen (het)	gyöngyvirág	[døɲɟvira:g]
sneeuwklokje (het)	hóvirág	[ho:vira:g]

brandnetel (de)	csalán	[tʃɒla:n]
veldzuring (de)	sóska	[ʃo:ʃkɒ]
waterlelie (de)	tündérrózsa	[tynde:rro:ʒɒ]
varen (de)	páfrány	[pa:fra:ɲ]
korstmos (het)	sömör	[ʃømør]

oranjerie (de)	melegház	[mɛlɛkha:z]
gazon (het)	gyep	[ɟɛp]
bloemperk (het)	virágágy	[vira:ga:ɟ]

plant (de)	növény	[nøve:ɲ]
gras (het)	fű	[fy:]
grasspriet (de)	fűszál	[fy:sa:l]

blad (het)	levél	[lɛve:l]
bloemblad (het)	szirom	[sirom]
stengel (de)	szár	[sa:r]
knol (de)	gumó	[gumo:]

scheut (de)	hajtás	[hɒjta:ʃ]
doorn (de)	tüske	[tyʃkɛ]

bloeien (ww)	virágzik	[vira:gzik]
verwelken (ww)	elhervad	[ɛlhɛrvɒd]
geur (de)	illat	[illɒt]
snijden (bijv. bloemen ~)	lemetsz	[lɛmɛts]
plukken (bloemen ~)	leszakít	[lɛsɒki:t]

232. Granen, graankorrels

graan (het)	gabona	[gɒbonɒ]
graangewassen (mv.)	gabonanövény	[gɒbonɒnøve:ɲ]
aar (de)	kalász	[kɒla:s]

tarwe (de)	búza	[bu:zɒ]
rogge (de)	rozs	[roʒ]
haver (de)	zab	[zɒb]

gierst (de)	köles	[kølɛʃ]
gerst (de)	árpa	[a:rpɒ]

maïs (de)	kukorica	[kukoritsɒ]
rijst (de)	rizs	[riʒ]
boekweit (de)	hajdina	[hɒjdinɒ]

erwt (de)	borsó	[borʃo:]
nierboon (de)	bab	[bɒb]

soja (de)	szója	[so:jɒ]
linze (de)	lencse	[lɛntʃɛ]
bonen (mv.)	bab	[bɒb]

233. Groenten. Groene groenten

groenten (mv.)	zöldségek	[zøldʃe:gɛk]
verse kruiden (mv.)	zöldség	[zøldʃe:g]
tomaat (de)	paradicsom	[pɒrɒditʃom]
augurk (de)	uborka	[ubɒrkɒ]
wortel (de)	sárgarépa	[ʃa:rgɒre:pɒ]
aardappel (de)	krumpli	[krumpli]
ui (de)	hagyma	[hɒɟmɒ]
knoflook (de)	fokhagyma	[fokhɒɟmɒ]
kool (de)	káposzta	[ka:postɒ]
bloemkool (de)	karfiol	[kɒrfiol]
spruitkool (de)	kelbimbó	[kɛlbimbo:]
rode biet (de)	cékla	[tse:klɒ]
aubergine (de)	padlizsán	[pɒdliʒa:n]
courgette (de)	cukkini	[tsukkini]
pompoen (de)	tök	[tøk]
knolraap (de)	répa	[re:pɒ]
peterselie (de)	petrezselyem	[pɛtrɛʒɛjɛm]
dille (de)	kapor	[kɒpor]
sla (de)	saláta	[ʃɒla:tɒ]
selderij (de)	zeller	[zɛllɛr]
asperge (de)	spárga	[ʃpa:rgɒ]
spinazie (de)	spenót	[ʃpɛno:t]
erwt (de)	borsó	[borʃo:]
bonen (mv.)	bab	[bɒb]
maïs (de)	kukorica	[kukoritsɒ]
nierboon (de)	bab	[bɒb]
peper (de)	paprika	[pɒprikɒ]
radijs (de)	hónapos retek	[ho:nɒpoʃ rɛtɛk]
artisjok (de)	articsóka	[ɒrtitʃo:kɒ]

REGIONALE AARDRIJKSKUNDE

Landen. Nationaliteiten

234. West-Europa

Europa (het)	Európa	[ɛuro:pɒ]
Europese Unie (de)	Európai Unió	[ɛuro:pɒi unio:]
Europeaan (de)	európai	[ɛuro:pɒi]
Europees (bn)	európai	[ɛuro:pɒi]
Oostenrijk (het)	Ausztria	[ɒustriɒ]
Oostenrijker (de)	osztrák	[ostra:k]
Oostenrijkse (de)	osztrák nő	[ostra:k nø:]
Oostenrijks (bn)	osztrák	[ostra:k]
Groot-Brittannië (het)	NagyBritannia	[nɒɟbritɒɲiɒ]
Engeland (het)	Anglia	[ɒŋgliɒ]
Engelsman (de)	angol	[ɒŋgol]
Engelse (de)	angol nő	[ɒŋgol nø:]
Engels (bn)	angol	[ɒŋgol]
België (het)	Belgium	[bɛlgium]
Belg (de)	belga	[bɛlgɒ]
Belgische (de)	belga nő	[bɛlgɒ nø:]
Belgisch (bn)	belga	[bɛlgɒ]
Duitsland (het)	Németország	[ne:mɛtorsa:g]
Duitser (de)	német	[ne:mɛt]
Duitse (de)	német nő	[ne:mɛt nø:]
Duits (bn)	német	[ne:mɛt]
Nederland (het)	Németalföld	[ne:mɛtɒlføld]
Holland (het)	Hollandia	[hollɒndiɒ]
Nederlander (de)	holland	[hollɒnd]
Nederlandse (de)	holland nő	[hollɒnd nø:]
Nederlands (bn)	holland	[hollɒnd]
Griekenland (het)	Görögország	[gørøgorsa:g]
Griek (de)	görög	[gørøg]
Griekse (de)	görög nő	[gørøg nø:]
Grieks (bn)	görög	[gørøg]
Denemarken (het)	Dánia	[da:niɒ]
Deen (de)	dán	[da:n]
Deense (de)	dán nő	[da:n nø:]
Deens (bn)	dán	[da:n]
Ierland (het)	Írország	[i:rorsa:g]
Ier (de)	ír	[i:r]

Ierse (de)	ír nő	[i:r nø:]
Iers (bn)	ír	[i:r]
IJsland (het)	Izland	[izlɒnd]
IJslander (de)	izlandi	[izlɒndi]
IJslandse (de)	izlandi nő	[izlɒndi nø:]
IJslands (bn)	izlandi	[izlɒndi]
Spanje (het)	Spanyolország	[ʃpɒɲolorsa:g]
Spanjaard (de)	spanyol	[ʃpɒɲol]
Spaanse (de)	spanyol nő	[ʃpɒɲol nø:]
Spaans (bn)	spanyol	[ʃpɒɲol]
Italië (het)	Olaszország	[olɒsorsa:g]
Italiaan (de)	olasz	[olɒs]
Italiaanse (de)	olasz nő	[olɒs nø:]
Italiaans (bn)	olasz	[olɒs]
Cyprus (het)	Ciprus	[tsipruʃ]
Cyprioot (de)	ciprusi	[tsipruʃi]
Cypriotische (de)	ciprusi nő	[tsipruʃi nø:]
Cypriotisch (bn)	ciprusi	[tsipruʃi]
Malta (het)	Málta	[ma:ltɒ]
Maltees (de)	máltai	[ma:ltɒi]
Maltese (de)	máltai nő	[ma:ltɒi nø:]
Maltees (bn)	máltai	[ma:ltɒi]
Noorwegen (het)	Norvégia	[norve:giɒ]
Noor (de)	norvég	[norve:g]
Noorse (de)	norvég nő	[norve:g nø:]
Noors (bn)	norvég	[norve:g]
Portugal (het)	Portugália	[portuga:liɒ]
Portugees (de)	portugál	[portuga:l]
Portugese (de)	portugál nő	[portuga:l nø:]
Portugees (bn)	portugál	[portuga:l]
Finland (het)	Finnország	[finnorsa:g]
Fin (de)	finn	[finn]
Finse (de)	finn nő	[finn nø:]
Fins (bn)	finn	[finn]
Frankrijk (het)	Franciaország	[frɒntsiɒorsa:g]
Fransman (de)	francia	[frɒntsiɒ]
Française (de)	francia nő	[frɒntsiɒ nø:]
Frans (bn)	francia	[frɒntsiɒ]
Zweden (het)	Svédország	[ʃve:dorsa:g]
Zweed (de)	svéd	[ʃve:d]
Zweedse (de)	svéd nő	[ʃve:d nø:]
Zweeds (bn)	svéd	[ʃve:d]
Zwitserland (het)	Svájc	[ʃva:jts]
Zwitser (de)	svájc	[ʃva:jts]
Zwitserse (de)	svájc nő	[ʃva:jts nø:]

Zwitsers (bn)	svájci	[ʃvaːjtsi]
Schotland (het)	Skócia	[ʃkoːtsiɒ]
Schot (de)	skót	[ʃkoːt]
Schotse (de)	skót nő	[ʃkoːt nøː]
Schots (bn)	skót	[ʃkoːt]

Vaticaanstad (de)	Vatikán	[vɒtikaːn]
Liechtenstein (het)	Liechtenstein	[lihtɛnʃtɒjn]
Luxemburg (het)	Luxemburg	[luksɛmburg]
Monaco (het)	Monaco	[monɒko]

235. Centraal- en Oost-Europa

Albanië (het)	Albánia	[ɒlbaːniɒ]
Albanees (de)	albán	[ɒlbaːn]
Albanese (de)	albán nő	[ɒlbaːn nøː]
Albanees (bn)	albán	[ɒlbaːn]

Bulgarije (het)	Bulgária	[bulgaːriɒ]
Bulgaar (de)	bolgár	[bolgaːr]
Bulgaarse (de)	bolgár nő	[bolgaːr nøː]
Bulgaars (bn)	bolgár	[bolgaːr]

Hongarije (het)	Magyarország	[mɒɟɒrorsaːg]
Hongaar (de)	magyar	[mɒɟɒr]
Hongaarse (de)	magyar nő	[mɒɟɒr nøː]
Hongaars (bn)	magyar	[mɒɟɒr]

Letland (het)	Lettország	[lɛttorsaːg]
Let (de)	lett	[lɛtt]
Letse (de)	lett nő	[lɛtt nøː]
Lets (bn)	lett	[lɛtt]

Litouwen (het)	Litvánia	[litvaːniɒ]
Litouwer (de)	litván	[litvaːn]
Litouwse (de)	litván nő	[litvaːn nøː]
Litouws (bn)	litván	[litvaːn]

Polen (het)	Lengyelország	[lɛɲɟɛlorsaːg]
Pool (de)	lengyel	[lɛɲɟɛl]
Poolse (de)	lengyel nő	[lɛɲɟɛl nøː]
Pools (bn)	lengyel	[lɛɲɟɛl]

Roemenië (het)	Románia	[romaːniɒ]
Roemeen (de)	román	[romaːn]
Roemeense (de)	román nő	[romaːn nøː]
Roemeens (bn)	román	[romaːn]

Servië (het)	Szerbia	[sɛrbiɒ]
Serviër (de)	szerb	[sɛrb]
Servische (de)	szerb nő	[sɛrb nøː]
Servisch (bn)	szerb	[sɛrb]
Slowakije (het)	Szlovákia	[slovaːkiɒ]
Slowaak (de)	szlovák	[slovaːk]

Slowaakse (de)	szlovák nő	[slova:k nø:]
Slowaakse (bn)	szlovák	[slova:k]
Kroatië (het)	Horvátország	[horva:torsa:g]
Kroaat (de)	horvát	[horva:t]
Kroatische (de)	horvát nő	[horva:t nø:]
Kroatisch (bn)	horvát	[horva:t]
Tsjechië (het)	Csehország	[ʧɛorsa:g]
Tsjech (de)	cseh	[ʧɛ]
Tsjechische (de)	cseh nő	[ʧɛ nø:]
Tsjechisch (bn)	cseh	[ʧɛ]
Estland (het)	Észtország	[e:storsa:g]
Est (de)	észt	[e:st]
Estse (de)	észt nő	[e:st nø:]
Ests (bn)	észt	[e:st]
Bosnië en Herzegovina (het)	Bosznia és Hercegovina	[bosniɒ e:ʃ hɛntsɛgovinɒ]
Macedonië (het)	Macedónia	[mɒtsɛdo:niɒ]
Slovenië (het)	Szlovénia	[slove:niɒ]
Montenegro (het)	Montenegró	[montɛnɛgro:]

236. Voormalige USSR landen

Azerbeidzjan (het)	Azerbajdzsán	[ɒzɛrbɒjdʒa:n]
Azerbeidzjaan (de)	azerbajdzsán	[ɒzɛrbɒjdʒa:n]
Azerbeidjaanse (de)	azerbajdzsán nő	[ɒzɛrbɒjdʒa:n nø:]
Azerbeidjaans (bn)	azerbajdzsán	[ɒzɛrbɒjdʒa:n]
Armenië (het)	Örményország	[ørme:ɲorsa:g]
Armeen (de)	örmény	[ørme:ɲ]
Armeense (de)	örmény nő	[ørme:ɲ nø:]
Armeens (bn)	örmény	[ørme:ɲ]
Wit-Rusland (het)	Fehéroroszország	[fɛhe:rorosorsa:g]
Wit-Rus (de)	belorusz	[bɛlorus]
Wit-Russische (de)	belorusz nő	[bɛlorus nø:]
Wit-Russisch (bn)	belorusz	[bɛlorus]
Georgië (het)	Grúzia	[gru:ziɒ]
Georgiër (de)	grúz	[gru:z]
Georgische (de)	grúz nő	[gru:z nø:]
Georgisch (bn)	grúz	[gru:z]
Kazakstan (het)	Kazahsztán	[kɒzɒhsta:n]
Kazak (de)	kazah	[kɒzɒh]
Kazakse (de)	kazah nő	[kɒzɒh nø:]
Kazakse (bn)	kazah	[kɒzɒh]
Kirgizië (het)	Kirgizisztán	[kirgizista:n]
Kirgiziër (de)	kirgiz	[kirgiz]
Kirgizische (de)	kirgiz nő	[kirgiz nø:]
Kirgizische (bn)	kirgiz	[kirgiz]

Moldavië (het)	Moldova	[moldovɒ]
Moldaviër (de)	moldovai	[moldovɒi]
Moldavische (de)	moldovai nő	[moldovɒi nø:]
Moldavisch (bn)	moldovai	[moldovɒi]

Rusland (het)	Oroszország	[orosorsa:g]
Rus (de)	orosz	[oros]
Russin (de)	orosz nő	[oros nø:]
Russisch (bn)	orosz	[oros]

Tadzjikistan (het)	Tádzsikisztán	[ta:dʒikista:n]
Tadzjiek (de)	tádzsik	[ta:dʒik]
Tadzjiekse (de)	tádzsik nő	[ta:dʒik nø:]
Tadzjieks (bn)	tádzsik	[ta:dʒik]

Turkmenistan (het)	Türkmenisztán	[tyrkmɛnista:n]
Turkmeen (de)	türkmén	[tyrkme:n]
Turkmeense (de)	türkmén nő	[tyrkme:n nø:]
Turkmeens (bn)	türkmén	[tyrkme:n]

Oezbekistan (het)	Üzbegisztán	[yzbɛgista:n]
Oezbeek (de)	üzbég	[yzbe:g]
Oezbeekse (de)	üzbég nő	[yzbe:g nø:]
Oezbeeks (bn)	üzbég	[yzbe:g]

Oekraïne (het)	Ukrajna	[ukrɒjnɒ]
Oekraïner (de)	ukrán	[ukra:n]
Oekraïense (de)	ukrán nő	[ukra:n nø:]
Oekraïens (bn)	ukrán	[ukra:n]

237. Azië

| Azië (het) | Ázsia | [a:ʒiɒ] |
| Aziatisch (bn) | ázsiai | [a:ʒiɒi] |

Vietnam (het)	Vietnam	[viɛtnɒm]
Vietnamees (de)	vietnami	[viɛtnɒmi]
Vietnamese (de)	vietnami nő	[viɛtnɒmi nø:]
Vietnamees (bn)	vietnami	[viɛtnɒmi]

India (het)	India	[indiɒ]
Indiër (de)	indiai	[indiɒi]
Indische (de)	indiai nő	[indiɒi nø:]
Indisch (bn)	indiai	[indiɒi]

Israël (het)	Izrael	[izrɒɛl]
Israëliër (de)	izraeli	[izrɒɛli]
Israëlische (de)	izraeli nő	[izrɒɛli nø:]
Israëlisch (bn)	izraeli	[izrɒɛli]

Jood (etniciteit)	zsidó	[ʒido:]
Jodin (de)	zsidó nő	[ʒido: nø:]
Joods (bn)	zsidó	[ʒido:]
China (het)	Kína	[ki:nɒ]

Chinees (de)	kínai	[ki:nɒi]
Chinese (de)	kínai nő	[ki:nɒi nø:]
Chinees (bn)	kínai	[ki:nɒi]
Koreaan (de)	koreai	[korɛɒi]
Koreaanse (de)	koreai nő	[korɛɒi nø:]
Koreaans (bn)	koreai	[korɛɒi]
Libanon (het)	Libanon	[libɒnon]
Libanees (de)	libanoni	[libɒnoni]
Libanese (de)	libanoni nő	[libɒnoni nø:]
Libanees (bn)	libanoni	[libɒnoni]
Mongolië (het)	Mongólia	[moŋgo:liɒ]
Mongool (de)	mongol	[moŋgol]
Mongoolse (de)	mongol nő	[moŋgol nø:]
Mongools (bn)	mongol	[moŋgol]
Maleisië (het)	Malajzia	[mɒlɒjziɒ]
Maleisiër (de)	maláj	[mɒla:j]
Maleisische (de)	maláj nő	[mɒla:j nø:]
Maleisisch (bn)	maláj	[mɒla:j]
Pakistan (het)	Pakisztán	[pɒkista:n]
Pakistaan (de)	pakisztáni	[pɒkista:ni]
Pakistaanse (de)	pakisztáni nő	[pɒkista:ni nø:]
Pakistaans (bn)	pakisztáni	[pɒkista:ni]
Saoedi-Arabië (het)	SzaúdArábia	[sou:dɒra:biɒ]
Arabier (de)	arab	[ɒrɒb]
Arabische (de)	arab nő	[ɒrɒb nø:]
Arabisch (bn)	arab	[ɒrɒb]
Thailand (het)	Thaiföld	[tɒjføld]
Thai (de)	thai	[tɒj]
Thaise (de)	thai nő	[tɒj nø:]
Thai (bn)	thai	[tɒj]
Taiwan (het)	Tajvan	[tɒjvɒn]
Taiwanees (de)	tajvani	[tɒjvɒni]
Taiwanese (de)	tajvani nő	[tɒjvɒni nø:]
Taiwanees (bn)	tajvani	[tɒjvɒni]
Turkije (het)	Törökország	[tørøkorsa:g]
Turk (de)	török	[tørøk]
Turkse (de)	török nő	[tørøk nø:]
Turks (bn)	török	[tørøk]
Japan (het)	Japán	[jɒpa:n]
Japanner (de)	japán	[jɒpa:n]
Japanse (de)	japán nő	[jɒpa:n nø:]
Japans (bn)	japán	[jɒpa:n]
Afghanistan (het)	Afganisztán	[ɒfgɒnista:n]
Bangladesh (het)	Banglades	[bɒŋglɒdɛʃ]
Indonesië (het)	Indonézia	[indone:ziɒ]

Jordanië (het)	Jordánia	[jorda:niɒ]
Irak (het)	Irak	[irɒk]
Iran (het)	Irán	[ira:n]
Cambodja (het)	Kambodzsa	[kɒmbodʒɒ]
Koeweit (het)	Kuvait	[kuvɛjt]

Laos (het)	Laosz	[lɒos]
Myanmar (het)	Mianmar	[miɒnmɒr]
Nepal (het)	Nepál	[nɛpa:l]
Verenigde Arabische Emiraten	Egyesült Arab Köztársaság	[ɛɟɛʃylt ɒrɒb køzta:rʃɒʃa:g]

Syrië (het)	Szíria	[si:riɒ]
Palestijnse autonomie (de)	Palesztína	[pɒlɛstinɒ]
Zuid-Korea (het)	DélKorea	[de:lkorɛɒ]
Noord-Korea (het)	ÉszakKorea	[e:sɒkkorɛɒ]

238. Noord-Amerika

Verenigde Staten van Amerika	Amerikai Egyesült Államok	[ɒmɛrikɒi ɛɟɛʃylt a:llɒmok]
Amerikaan (de)	amerikai	[ɒmɛrikɒi]
Amerikaanse (de)	amerikai nő	[ɒmɛrikɒi nø:]
Amerikaans (bn)	amerikai	[ɒmɛrikɒi]

Canada (het)	Kanada	[kɒnɒdɒ]
Canadees (de)	kanadai	[kɒnɒdɒi]
Canadese (de)	kanadai nő	[kɒnɒdɒi nø:]
Canadees (bn)	kanadai	[kɒnɒdɒi]

Mexico (het)	Mexikó	[mɛksiko:]
Mexicaan (de)	mexikói	[mɛksiko:i]
Mexicaanse (de)	mexikói nő	[mɛksiko:i nø:]
Mexicaans (bn)	mexikói	[mɛksiko:i]

239. Midden- en Zuid-Amerika

Argentinië (het)	Argentína	[ɒrgɛnti:nɒ]
Argentijn (de)	argentin	[ɒrgɛntin]
Argentijnse (de)	argentin nő	[ɒrgɛntin nø:]
Argentijns (bn)	argentin	[ɒrgɛntin]

Brazilië (het)	Brazília	[brɒzi:liɒ]
Braziliaan (de)	brazil	[brɒzil]
Braziliaanse (de)	brazil nő	[brɒzil nø:]
Braziliaans (bn)	brazil	[brɒzil]

Colombia (het)	Kolumbia	[kolumbiɒ]
Colombiaan (de)	kolumbiai	[kolumbiɒi]
Colombiaanse (de)	kolumbiai nő	[kolumbiɒi nø:]
Colombiaans (bn)	kolumbiai	[kolumbiɒi]
Cuba (het)	Kuba	[kubɒ]

Cubaan (de)	kubai	[kubɒi]
Cubaanse (de)	kubai nő	[kubɒi nø:]
Cubaans (bn)	kubai	[kubɒi]

Chili (het)	Chile	[ʧilɛ]
Chileen (de)	chilei	[ʧilɛi]
Chileense (de)	chilei nő	[ʧilɛi nø:]
Chileens (bn)	chilei	[ʧilɛi]

Bolivia (het)	Bolívia	[boli:viɒ]
Venezuela (het)	Venezuela	[vɛnɛzuɛlɒ]
Paraguay (het)	Paraguay	[pɒrɒguɒj]
Peru (het)	Peru	[pɛru]

Suriname (het)	Suriname	[surinɒm]
Uruguay (het)	Uruguay	[uruguɒj]
Ecuador (het)	Ecuador	[ɛkuɒdor]

Bahama's (mv.)	Bahamaszigetek	[bɒhɒmɒsigɛtɛk]
Haïti (het)	Haiti	[hɒiti]
Dominicaanse Republiek (de)	Dominikánus Köztársaság	[dominika:nuʃ køsta:rʃɒʃa:g]
Panama (het)	Panama	[pɒnɒmɒ]
Jamaica (het)	Jamaica	[jamɒjkɒ]

240. Afrika

Egypte (het)	Egyiptom	[ɛɟiptom]
Egyptenaar (de)	egyiptomi	[ɛɟiptomi]
Egyptische (de)	egyiptomi nő	[ɛɟiptomi nø:]
Egyptisch (bn)	egyiptomi	[ɛɟiptomi]

Marokko (het)	Marokkó	[mɒrokko:]
Marokkaan (de)	marokkói	[mɒrokko:i]
Marokkaanse (de)	marokkói nő	[mɒrokko:i nø:]
Marokkaans (bn)	marokkói	[mɒrokko:i]

Tunesië (het)	Tunisz	[tunis]
Tunesiër (de)	tuniszi	[tunisi]
Tunesische (de)	tuniszi nő	[tunisi nø:]
Tunesisch (bn)	tuniszi	[tunisi]

Ghana (het)	Ghána	[ga:nɒ]
Zanzibar (het)	Zanzibár	[zɒnziba:r]
Kenia (het)	Kenya	[kɛɲɒ]
Libië (het)	Líbia	[li:biɒ]
Madagaskar (het)	Madagaszkár	[mɒdɒgɒska:r]

Namibië (het)	Namíbia	[nɒmi:biɒ]
Senegal (het)	Szenegál	[sɛnɛga:l]
Tanzania (het)	Tanzánia	[tɒnza:niɒ]
Zuid-Afrika (het)	DélAfrikai Köztársaság	[de:lɒfrikɒi køsta:rʃɒʃa:g]
Afrikaan (de)	afrikai	[ɒfrikɒi]

215

| Afrikaanse (de) | afrikai nő | [ɒfrikɒi nøː] |
| Afrikaans (bn) | afrikai | [ɒfrikɒi] |

241. Australië. Oceanië

Australië (het)	Ausztrália	[ɒustraːliɒ]
Australiër (de)	ausztráliai	[ɒustraːliɒi]
Australische (de)	ausztráliai nő	[ɒustraːliɒi nøː]
Australisch (bn)	ausztráliai	[ɒustraːliɒi]

Nieuw-Zeeland (het)	ÚjZéland	[uːjzeːlɒnd]
Nieuw-Zeelander (de)	újzélandi	[uːjzeːlɒndi]
Nieuw-Zeelandse (de)	újzélandi nő	[uːjzeːlɒndi nøː]
Nieuw-Zeelands (bn)	újzélandi	[uːjzeːlɒndi]

| Tasmanië (het) | Tasmánia | [tɒsmaːniɒ] |
| Frans-Polynesië | Francia Polinézia | [frɒntsiɒ polineːziɒ] |

242. Steden

Amsterdam	Amszterdam	[ɒmstɛrdɒm]
Ankara	Ankara	[ɒŋkɒrɒ]
Athene	Athén	[ɒteːn]
Bagdad	Bagdad	[bɒgdɒd]
Bangkok	Bangkok	[bɒŋgkok]

Barcelona	Barcelona	[bɒrsɛlonɒ]
Beiroet	Bejrút	[bɛjruːt]
Berlijn	Berlin	[bɛrlin]
Boedapest	Budapest	[budɒpɛʃt]
Boekarest	Bukarest	[bukɒrɛst]

Bombay, Mumbai	Bombay, Mumbai	[bombɛj], [mumbɒj]
Bonn	Bonn	[bonn]
Bordeaux	Bordó	[bordoː]
Bratislava	Pozsony	[poʒoɲ]
Brussel	Brüsszel	[bryssɛl]

Caïro	Kairó	[kɒiroː]
Calcutta	Kalkutta	[kɒlkuttɒ]
Chicago	Chicago	[ʧikɒgo]
Dar Es Salaam	DaresSalaam	[dɒrɛssɒlaːm]
Delhi	Delhi	[dɛli]

Den Haag	Hága	[haːgɒ]
Dubai	Dubai	[dubɒj]
Dublin	Dublin	[dublin]
Düsseldorf	Düsseldorf	[dyssɛldorf]
Florence	Firenze	[firɛnzɛ]

| Frankfort | Frankfurt | [froŋkfurt] |
| Genève | Genf | [gɛnf] |

Hamburg	Hamburg	[hɔmburg]
Hanoi	Hanoi	[hɔnoj]
Havana	Havanna	[hɒvɒnnɒ]

Helsinki	Helsinki	[hɛlsiŋki]
Hiroshima	Hirosima	[hirosimɒ]
Hongkong	Hongkong	[hoŋgkoŋ]
Istanbul	Isztambul	[istɒmbul]
Jeruzalem	Jeruzsálem	[jɛruʒaːlɛm]
Kiev	Kijev	[kiːjɛv]

Kopenhagen	Koppenhága	[koppɛnhaːgɒ]
Kuala Lumpur	Kuala Lumpur	[kuɒlɒ lumpur]
Lissabon	Lisszabon	[lissɒbon]
Londen	London	[london]
Los Angeles	LosAngeles	[losɒnʒɛlɛs]

Lyon	Lyon	[lion]
Madrid	Madrid	[mɒdrid]
Marseille	Marseille	[mɒrsɛjː]
Mexico-Stad	Mexikó	[mɛksikoː]
Miami	Miami	[miɒmi]

Montreal	Montreal	[monrɛɒl]
Moskou	Moszkva	[moskvɒ]
München	München	[mynhɛn]
Nairobi	Nairobi	[nɒjrobi]
Napels	Nápoly	[naːpoli]

New York	New York	[ɲy jork]
Nice	Nizza	[nitsɒ]
Oslo	Oslo	[oslo]
Ottawa	Ottawa	[ottɒvɒ]
Parijs	Párizs	[paːriʒ]

Peking	Peking	[pɛkiŋg]
Praag	Prága	[praːgɒ]
Rio de Janeiro	Rio de Janeiro	[rio dɛ ʒɒnɛjro]
Rome	Róma	[roːmɒ]

| Seoel | Szöul | [søul] |
| Singapore | Szingapúr | [siŋgɒpuːr] |

Sint-Petersburg	Szentpétervár	[sɛntpeːtɛrvaːr]
Sjanghai	Sanghaj	[ʃɒŋghɒj]
Stockholm	Stockholm	[stokolm]
Sydney	Sydney	[sidnɛj]

| Taipei | Tajpej | [tɒjpɛj] |
| Tokio | Tokió | [tokioː] |

Toronto	Toronto	[toronto]
Venetië	Velence	[vɛlɛntsɛ]
Warschau	Varsó	[vɒrʃoː]
Washington	Washington	[vɒʃiŋgton]
Wenen	Bécs	[beːʧ]

243. Politiek. Overheid. Deel 1

politiek (de)	politika	[politikɔ]
politiek (bn)	politikai	[politikɔi]
politicus (de)	politikus	[politikuʃ]
staat (land)	állam	[a:llɔm]
burger (de)	állampolgár	[a:llɔmpolga:r]
staatsburgerschap (het)	állampolgárság	[a:llɔmpolga:rʃa:g]
nationaal wapen (het)	nemzeti címer	[nɛmzɛti tsi:mɛr]
volkslied (het)	állami himnusz	[a:llɔmi himnus]
regering (de)	kormány	[korma:ɲ]
staatshoofd (het)	államfő	[a:llɔɱfø:]
parlement (het)	parlament	[pɔrlɔmɛnt]
partij (de)	párt	[pa:rt]
kapitalisme (het)	tőkés rendszer	[tø:ke:ʃ rɛndsɛr]
kapitalistisch (bn)	tőkés	[tø:ke:ʃ]
socialisme (het)	szocializmus	[sotsiɔlizmuʃ]
socialistisch (bn)	szocialista	[sotsiɔliʃtɔ]
communisme (het)	kommunizmus	[kommunizmuʃ]
communistisch (bn)	kommunista	[kommuniʃtɔ]
communist (de)	kommunista	[kommuniʃtɔ]
democratie (de)	demokrácia	[dɛmokra:tsiɔ]
democraat (de)	demokrata	[dɛmokrɔtɔ]
democratisch (bn)	demokratikus	[dɛmokrɔtikuʃ]
democratische partij (de)	demokrata párt	[dɛmokrɔtɔ pa:rt]
liberaal (de)	liberális párt tagja	[libɛra:liʃ pa:rt tɔgjɔ]
liberaal (bn)	liberális	[libɛra:liʃ]
conservator (de)	konzervatív párt tagja	[konzɛrvɔti:v pa:rt tɔgjɔ]
conservatief (bn)	konzervatív	[konzɛrvɔti:v]
republiek (de)	köztársaság	[køsta:rʃɔʃa:g]
republikein (de)	köztársaságpárti	[køsta:rʃɔʃa:gpa:rti]
Republikeinse Partij (de)	köztársaságpárt	[køsta:rʃɔʃa:gpa:rt]
verkiezing (de)	választások	[va:lɔsta:ʃok]
kiezen (ww)	választ	[va:lɔst]
kiezer (de)	választó	[va:lɔsto:]
verkiezingscampagne (de)	választási kampány	[va:lɔsta:ʃi kɔmpa:ɲ]
stemming (de)	szavazás	[sɔvɔza:ʃ]
stemmen (ww)	szavaz	[sɔvɔz]
stemrecht (het)	szavazási jog	[sɔvɔza:ʃi jog]
kandidaat (de)	jelölt	[jɛlølt]
zich kandideren	jelölteti magát	[jɛløltɛti mɔga:t]
campagne (de)	kampány	[kɔmpa:ɲ]

oppositie- (abn)	ellenzéki	[ɛllɛnzeːki]
oppositie (de)	ellenzék	[ɛllɛnzeːk]
bezoek (het)	látogatás	[laːtogɒtaːʃ]
officieel bezoek (het)	hivatalos látogatás	[hivɒtɒloʃ laːtogɒtaːʃ]
internationaal (bn)	nemzetközi	[nɛmzɛtkøzi]
onderhandelingen (mv.)	tárgyalások	[taːrɟolaːʃok]
onderhandelen (ww)	tárgyal	[taːrɟol]

244. Politiek. Overheid. Deel 2

maatschappij (de)	társaság	[taːrʃɒʃaːg]
grondwet (de)	alkotmány	[ɒlkotmaːɲ]
macht (politieke ~)	hatalom	[hɒtɒlom]
corruptie (de)	korrupció	[korruptsioː]
wet (de)	törvény	[tørveːɲ]
wettelijk (bn)	törvényes	[tørveːnɛʃ]
rechtvaardigheid (de)	igazság	[igɒʃaːg]
rechtvaardig (bn)	igazságos	[igɒʃaːgoʃ]
comité (het)	bizottság	[bizottʃaːg]
wetsvoorstel (het)	törvényjavaslat	[tørveːɲovɒʃlɒt]
begroting (de)	költségvetés	[køltʃeːgvɛteːʃ]
beleid (het)	politika	[politikɒ]
hervorming (de)	reform	[rɛform]
radicaal (bn)	radikális	[rɒdikaːliʃ]
macht (vermogen)	hatalom	[hɒtɒlom]
machtig (bn)	hatalmos	[hɒtɒlmoʃ]
aanhanger (de)	hív	[hiːv]
invloed (de)	hatás	[hɒtaːʃ]
regime (het)	rendszer	[rɛndsɛr]
conflict (het)	konfliktus	[konfliktuʃ]
samenzwering (de)	összeesküvés	[øssɛɛʃkyveːʃ]
provocatie (de)	provokáció	[provokaːtsioː]
omverwerpen (ww)	letaszít	[lɛtɒsiːt]
omverwerping (de)	letaszítás	[lɛtɒsiːtaːʃ]
revolutie (de)	forradalom	[forrɒdɒlom]
staatsgreep (de)	államcsíny	[aːllɒmtʃiːɲ]
militaire coup (de)	katonai puccs	[kɒtonɒi putʃ]
crisis (de)	válság	[vaːlʃaːg]
economische recessie (de)	gazdasági hanyatlás	[gɒzdɒʃaːgi hɒɲɒtlaːʃ]
betoger (de)	felvonuló	[fɛlvonuloː]
betoging (de)	felvonulás	[fɛlvonulaːʃ]
krijgswet (de)	hadiállapot	[hɒdiaːllopot]
militaire basis (de)	támaszpont	[taːmɒspont]
stabiliteit (de)	szilárdság	[silaːrdʃaːg]

T&P Books. Thematische woordenschat Nederlands-Hongaars - 9000 woorden

stabiel (bn)	szilárd	[sila:rd]
uitbuiting (de)	kizsákmányolás	[kiʒa:kma:nøla:ʃ]
uitbuiten (ww)	kizsákmányol	[kiʒa:kma:nøl]

racisme (het)	fajelmélet	[fɒjɛlme:lɛt]
racist (de)	fajvédő	[fɒjve:dø:]
fascisme (het)	fasizmus	[fɒʃizmuʃ]
fascist (de)	fasiszta	[fɒʃistɒ]

245. Landen. Diversen

vreemdeling (de)	külföldi	[kylføldi]
buitenlands (bn)	idegen	[idɛgɛn]
in het buitenland (bw)	külföldön	[kylføldøn]

emigrant (de)	emigráns	[ɛmigra:nʃ]
emigratie (de)	emigrálás	[ɛmigra:la:ʃ]
emigreren (ww)	emigrál	[ɛmigra:l]

Westen (het)	a Nyugat	[ɒ ɲugɒt]
Oosten (het)	a Kelet	[ɒ kɛlɛt]
Verre Oosten (het)	TávolKelet	[ta:volkɛlɛt]

beschaving (de)	civilizáció	[tsiviliza:tsio:]
mensheid (de)	emberiség	[ɛmbɛriʃe:g]
wereld (de)	világ	[vila:g]
vrede (de)	béke	[be:kɛ]
wereld- (abn)	világ	[vila:g]

vaderland (het)	haza	[hɒzɒ]
volk (het)	nép	[ne:p]
bevolking (de)	lakosság	[lɒkoʃa:g]
mensen (mv.)	emberek	[ɛmbɛrɛk]
natie (de)	nemzet	[nɛmzɛt]
generatie (de)	nemzedék	[nɛmzɛde:k]

gebied (bijv. bezette ~en)	terület	[tɛrylɛt]
regio, streek (de)	régió	[re:gio:]
deelstaat (de)	állam	[a:llɒm]

traditie (de)	hagyomány	[hɒɟøma:ɲ]
gewoonte (de)	szokás	[soka:ʃ]
ecologie (de)	ökológia	[økolo:giɒ]

Indiaan (de)	indián	[india:n]
zigeuner (de)	cigány	[tsiga:ɲ]
zigeunerin (de)	cigány nő	[tsiga:ɲ nø:]
zigeuner- (abn)	cigány	[tsiga:ɲ]

rijk (het)	birodalom	[birodɒlom]
kolonie (de)	gyarmat	[ɟɒrmɒt]
slavernij (de)	rabság	[rɒbʃa:g]
invasie (de)	invázió	[inva:zio:]
hongersnood (de)	éhség	[e:hʃe:g]

246. Grote religieuze groepen. Bekentenissen

religie (de)	vallás	[vɒlla:ʃ]
religieus (bn)	vallásos	[vɒlla:ʃoʃ]
geloof (het)	hit	[hit]
geloven (ww)	hisz	[his]
gelovige (de)	istenhívő	[iʃtɛnhi:vø:]
atheïsme (het)	ateizmus	[ɒtɛizmuʃ]
atheïst (de)	ateista	[ɒtɛiʃtɒ]
christendom (het)	kereszténység	[kɛrɛste:ɲʃe:g]
christen (de)	keresztény	[kɛrɛste:ɲ]
christelijk (bn)	keresztény	[kɛrɛste:ɲ]
katholicisme (het)	katolicizmus	[kɒtolitsizmuʃ]
katholiek (de)	katolikus	[kɒtolikuʃ]
katholiek (bn)	katolikus	[kɒtolikuʃ]
protestantisme (het)	protestantizmus	[protɛʃtontizmuʃ]
Protestante Kerk (de)	protestáns egyház	[protɛsta:nʃ ɛɟha:z]
protestant (de)	protestáns	[protɛsta:nʃ]
orthodoxie (de)	igazhitűség	[igɒzhity:se:g]
Orthodoxe Kerk (de)	ortodox egyház	[ortodoks ɛcha:z]
orthodox	ortodox	[ortodoks]
presbyterianisme (het)	presbiteriánus egyház	[prɛʃbitɛria:nuʃ ɛɟha:z]
Presbyteriaanse Kerk (de)	presbiteriánus egyház	[prɛʃbitɛria:nuʃ ɛɟha:z]
presbyteriaan (de)	presbiteriánus	[prɛʃbitɛria:nuʃ]
lutheranisme (het)	lutheránus egyház	[lutɛra:nuʃ ɛɟha:z]
lutheraan (de)	lutheránus	[lutɛra:nuʃ]
baptisme (het)	baptizmus	[bɒptizmuʃ]
baptist (de)	baptista	[bɒptiʃtɒ]
Anglicaanse Kerk (de)	anglikán egyház	[ɒŋglika:n ɛɟha:z]
anglicaan (de)	anglikán	[ɒŋglika:n]
mormonisme (het)	mormon vallás	[mormon vɒlla:ʃ]
mormoon (de)	mormon	[mormon]
Jodendom (het)	judaizmus	[judɒizmuʃ]
jood (aanhanger van het Jodendom)	zsidó férfi	[ʒido: fe:rfi]
boeddhisme (het)	buddhizmus	[buddizmuʃ]
boeddhist (de)	buddhista	[buddiʃtɒ]
hindoeïsme (het)	hinduizmus	[hinduizmuʃ]
hindoe (de)	hinduista	[induiʃtɒ]
islam (de)	iszlám	[isla:m]
islamiet (de)	muzulmán	[muzulma:n]

islamitisch (bn)	muzulmán	[muzulma:n]
sjiisme (het)	síita vallás	[ʃi:itɒ vɒlla:ʃ]
sjiiet (de)	síita hívő	[ʃi:itɒ hi:vø:]

| soennisme (het) | szunnita vallás | [sunnitɒ vɒlla:ʃ] |
| soenniet (de) | szunnita | [sunnitɒ] |

247. Religies. Priesters

| priester (de) | pap | [pɒp] |
| paus (de) | a római pápa | [ɒ ro:mɒi pa:pɒ] |

monnik (de)	barát	[bɒra:t]
non (de)	apáca	[ɒpa:tsɒ]
pastoor (de)	lelki pásztor	[lɛlki pa:stor]

abt (de)	apát	[ɒpa:t]
vicaris (de)	vikárius	[vika:riuʃ]
bisschop (de)	püspök	[pyʃpøk]
kardinaal (de)	bíboros	[bi:borɒʃ]

predikant (de)	prédikátor	[pre:dika:tor]
preek (de)	prédikáció	[pre:dika:tsio:]
kerkgangers (mv.)	parókia	[pɒro:kiɒ]

| gelovige (de) | istenhívő | [iʃtɛnhi:vø:] |
| atheïst (de) | ateista | [ɒtɛiʃtɒ] |

248. Geloof. Christendom. Islam

| Adam | Ádám | [a:da:m] |
| Eva | Éva | [e:vɒ] |

God (de)	Isten	[iʃtɛn]
Heer (de)	Úr	[u:r]
Almachtige (de)	Mindenható	[mindɛnhɒto:]

zonde (de)	bűn	[by:n]
zondigen (ww)	bűnt követ el	[by:nt køvɛt ɛl]
zondaar (de)	bűnös	[by:nøʃ]
zondares (de)	bűnös nő	[by:nøʃ nø:]

| hel (de) | pokol | [pokol] |
| paradijs (het) | paradicsom | [pɒrɒditʃom] |

| Jezus | Jézus | [je:zuʃ] |
| Jezus Christus | Jézus Krisztus | [je:zuʃ kristuʃ] |

Heilige Geest (de)	szentlélek	[sɛntle:lɛk]
Verlosser (de)	Megváltó	[mɛgva:lto:]
Maagd Maria (de)	Szűzanya	[sy:zɒɲɒ]
duivel (de)	ördög	[ørdøg]

duivels (bn)	ördögi	[ørdøgi]
Satan	sátán	[ʃaːtaːn]
satanisch (bn)	sátáni	[ʃaːtaːni]

engel (de)	angyal	[ɒɲɟɒl]
beschermengel (de)	őrangyal	[øːrɒɲɟɒl]
engelachtig (bn)	angyali	[ɒɲɟɒli]

apostel (de)	apostol	[ɒpoʃtol]
aartsengel (de)	arkangyal	[ɒrkɒɲɟɒl]
antichrist (de)	Antikrisztus	[ɒntikristuʃ]

Kerk (de)	Egyház	[ɛɟhaːz]
bijbel (de)	Biblia	[bibliɒ]
bijbels (bn)	bibliai	[bibliɒi]

Oude Testament (het)	Ószövetség	[oːsøvɛtʃeːg]
Nieuwe Testament (het)	Újszövetség	[uːjsøvɛtʃeːg]
evangelie (het)	evangélium	[ɛvɒŋgeːlium]
Heilige Schrift (de)	szentírás	[sɛntiːraːʃ]
Hemel, Hemelrijk (de)	mennyország	[mɛɲɲorsaːg]

gebod (het)	parancs	[pɒrɒnʧ]
profeet (de)	próféta	[proːfeːtɒ]
profetie (de)	jóslat	[joːʃlɒt]

Allah	Allah	[ɒllɒh]
Mohammed	Mohamed	[mohɒmeːd]
Koran (de)	Korán	[koraːn]

moskee (de)	mecset	[mɛʧɛt]
moellah (de)	mullah	[mullɒ]
gebed (het)	ima	[imɒ]
bidden (ww)	imádkozik	[imaːdkozik]

pelgrimstocht (de)	zarándoklat	[zɒraːndoklɒt]
pelgrim (de)	zarándok	[zɒraːndok]
Mekka	Mekka	[mɛkkɒ]

kerk (de)	templom	[tɛmplom]
tempel (de)	templom	[tɛmplom]
kathedraal (de)	székesegyház	[seːkɛʃɛɟhaːz]
gotisch (bn)	gótikus	[goːtikuʃ]
synagoge (de)	zsinagóga	[ʒinɒgoːgɒ]
moskee (de)	mecset	[mɛʧɛt]

kapel (de)	kápolna	[kaːpolnɒ]
abdij (de)	apátság	[ɒpaːʧaːg]
nonnenklooster (het)	zárda	[zaːrdɒ]
mannenklooster (het)	kolostor	[kolostor]

klok (de)	harang	[hɒrɒŋg]
klokkentoren (de)	harangtorony	[hɒrɒŋktoroɲ]
luiden (klokken)	cseng	[ʧɛŋg]
kruis (het)	kereszt	[kɛrɛst]
koepel (de)	kupola	[kupolɒ]

icoon (de)	ikon	[ikon]
ziel (de)	lélek	[le:lɛk]
lot, noodlot (het)	sors	[ʃorʃ]
kwaad (het)	gonosz	[gonos]
goed (het)	jó	[jo:]

vampier (de)	vámpír	[va:mpi:r]
heks (de)	boszorkány	[bosorka:ɲ]
demoon (de)	démon	[de:mon]
geest (de)	lélek	[le:lɛk]

verzoeningsleer (de)	levezeklés	[lɛvɛzɛkle:ʃ]
vrijkopen (ww)	levezekel	[lɛvɛzɛkɛl]

mis (de)	istentisztelet	[iʃtɛntistɛlɛt]
de mis opdragen	celebrál	[tsɛlɛbra:l]
biecht (de)	gyónás	[ɟø:na:ʃ]
biechten (ww)	gyón	[ɟø:n]

heilige (de)	szent	[sɛnt]
heilig (bn)	szent	[sɛnt]
wijwater (het)	szenteltvíz	[sɛntɛltvi:z]

ritueel (het)	rítus	[ri:tuʃ]
ritueel (bn)	rituális	[ritua:liʃ]
offerande (de)	áldozati szertartás	[a:ldozɒti sɛrtɒrta:ʃ]

bijgeloof (het)	babona	[bɒbonɒ]
bijgelovig (bn)	babonás	[bɒbona:ʃ]
hiernamaals (het)	túlvilág	[tu:lvila:g]
eeuwige leven (het)	örökélet	[ørøke:lɛt]

DIVERSEN

249. Diverse nuttige woorden

achtergrond (de)	háttér	[hɑːtteːr]
balans (de)	mérleg	[meːrlɛg]
basis (de)	alap	[ɒlɒp]
begin (het)	kezdet	[kɛzdɛt]
beurt (wie is aan de ~?)	sor	[ʃor]

categorie (de)	kategória	[kɒtɛgoːriɒ]
comfortabel (~ bed, enz.)	kényelmes	[keːnɛlmɛʃ]
compensatie (de)	térítés	[teːriːteːʃ]
deel (gedeelte)	rész	[reːs]

deeltje (het)	részecske	[reːsɛtʃkɛ]
ding (object, voorwerp)	holmi	[holmi]
dringend (bn, urgent)	sürgős	[ʃyrgøːʃ]
dringend (bw, met spoed)	sürgősen	[ʃyrgøːʃɛn]
effect (het)	hatás	[hɒtaːʃ]

eigenschap (kwaliteit)	sajátosság	[ʃɒjaːtoʃaːg]
einde (het)	vég	[veːg]
element (het)	elem	[ɛlɛm]
feit (het)	tény	[teːɲ]
fout (de)	hiba	[hibɒ]

geheim (het)	titok	[titok]
graad (mate)	fokozat	[fokozɒt]
groei (ontwikkeling)	növekedés	[nøvɛkɛdeːʃ]
hindernis (de)	akadály	[ɒkɒdaːj]
hinderpaal (de)	akadály	[ɒkɒdaːj]

hulp (de)	segítség	[ʃɛgiːtʃeːg]
ideaal (het)	eszménykép	[ɛsmeːɲkeːp]
inspanning (de)	erőfeszítés	[ɛrøːfɛsiːteːʃ]
keuze (een grote ~)	választás	[vaːlɒstaːʃ]
labyrint (het)	labirintus	[lɒbirintuʃ]

manier (de)	módszer	[moːdsɛr]
moment (het)	pillanat	[pillɒnɒt]
nut (bruikbaarheid)	haszon	[hɒson]
onderscheid (het)	különbség	[kylønbʃeːg]

ontwikkeling (de)	fejlődés	[fɛjløːdeːʃ]
oplossing (de)	megoldás	[mɛgoldaːʃ]
origineel (het)	az eredeti	[ɒz ɛrɛdɛti]
pauze (de)	szünet	[synɛt]
positie (de)	helyzet	[hɛjzɛt]
principe (het)	elv	[ɛlv]

probleem (het)	probléma	[proble:mɒ]
proces (het)	folyamat	[fojɒmɒt]
reactie (de)	reakció	[rɛɒktsio:]

reden (om ~ van)	ok	[ok]
risico (het)	kockázat	[kotska:zɒt]
samenvallen (het)	egybeesés	[ɛɟbɛɛʃe:ʃ]
serie (de)	sorozat	[ʃorozɒt]

situatie (de)	helyzet	[hɛjzɛt]
soort (bijv. ~ sport)	fajta	[fɒjtɒ]
standaard (bn)	szabványos	[sɒbva:nøʃ]
standaard (de)	szabvány	[sɒbva:ɲ]
stijl (de)	stílus	[ʃti:luʃ]

stop (korte onderbreking)	szünet	[synɛt]
systeem (het)	rendszer	[rɛndsɛr]
tabel (bijv. ~ van Mendelejev)	táblázat	[ta:bla:zɒt]
tempo (langzaam ~)	tempó	[tɛmpo:]
term (medische ~en)	szakkifejezés	[sɒkkifɛjɛze:ʃ]

type (soort)	típus	[ti:puʃ]
variant (de)	változat	[va:ltozɒt]
veelvuldig (bn)	gyakori	[ɟokori]
vergelijking (de)	összehasonlítás	[øssɛhɒʃonli:ta:ʃ]
voorbeeld (het goede ~)	példa	[pe:ldɒ]

voortgang (de)	haladás	[hɒlɒda:ʃ]
voorwerp (ding)	tárgy	[ta:rɟ]
vorm (uiterlijke ~)	forma	[formɒ]
waarheid (de)	igazság	[igɒʃa:g]
zone (de)	övezet	[øvɛzɛt]

250. Beperkende bijwoorden. Bijvoeglijke naamwoorden. Deel 1

accuraat (uurwerk, enz.)	pontos	[pontoʃ]
achter- (abn)	hátsó	[ha:tʃo:]
additioneel (bn)	pótló	[po:tlo:]
anders (bn)	különféle	[kylønfe:lɛ]

arm (bijv. ~e landen)	szegény	[sɛge:ɲ]
begrijpelijk (bn)	világos	[vila:goʃ]
belangrijk (bn)	fontos	[fontoʃ]
belangrijkst (bn)	legfontosabb	[lɛgfontoʃɒbb]

beleefd (bn)	udvarias	[udvɒriɒʃ]
beperkt (bn)	korlátozott	[korla:tozott]
betekenisvol (bn)	jelentős	[jɛlɛntø:ʃ]
bijziend (bn)	rövidlátó	[røvidla:to:]
binnen- (abn)	belső	[bɛlʃø:]

bitter (bn)	keserű	[kɛʃɛry:]
blind (bn)	vak	[vɒk]
breed (een ~e straat)	széles	[se:lɛʃ]

| breekbaar (porselein, glas) | törékeny | [tøre:kɛɲ] |
| buiten- (abn) | külső | [kylʃøː] |

buitenlands (bn)	idegen	[idɛgɛn]
burgerlijk (bn)	polgári	[polgaːri]
centraal (bn)	közepes	[køzɛpɛʃ]
dankbaar (bn)	hálás	[haːlaːʃ]
dicht (~e mist)	sűrű	[ʃyːryː]

dicht (bijv. ~e mist)	sűrű	[ʃyːryː]
dicht (in de ruimte)	közeli	[køzɛli]
dicht (bn)	közeli	[køzɛli]
dichtstbijzijnd (bn)	legközelebbi	[lɛgkøzɛlɛbbi]

diepvries (~product)	fagyasztott	[fɒjostott]
dik (bijv. muur)	vastag	[vɒʃtɒg]
dof (~ licht)	homályos	[homaːjoʃ]
dom (dwaas)	buta	[butɒ]

donker (bijv. ~e kamer)	sötét	[ʃøteːt]
dood (bn)	halott	[hɒlott]
doorzichtig (bn)	átlátszó	[aːtlaːtsoː]
droevig (~ blik)	szomorú	[somoruː]
droog (bn)	száraz	[saːrɒz]

dun (persoon)	sovány	[ʃovaːɲ]
duur (bn)	drága	[draːgɒ]
eender (bn)	egyforma	[ɛɟformɒ]
eenvoudig (bn)	egyszerű	[ɛcsɛryː]
eenvoudig (bn)	egyszerű	[ɛcsɛryː]

eeuwenoude (~ beschaving)	ősi	[øːʃi]
enorm (bn)	hatalmas	[hɒtɒlmɒʃ]
geboorte- (stad, land)	szülő	[syløː]
gebruind (bn)	lesült	[lɛʃylt]

gelijkend (bn)	hasonló	[hɒʃonloː]
gelukkig (bn)	boldog	[boldog]
gesloten (bn)	zárt	[zaːrt]
getaand (bn)	barna	[bɒrnɒ]

gevaarlijk (bn)	veszélyes	[vɛseːjɛʃ]
gewoon (bn)	szokásos	[sokaːʃoʃ]
gezamenlijk (~ besluit)	együttes	[ɛɟyttɛʃ]
glad (~ oppervlak)	sima	[ʃimɒ]
glad (~ oppervlak)	sík	[ʃiːk]

goed (bn)	jó	[joː]
goedkoop (bn)	olcsó	[oltʃoː]
gratis (bn)	ingyenes	[iɲɟɛnɛʃ]
groot (bn)	nagy	[nɒɟ]

hard (niet zacht)	kemény	[kɛmeːɲ]
heel (volledig)	egész	[ɛgeːs]
heet (bn)	meleg	[mɛlɛg]
hongerig (bn)	éhes	[eːhɛʃ]

227

hoofd- (abn)	fő	[fø:]
hoogste (bn)	legfelső	[lɛgfɛlʃø:]
huidig (courant)	jelen	[jɛlɛn]
jong (bn)	fiatal	[fiɒtɒl]

juist, correct (bn)	helyes	[hɛjɛʃ]
kalm (bn)	nyugodt	[ɲugott]
kinder- (abn)	gyermek	[ɟɛrmɛk]
klein (bn)	kicsi	[kitʃi]
koel (~ weer)	hűvös	[hy:vøʃ]

kort (kortstondig)	rövid ideig tartó	[røvid idɛig tɒrto:]
kort (niet lang)	rövid	[røvid]
koud (~ water, weer)	hideg	[hidɛg]
kunstmatig (bn)	mesterséges	[mɛʃtɛrʃe:gɛʃ]

laatst (bn)	utolsó	[utolʃo:]
lang (een ~ verhaal)	hosszú	[hossu:]
langdurig (bn)	hosszú	[hossu:]
lastig (~ probleem)	bonyolult	[bonølult]

leeg (glas, kamer)	üres	[yrɛʃ]
lekker (bn)	finom	[finom]
licht (kleur)	világos	[vila:goʃ]
licht (niet veel weegt)	könnyű	[kønɲy:]

linker (bn)	bal	[bɒl]
luid (bijv. ~e stem)	hangos	[hɒŋgoʃ]
mager (bn)	sovány	[ʃova:ɲ]
mat (bijv. ~ verf)	tompa fényű	[tompɒ fe:ɲ]
moe (bn)	fáradt	[fa:rɒtt]

moeilijk (~ besluit)	nehéz	[nɛhe:z]
mogelijk (bn)	lehetséges	[lɛhɛtʃe:gɛʃ]
mooi (bn)	szép	[se:p]
mysterieus (bn)	titokzatos	[titogzɒtoʃ]

naburig (bn)	szomszédos	[somse:doʃ]
nalatig (bn)	hanyag	[hɒɲɒg]
nat (~te kleding)	vizes	[vizɛʃ]
nerveus (bn)	ideges	[idɛgɛʃ]
niet groot (bn)	kicsiny	[kitʃiɲ]

niet moeilijk (bn)	könnyű	[kønɲy:]
nieuw (bn)	új	[u:j]
nodig (bn)	szükséges	[sykʃe:gɛʃ]
normaal (bn)	normális	[norma:liʃ]

251. Beperkende bijwoorden. Bijvoeglijke naamwoorden. Deel 2

onbegrijpelijk (bn)	érthetetlen	[e:rthɛtɛtlɛn]
onbelangrijk (bn)	jelentéktelen	[jɛlɛnte:ktɛlɛn]
onbeweeglijk (bn)	mozdulatlan	[mozdulɒtlɒn]
onbewolkt (bn)	felhőtlen	[fɛlhø:tlɛg]

ondergronds (geheim)	titokban	[titogbɒn]
ondiep (bn)	sekély	[ʃɛke:j]
onduidelijk (bn)	homályos	[homa:joʃ]
onervaren (bn)	tapasztalatlan	[tɒpɒstɒlɒtlɒn]
onmogelijk (bn)	lehetetlen	[lɛhɛtɛtlɛn]
onontbeerlijk (bn)	szükséges	[sykʃe:gɛʃ]

onophoudelijk (bn)	szakadatlan	[sɒkɒdɒtlɒn]
ontkennend (bn)	nemleges	[nɛmlɛgɛʃ]
open (bn)	nyitott	[ɲitott]
openbaar (bn)	társadalmi	[ta:rʃɒdɒlmi]
origineel (ongewoon)	eredeti	[ɛrɛdɛti]

oud (~ huis)	öreg	[ørɛg]
overdreven (bn)	túlzott	[tu:lzott]
passend (bn)	alkalmas	[ɒlkɒlmɒʃ]
permanent (bn)	állandó	[a:llɒndo:]
persoonlijk (bn)	személyi	[sɛme:ji]

plat (bijv. ~ scherm)	lapos	[lɒpoʃ]
prachtig (~ paleis, enz.)	gyönyörű	[ɟøɲøry:]
precies (bn)	pontos	[pontoʃ]
prettig (bn)	kellemes	[kɛllɛmɛʃ]
privé (bn)	magán	[mɒga:n]

punctueel (bn)	pontos	[pontoʃ]
rauw (niet gekookt)	nyers	[ɲɛrʃ]
recht (weg, straat)	egyenes	[ɛɟɛnɛʃ]
rechter (bn)	jobb	[jobb]
rijp (fruit)	érett	[e:rɛtt]

riskant (bn)	kockázatos	[kotska:zɒtoʃ]
ruim (een ~ huis)	tágas	[ta:gɒʃ]
rustig (bn)	csendes	[ʧɛndɛʃ]
scherp (bijv. ~ mes)	éles	[e:lɛʃ]
schoon (niet vies)	tiszta	[tistɒ]

slecht (bn)	rossz	[ross]
slim (verstandig)	okos	[okoʃ]
smal (~le weg)	keskeny	[kɛʃkɛɲ]
snel (vlug)	gyors	[ɟorʃ]
somber (bn)	sötét	[ʃøte:t]
speciaal (bn)	speciális	[ʃpɛtsia:liʃ]

sterk (bn)	erős	[ɛrø:ʃ]
stevig (bn)	tartós	[tɒrto:ʃ]
straatarm (bn)	koldus	[kolduʃ]
teder (liefderijk)	gyengéd	[ɟɛŋge:d]

tegenovergesteld (bn)	ellentétes	[ɛllɛnte:tɛʃ]
tevreden (bn)	elégedett	[ɛle:gɛdɛtt]
tevreden (klant, enz.)	elégedett	[ɛle:gɛdɛtt]
treurig (bn)	szomorú	[somoru:]
tweedehands (bn)	használt	[hɒsna:lt]
uitstekend (bn)	kiváló	[kiva:lo:]
uitstekend (bn)	kitűnő	[kity:nø:]

uniek (bn)	egyedi	[ɛɟɛdi]
veilig (niet gevaarlijk)	biztonságos	[bistonʃaːgoʃ]
ver (in de ruimte)	távoli	[taːvoli]
verenigbaar (bn)	összeegyeztethető	[øssɛɛɟɛztɛthɛtøː]
vermoeiend (bn)	fárasztó	[faːrɒstoː]
verplicht (bn)	kötelező	[køtɛlɛzøː]
vers (~ brood)	friss	[friʃ]
verschillende (bn)	különböző	[kylønbøzøː]
verst (meest afgelegen)	távoli	[taːvoli]
vettig (voedsel)	zsíros	[ʒiːroʃ]
vijandig (bn)	ellenséges	[ɛllɛnʃeːgɛʃ]
vloeibaar (bn)	folyékony	[fojeːkoɲ]
vochtig (bn)	nedves	[nɛdvɛʃ]
vol (helemaal gevuld)	telt	[tɛlt]
volgend (~ jaar)	következő	[køvɛtkɛzøː]
vorig (bn)	elmúlt	[ɛlmuːlt]
voornaamste (bn)	alapvető	[ɒlɒpvɛtøː]
vorig (~ jaar)	elmúlt	[ɛlmuːlt]
vriendelijk (aardig)	kedves	[kɛdvɛʃ]
vriendelijk (goedhartig)	kedves	[kɛdvɛʃ]
vrij (bn)	szabad	[sɒbɒd]
vrolijk (bn)	vidám	[vidaːm]
vruchtbaar (~ land)	termékeny	[tɛrmeːkɛɲ]
vuil (niet schoon)	piszkos	[piskoʃ]
waarschijnlijk (bn)	valószínű	[vɒloːsiːnyː]
warm (bn)	meleg	[mɛlɛg]
wettelijk (bn)	törvényes	[tørveːnɛʃ]
zacht (bijv. ~ kussen)	puha	[puhɒ]
zacht (bn)	halk	[hɒlk]
zeldzaam (bn)	ritka	[ritkɒ]
ziek (bn)	beteg	[bɛtɛg]
zoet (~ water)	édes	[eːdɛʃ]
zoet (bn)	édes	[eːdɛʃ]
zonnig (~e dag)	napos	[nɒpoʃ]
zorgzaam (bn)	gondos	[gondoʃ]
zout (de soep is ~)	sós	[ʃoːʃ]
zuur (smaak)	savanyú	[ʃɒvɒnjuː]
zwaar (~ voorwerp)	súlyos	[ʃuːjoʃ]

DE 500 BELANGRIJKSTE WERKWOORDEN

252. Werkwoorden A-C

aaien (bijv. een konijn ~)	simogat	[ʃimogɒt]
aanbevelen (ww)	tanácsol	[tɒnaːʧol]
aandringen (ww)	ragaszkodik	[rɒgɒskodik]
aankomen (ov. de treinen)	érkezik	[eːrkɛzik]

aanleggen (bijv. bij de pier)	kiköt	[kikøt]
aanraken (met de hand)	érint	[eːrint]
aansteken (kampvuur, enz.)	meggyújt	[mɛɟuːjt]
aanstellen (in functie plaatsen)	kijelöl	[kijɛløl]

aanvallen (mil.)	támad	[taːmɒd]
aanvoelen (gevaar ~)	érez	[eːrɛz]
aanvoeren (leiden)	vezet	[vɛzɛt]
aanwijzen (de weg ~)	mutat	[mutɒt]

aanzetten (computer, enz.)	bekapcsol	[bɛkɒpʧol]
ademen (ww)	lélegzik	[leːlɛgzik]
adverteren (ww)	reklámoz	[rɛklaːmoz]
adviseren (ww)	tanácsol	[tɒnaːʧol]

afdalen (on.ww.)	lemegy	[lɛmɛɟ]
afgunstig zijn (ww)	irigyel	[iriɟɛl]
afhakken (ww)	levág	[lɛvaːg]
afhangen van ...	függ	[fygg]

afluisteren (ww)	hallgatózik	[hɒllgɒtoːzik]
afnemen (verwijderen)	levesz	[lɛvɛs]
afrukken (ww)	letép	[lɛteːp]
afslaan (naar rechts ~)	fordul	[fordul]

afsnijden (ww)	levág	[lɛvaːg]
afzeggen (ww)	visszavon	[vissɒvon]
amputeren (ww)	csonkol	[ʧoŋkol]
amuseren (ww)	szórakoztat	[soːrɒkoztɒt]

antwoorden (ww)	válaszol	[vaːlɒsol]
applaudisseren (ww)	tapsol	[tɒpʃol]
aspireren (iets willen worden)	igyekszik	[iɟɛksik]
assisteren (ww)	segédkezik	[ʃɛgeːdkɛzik]

bang zijn (ww)	fél	[feːl]
barsten (plafond, enz.)	megrepedezik	[mɛgrɛpɛdɛzik]
bedienen (in restaurant)	kiszolgál	[kisolgaːl]
bedreigen (bijv. met een pistool)	fenyeget	[fɛnɛgɛt]

bedriegen (ww)	csal	[ʧɒl]
beduiden (betekenen)	jelent	[jɛlɛnt]
bedwingen (ww)	visszatart	[vissɒtɒrt]
beëindigen (ww)	befejez	[bɛfɛjɛz]

begeleiden (vergezellen)	kísér	[ki:ʃe:r]
begieten (water geven)	öntöz	[øntøz]
beginnen (ww)	kezd	[kɛzd]
begrijpen (ww)	ért	[e:rt]
behandelen (patiënt, ziekte)	gyógyít	[ɟø:ɟi:t]

beheren (managen)	irányít	[ira:ni:t]
beïnvloeden (ww)	hat	[hɒt]
bekennen (misdadiger)	bevall	[bɛvɒll]
beledigen (met scheldwoorden)	megsért	[mɛgʃe:rt]

beledigen (ww)	megsért	[mɛgʃe:rt]
beloven (ww)	ígér	[i:ge:r]
beperken (de uitgaven ~)	korlátoz	[korla:toz]
bereiken (doel ~, enz.)	elér	[ɛle:r]

bereiken (plaats van bestemming ~)	elér	[ɛle:r]
beschermen (bijv. de natuur ~)	őriz	[ø:riz]
beschuldigen (ww)	vádol	[va:dol]
beslissen (~ iets te doen)	eldönt	[ɛldønt]

besmet worden (met ...)	fertőződik	[fɛrtø:zø:dik]
besmetten (ziekte overbrengen)	megfertőz	[mɛgfɛrtø:z]
bespreken (spreken over)	megbeszél	[mɛgbɛse:l]
bestaan (een ~ voeren)	él	[e:l]

bestellen (eten ~)	rendel	[rɛndɛl]
bestraffen (een stout kind ~)	büntet	[byntɛt]
betalen (ww)	fizet	[fizɛt]
betekenen (beduiden)	jelent	[jɛlɛnt]

betreuren (ww)	sajnál	[ʃɒjna:l]
bevallen (prettig vinden)	tetszik	[tɛtsik]
bevelen (mil.)	parancsol	[pɒrɒnʧol]
bevredigen (ww)	eleget tesz	[ɛlɛgɛt tɛs]

bevrijden (stad, enz.)	felszabadít	[fɛlsɒbɒdi:t]
bewaren (oude brieven, enz.)	őriz	[ø:riz]
bewaren (vrede, leven)	megőriz	[mɛgø:riz]
bewijzen (ww)	bebizonyít	[bɛbizoni:t]

bewonderen (ww)	megcsodál	[mɛkʧoda:l]
bezitten (ww)	birtokol	[birtokol]
bezorgd zijn (ww)	nyugtalankodik	[ɲugtɒlɒŋkodik]
bezorgd zijn (ww)	háborog	[ha:borog]
bidden (praten met God)	imádkozik	[ima:dkozik]
bijvoegen (ww)	hozzáad	[hozza:ɒd]

binden (ww)	összeköt	[øssɛkøt]
binnengaan (een kamer ~)	bejön	[bɛjøn]
blazen (ww)	fúj	[fu:j]
blozen (zich schamen)	elpirul	[ɛlpirul]
blussen (brand ~)	elolt	[ɛlolt]
boos maken (ww)	megharagít	[mɛghɒrɒgi:t]
boos zijn (ww)	haragszik ...re	[hɒrɒgsik ...rɛ]
breken	szétszakad	[se:tsɒkɒd]
(on.ww., van een touw)		
breken (speelgoed, enz.)	tör	[tør]
brengen (iets ergens ~)	hoz	[hoz]
charmeren (ww)	elbájol	[ɛlba:jol]
citeren (ww)	idéz	[ide:z]
compenseren (ww)	kompenzál	[kompɛnza:l]
compliceren (ww)	bonyolít	[bonøli:t]
componeren (muziek ~)	szerez	[sɛrɛz]
compromitteren (ww)	kompromittál	[kompromitta:l]
concurreren (ww)	versenyez	[vɛrʃɛnɛz]
controleren (ww)	ellenőriz	[ɛllɛnø:riz]
coöpereren (samenwerken)	együttmüködik	[ɛɟyttmy:kødik]
coördineren (ww)	koordinál	[koordina:l]
corrigeren (fouten ~)	javít	[jɒvi:t]
creëren (ww)	teremt	[tɛrɛmt]

253. Werkwoorden D-K

danken (ww)	köszön	[køsøn]
de was doen	mos	[moʃ]
de weg wijzen	irányít	[ira:ni:t]
deelnemen (ww)	részt vesz	[re:st vɛs]
delen (wisk.)	oszt	[ost]
denken (ww)	gondol	[gondol]
doden (ww)	megöl	[mɛgøl]
doen (ww)	csinál	[ʧina:l]
dresseren (ww)	idomít	[idomi:t]
drinken (ww)	iszik	[isik]
drogen (klederen, haar)	szárít	[sa:ri:t]
dromen (in de slaap)	álmodik	[a:lmodik]
dromen (over vakantie ~)	ábrándozik	[a:bra:ndozik]
duiken (ww)	lemerül	[lɛmɛryl]
durven (ww)	merészel	[mɛre:sɛl]
duwen (ww)	lök	[løk]
een auto besturen	autót vezet	[ɒuto:t vɛzɛt]
een bad geven	fürdet	[fyrdɛt]
een bad nemen	mosakodik	[moʃɒkodik]
een conclusie trekken	következtetésre jut	[køvɛtkɛstɛte:ʃrɛ jut]

foto's maken	fényképez	[fe:ɲke:pɛz]
eisen (met klem vragen)	követel	[køvɛtɛl]
erkennen (schuld)	beismer	[bɛiʃmɛr]
erven (ww)	örököl	[ørøkøl]

eten (ww)	eszik	[ɛsik]
excuseren (vergeven)	bocsát	[botʃa:t]
existeren (bestaan)	létezik	[le:tɛzik]
feliciteren (ww)	gratulál	[grɒtula:l]
gaan (te voet)	megy	[mɛɟ]

gaan slapen	lefekszik	[lɛfɛksik]
gaan zitten (ww)	leül	[lɛyl]
gaan zwemmen	fürdik	[fyrdik]
garanderen (garantie geven)	biztosít	[bistoʃi:t]

gebruiken (bijv. een potlood ~)	használ	[hɒsna:l]
gebruiken (woord, uitdrukking)	használ	[hɒsna:l]
geconserveerd zijn (ww)	megmarad	[mɛgmɒrɒd]
gedateerd zijn (ww)	keltez	[kɛltɛz]
gehoorzamen (ww)	engedelmeskedik	[ɛŋgɛdɛlmɛʃkɛdik]

gelijken (op elkaar lijken)	hasonlít	[hɒʃonli:t]
geloven (vinden)	hisz	[his]
genoeg zijn (ww)	elég van	[ɛle:g vɒn]
gieten (in een beker ~)	beönt	[bɛønt]

glimlachen (ww)	mosolyog	[moʃojog]
glimmen (glanzen)	fénylik	[fe:ɲlik]
gluren (ww)	megles	[mɛglɛʃ]
goed raden (ww)	kitalál	[kitɒla:l]
gooien (een steen, enz.)	dob	[dob]

grappen maken (ww)	viccel	[vitsɛl]
graven (tunnel, enz.)	ás	[a:ʃ]
haasten (iemand ~)	sürget	[ʃyrgɛt]
hebben (ww)	van	[vɒn]
helpen (hulp geven)	segít	[ʃɛgi:t]

herhalen (opnieuw zeggen)	ismétel	[iʃme:tɛl]
herinneren (ww)	emlékszik	[ɛmle:ksik]
herinneren aan ... (afspraak, opdracht)	emlékeztet	[ɛmle:kɛztɛt]
herkennen (identificeren)	megismer	[mɛgiʃmɛr]
herstellen (repareren)	javít	[jɒvi:t]

het haar kammen	fésül	[fe:ʃyl]
hopen (ww)	remél	[rɛme:l]
horen (waarnemen met het oor)	hall	[hɒll]
houden van (muziek, enz.)	szeret	[sɛrɛt]
huilen (wenen)	sír	[ʃi:r]
huiveren (ww)	megrezzen	[mɛgrɛzzɛn]
huren (een boot ~)	kibérel	[kibe:rɛl]

huren (huis, kamer)	bérel	[be:rɛl]
huren (personeel)	felvesz	[fɛlvɛs]
imiteren (ww)	utánoz	[uta:noz]

importeren (ww)	importál	[importa:l]
inenten (vaccineren)	beolt	[bɛolt]
informeren (informatie geven)	tájékoztat	[ta:je:koztɒt]
informeren naar ... (navraag doen)	megtud	[mɛgtud]
inlassen (invoegen)	betesz	[bɛtɛs]

inpakken (in papier)	becsomagol	[bɛtʃomɒgol]
inspireren (ww)	lelkesít	[lɛlkɛʃi:t]
instemmen (akkoord gaan)	beleegyezik	[bɛlɛɛɟɛzik]
interesseren (ww)	érdekel	[e:rdɛkɛl]

irriteren (ww)	felingerel	[fɛliŋgɛrɛl]
isoleren (ww)	elszigetel	[ɛlsigɛtɛl]
jagen (ww)	vadászik	[vɒda:sik]
kalmeren (kalm maken)	nyugtat	[ɲugtɒt]

kennen (kennis hebben van iemand)	ismer	[iʃmɛr]
kennismaken (met ...)	megismerkedik	[mɛgiʃmɛrkɛdik]
kiezen (ww)	választ	[va:lɒst]
kijken (ww)	néz	[ne:z]

klaarmaken (een plan ~)	előkészít	[ɛlø:ke:si:t]
klaarmaken (het eten ~)	készít	[ke:si:t]
klagen (ww)	panaszkodik	[pɒnɒskodik]
kloppen (aan een deur)	kopog	[kopog]

kopen (ww)	vásárol	[va:ʃa:rol]
kopieën maken	sokszoroz	[ʃoksoroz]
kosten (ww)	kerül	[kɛryl]
kunnen (ww)	tud	[tud]
kweken (planten ~)	termel	[tɛrmɛl]

254. Werkwoorden L-R

lachen (ww)	nevet	[nɛvɛt]
laden (geweer, kanon)	megtölt	[mɛgtølt]
laden (vrachtwagen)	megrak	[mɛgrɒk]
laten vallen (ww)	leejt	[lɛɛjt]

lenen (geld ~)	kölcsönkér	[køltʃønke:r]
leren (lesgeven)	tanít	[tɒni:t]
leven (bijv. in Frankrijk ~)	lakik	[lɒkik]
lezen (een boek ~)	olvas	[olvɒʃ]

lid worden (ww)	csatlakozik	[tʃɒtlɒkozik]
liefhebben (ww)	szeret	[sɛrɛt]
liegen (ww)	hazudik	[hɒzudik]
liggen (op de tafel ~)	fekszik	[fɛksik]

liggen (persoon)	fekszik	[fɛksik]
lijden (pijn voelen)	szenved	[sɛnvɛd]
losbinden (ww)	elold	[ɛlold]
luisteren (ww)	hallgat	[hɒllgɒt]

lunchen (ww)	ebédel	[ɛbe:dɛl]
markeren (op de kaart, enz.)	megjelöl	[mɛgjɛløl]
melden (nieuws ~)	közöl	[køzøl]
memoriseren (ww)	kívülről megtanulni	[ki:vylrø:l mɛgtanulni]

mengen (ww)	összekever	[øssɛkɛvɛr]
mikken op (ww)	céloz	[tse:loz]
minachten (ww)	lenéz	[lɛne:z]
moeten (ww)	kell	[kɛll]

morsen (koffie, enz.)	kiönt	[kiønt]
naderen (dichterbij komen)	közeledik	[køzɛlɛdik]
neerlaten (ww)	leenged	[lɛɛŋgɛd]
nemen (ww)	vesz	[vɛs]

nodig zijn (ww)	szükség van ...re	[sykʃe:g vɒn ...rɛ]
noemen (ww)	nevez	[nɛvɛz]
noteren (opschrijven)	megjegyez	[mɛgjɛjɛz]
omhelzen (ww)	megölel	[mɛgølɛl]

omkeren (steen, voorwerp)	megfordít	[mɛgfordi:t]
onderhandelen (ww)	tárgyal	[ta:rɟol]
ondernemen (ww)	vállalkozik	[va:llɒlkozik]
onderschatten (ww)	aláértékel	[ɒla:e:rte:kɛl]

onderscheiden (een ereteken geven)	kitüntet	[kitynтɛt]
onderstrepen (ww)	aláhúz	[ɒla:hu:z]
ondertekenen (ww)	aláír	[ɒla:i:r]
onderwijzen (ww)	kiképez	[kike:pɛz]

onderzoeken (alle feiten, enz.)	elbírál	[ɛlbi:ra:l]
bezorgd maken	nyugtalanít	[ɲugtɒlɒni:t]
onmisbaar zijn (ww)	szükség van ...re	[sykʃe:g vɒn ...rɛ]
ontbijten (ww)	reggelizik	[rɛggɛlizik]

ontdekken (bijv. nieuw land)	felfedez	[fɛlfɛdɛz]
ontkennen (ww)	tagad	[tɒgɒd]
ontlopen (gevaar, taak)	kitér	[kite:r]
ontnemen (ww)	megfoszt	[mɛgfost]

ontwerpen (machine, enz.)	tervez	[tɛrvɛz]
oorlog voeren (ww)	harcol	[hɒrtsol]
op orde brengen	rendbe hoz	[rɛndbɛ hoz]
opbergen (in de kast, enz.)	eltesz	[ɛltɛs]
opduiken (ov. een duikboot)	felmerül	[fɛlmɛryl]

openen (ww)	nyit	[ɲit]
ophangen (bijv. gordijnen ~)	akaszt	[ɒkɒst]
ophouden (ww)	abbahagy	[ɒbbɒhɒɟ]

| oplossen (een probleem ~) | megold | [mɛgold] |
| opmerken (zien) | észrevesz | [e:srɛvɛs] |

opmerken (zien)	meglát	[mɛgla:t]
opscheppen (ww)	dicsekedik	[ditʃɛkɛdik]
opschrijven (op een lijst)	beír	[bɛi:r]
opschrijven (ww)	feljegyez	[fɛljɛɟɛz]

opstaan (uit je bed)	felkel	[fɛlkɛl]
opstarten (project, enz.)	beindít	[bɛindi:t]
opstijgen (vliegtuig)	felszáll	[fɛlsa:ll]
optreden (resoluut ~)	cselekszik	[tʃɛlɛksik]

organiseren (concert, feest)	rendez	[rɛndɛz]
overdoen (ww)	ismétel	[iʃme:tɛl]
overheersen (dominant zijn)	dominál	[domina:l]
overschatten (ww)	túlértékel	[tu:le:rte:kɛl]

overtuigd worden (ww)	meggyőződik	[mɛgɟø:zø:dik]
overtuigen (ww)	meggyőz	[mɛgɟø:z]
passen (jurk, broek)	megfelel	[mɛgfɛlɛl]
passeren (~ mooie dorpjes, enz.)	elhalad	[ɛlhɒlɒd]

peinzen (lang nadenken)	elgondolkozik	[ɛlgondolkozik]
penetreren (ww)	behatol	[bɛhɒtol]
plaatsen (ww)	tesz	[tɛs]
plaatsen (zetten)	elhelyez	[ɛlhɛjɛz]

plannen (ww)	tervez	[tɛrvɛz]
plezier hebben (ww)	szórakozik	[so:rokozik]
plukken (bloemen ~)	letép	[lɛte:p]
prefereren (verkiezen)	többre becsül	[tøbbrɛ bɛtʃyl]

proberen (trachten)	próbál	[pro:ba:l]
proberen (trachten)	próbál	[pro:ba:l]
protesteren (ww)	tiltakozik	[tiltɒkozik]
provoceren (uitdagen)	provokál	[provoka:l]

raadplegen (dokter, enz.)	tanácskozik ... vel	[tɒna:tʃkozik ... vɛl]
rapporteren (ww)	bejelent	[bɛjɛlɛnt]
redden (ww)	megment	[mɛgmɛnt]
regelen (conflict)	elrendez	[ɛlrɛndɛz]

reinigen (schoonmaken)	megtisztít	[mɛgtisti:t]
rekenen op ...	számít ...re	[sa:mi:t ...rɛ]
rennen (ww)	fut	[fut]
reserveren (een hotelkamer ~)	lefoglal	[lɛfoglɒl]

rijden (per auto, enz.)	utazik	[utɒzik]
rillen (ov. de kou)	remeg	[rɛmɛg]
riskeren (ww)	megkockáztat	[mɛgkotska:ztɒt]
roepen (met je stem)	hív	[hi:v]
roepen (om hulp)	hív	[hi:v]
ruiken (bepaalde geur verspreiden)	illatozik	[illɒtozik]

| ruiken (rozen) | szagol | [sɒgol] |
| rusten (verpozen) | pihen | [pihɛn] |

255. Verbs S-V

samenstellen, maken (een lijst ~)	összeállít	[øssɛaːlliːt]
schieten (ww)	tüzel	[tyzɛl]
schoonmaken (bijv. schoenen ~)	tisztít	[tistiːt]
schoonmaken (ww)	takarít	[tɒkɒriːt]

schrammen (ww)	kapar	[kɒpɒr]
schreeuwen (ww)	kiabál	[kiɒbaːl]
schrijven (ww)	ír	[iːr]
schudden (ww)	ráz	[raːz]

selecteren (ww)	kiválaszt	[kivaːlɒst]
simplificeren (ww)	egyszerűsít	[ɛcsɛryːʃiːt]
slaan (een hond ~)	üt	[yt]
sluiten (ww)	bezár	[bɛzaːr]

smeken (bijv. om hulp ~)	könyörög	[kønørøg]
souperen (ww)	vacsorázik	[vɒtʃoraːzik]
spelen (bijv. filmacteur)	játszik	[jaːtsik]
spelen (kinderen, enz.)	játszik	[jaːtsik]

spreken met ...	beszél ... vel	[bɛseːl ... vɛl]
spuwen (ww)	köpköd	[køpkød]
stelen (ww)	lop	[lop]
stemmen (verkiezing)	szavaz	[sɒvɒz]
steunen (een goed doel, enz.)	támogat	[taːmogɒt]

stoppen (pauzeren)	megáll	[mɛgaːll]
storen (lastigvallen)	zavar	[zɒvɒr]
strijden (tegen een vijand)	harcol	[hɒrtsol]
strijden (ww)	harcol	[hɒrtsol]

strijken (met een strijkbout)	vasal	[vɒʃɒl]
studeren (bijv. wiskunde ~)	tanul	[tɒnul]
sturen (zenden)	felad	[fɛlɒd]
tellen (bijv. geld ~)	számol	[saːmol]

terugkeren (ww)	visszatér	[vissɒteːr]
terugsturen (ww)	visszaküld	[vissɒkyld]
toebehoren aan ...	tartozik	[tɒrtozik]
toegeven (zwichten)	enged	[ɛŋgɛd]

toenemen (on. ww)	növekszik	[nøvɛksik]
toespreken (zich tot iemand richten)	címez	[tsiːmɛz]
toestaan (goedkeuren)	megenged	[mɛgɛŋgɛd]
toestaan (ww)	enged	[ɛŋgɛd]

toewijden (boek, enz.)	szentel	[sɛntɛl]
tonen (uitstallen, laten zien)	mutat	[mutɒt]
trainen (ww)	edzeni	[ɛdzi]
transformeren (ww)	átalakít	[a:tɒlɒki:t]
trekken (touw)	húz	[hu:z]
trouwen (ww)	feleségül vesz	[fɛlɛʃe:gyl vɛs]
tussenbeide komen (ww)	beleavatkozik	[bɛlɛɒvɒtkozik]
twijfelen (onzeker zijn)	kételkedik	[ke:tɛlkɛdik]
uitdelen (pamfletten ~)	szétoszt	[se:tost]
uitdoen (licht)	elolt	[ɛlolt]
uitdrukken (opinie, gevoel)	kifejez	[kifɛjɛz]
uitgaan (om te dineren, enz.)	kimegy	[kimɛɟ]
uitlachen (bespotten)	gúnyol	[gu:nøl]
uitnodigen (ww)	meghív	[mɛghi:v]
uitrusten (ww)	felszerel	[fɛlsɛrɛl]
uitsluiten (wegsturen)	kizár	[kiza:r]
uitspreken (ww)	kiejt	[kiɛjt]
uittorenen (boven …)	emelkedik	[ɛmɛlkɛdik]
uitvaren tegen (ww)	szid	[sid]
uitvinden (machine, enz.)	feltalál	[fɛltɒla:l]
uitwissen (ww)	letöröl	[lɛtørøl]
vangen (ww)	fog	[fog]
vastbinden aan …	odaköt	[odɒkøt]
vechten (ww)	verekedik	[vɛrɛkɛdik]
veranderen (bijv. mening ~)	változtat	[va:ltoztɒt]
verbaasd zijn (ww)	csodálkozik	[ʧoda:lkozik]
verbazen (verwonderen)	meglep	[mɛglɛp]
verbergen (ww)	rejt	[rɛjt]
verbieden (ww)	megtilt	[mɛgtilt]
verblinden (andere chauffeurs)	megvakít	[mɛgvɒki:t]
verbouwereerd zijn (ww)	megdöbbent	[mɛgdøbbɛnt]
verbranden (bijv. papieren ~)	éget	[e:gɛt]
verdedigen (je land ~)	véd	[ve:d]
verdenken (ww)	gyanúsít	[ɟonu:ʃi:t]
verdienen (een complimentje, enz.)	érdemel	[e:rdɛmɛl]
verdragen (tandpijn, enz.)	elvisel	[ɛlviʃɛl]
verdrinken (in het water omkomen)	vízbe fúl	[vi:zbɛ fu:l]
verdubbelen (ww)	megkettőz	[mɛgkɛttø:z]
verdwijnen (ww)	eltűnik	[ɛlty:nik]
verenigen (ww)	egyesít	[ɛɟɛʃi:t]
vergelijken (ww)	összehasonlít	[øssɛhɒʃonli:t]
vergeten (achterlaten)	elhagy	[ɛlhɒɟ]
vergeten (ww)	elfelejt	[ɛlfɛlɛjt]
vergeven (ww)	bocsát	[boʧa:t]

vergroten (groter maken)	növel	[nøvɛl]
verklaren (uitleggen)	magyaráz	[mɒjɒra:z]

verklaren (volhouden)	állít	[a:lli:t]
verklikken (ww)	besúg	[bɛʃu:g]
verkopen (per stuk ~)	elad	[ɛlɒd]
verlaten (echtgenoot, enz.)	elhagy	[ɛlhɒj]
verlichten (gebouw, straat)	világít	[vila:gi:t]

verlichten (gemakkelijker maken)	enyhít	[ɛɲhi:t]
verliefd worden (ww)	beleszeret	[bɛlɛsɛrɛt]
verliezen (bagage, enz.)	elveszít	[ɛlvɛsi:t]
vermelden (praten over)	megemlít	[mɛgɛmli:t]

vermenigvuldigen (wisk.)	megszoroz	[mɛgsoroz]
verminderen (ww)	csökkent	[ʧøkkɛnt]
vermoeid raken (ww)	elfárad	[ɛlfa:rɒd]
vermoeien (ww)	fáraszt	[fa:rɒst]

256. Verbs V-Z

vernietigen (documenten, enz.)	megsemmisít	[mɛgʃɛmmiʃi:t]
veronderstellen (ww)	feltesz	[fɛltɛs]
verontwaardigd zijn (ww)	felháborodik	[fɛlha:borodik]
veroordelen (in een rechtszaak)	elítél	[ɛli:te:l]

veroorzaken ... (oorzaak zijn van ...)	okoz	[okoz]
verplaatsen (ww)	eltol	[ɛltol]
verpletteren (een insect, enz.)	szétnyom	[se:tnøm]
verplichten (ww)	kényszerít	[ke:ɲsɛri:t]
verschijnen (bijv. boek)	megjelenik	[mɛgjɛlɛnik]

verschijnen (in zicht komen)	megjelenik	[mɛgjɛlɛnik]
verschillen (~ van iets anders)	eltér	[ɛlte:r]
versieren (decoreren)	díszít	[di:si:t]
verspreiden (pamfletten, enz.)	terjeszt	[tɛrjɛst]

verspreiden (reuk, enz.)	áraszt	[a:rɒst]
versterken (positie ~)	megszilárdít	[mɛgsila:rdi:t]
verstommen (ww)	elhallgat	[ɛlhɒllgɒt]
vertalen (ww)	fordít	[fordi:t]

vertellen (verhaal ~)	mesél	[mɛʃe:l]
vertrekken (bijv. naar Mexico ~)	elutazik	[ɛlutɒzik]
vertrouwen (ww)	rábíz	[ra:bi:z]
vervolgen (ww)	folytat	[fojtɒt]

verwachten (ww)	vár	[va:r]
verwarmen (ww)	melegít	[mɛlɛgi:t]
verwarren (met elkaar ~)	összetéveszt	[øssɛte:vɛst]
verwelkomen (ww)	üdvözöl	[ydvøzøl]
verwezenlijken (ww)	végrehajt	[ve:grɛhɒjt]
verwijderen (een obstakel)	elhárít	[ɛlha:ri:t]
verwijderen (een vlek ~)	eltávolít	[ɛlta:voli:t]
verwijten (ww)	szemrehányást tesz	[sɛmrɛha:nja:ʃt tɛs]
verwisselen (ww)	cserél	[tʃɛre:l]
verzoeken (ww)	kér	[ke:r]
verzuimen (school, enz.)	elmulaszt	[ɛlmulɒst]
vies worden (ww)	bepiszkolódik	[bɛpiskolo:dik]
vinden (denken)	hisz	[his]
vinden (ww)	talál	[tɒla:l]
vissen (ww)	halat fog	[hɒlɒt fog]
vleien (ww)	hízeleg	[hi:zɛlɛg]
vliegen (vogel, vliegtuig)	repül	[rɛpyl]
voederen	etet	[ɛtɛt]
(een dier voer geven)		
volgen (ww)	követ	[køvɛt]
voorstellen (introduceren)	bemutat	[bɛmutɒt]
voorstellen (Mag ik jullie ~)	bemutat	[bɛmutɒt]
voorstellen (ww)	ajánl	[ɒja:nl]
voorzien (verwachten)	előre lát	[ɛlø:rɛ la:t]
vorderen (vooruitgaan)	előrehalad	[ɛlø:rɛhɒlɒd]
vormen (samenstellen)	alakít	[ɒlɒki:t]
vullen (glas, fles)	tölt	[tølt]
waarnemen (ww)	figyel	[fiɟɛl]
waarschuwen (ww)	figyelmeztet	[fiɟɛlmɛztɛt]
wachten (ww)	vár	[va:r]
wassen (ww)	mos	[moʃ]
weerspreken (ww)	ellentmond	[ɛllɛntmond]
wegdraaien (ww)	elfordul	[ɛlfordul]
wegdragen (ww)	elvisz	[ɛlvis]
wegen (gewicht hebben)	lemér	[lɛme:r]
wegjagen (ww)	elkerget	[ɛlkɛrgɛt]
weglaten (woord, zin)	kihagy	[kihɒɟ]
wegvaren	elold	[ɛlold]
(uit de haven vertrekken)		
weigeren (iemand ~)	elutasít	[ɛlutɒʃi:t]
wekken (ww)	ébreszt	[e:brɛst]
wensen (ww)	óhajt	[o:hɒjt]
werken (ww)	dolgozik	[dolgozik]
weten (ww)	tud	[tud]
willen (verlangen)	akar	[ɒkɒr]
wisselen (omruilen, iets ~)	kicserél	[kitʃɛre:l]
worden (bijv. oud ~)	válik	[va:lik]

| worstelen (sport) | birkózik | [birko:zik] |
| wreken (ww) | megbosszul | [mɛgbossul] |

zaaien (zaad strooien)	elvet	[ɛlvɛt]
zeggen (ww)	mond	[mond]
zich baseerd op	alapul	[ɒlɒpul]
zich bevrijden van ... (afhelpen)	megszabadul	[mɛgsɒbɒdul]

zich concentreren (ww)	összpontosul	[øsspontoʃul]
zich ergeren (ww)	felingerel	[fɛliŋgɛrɛl]
zich gedragen (ww)	viselkedik	[viʃɛlkɛdik]
zich haasten (ww)	siet	[ʃiɛt]
zich herinneren (ww)	emlékszik	[ɛmle:ksik]

zich herstellen (ww)	felgyógyul	[fɛʎøːɟyl]
zich indenken (ww)	elképzel	[ɛlke:pzɛl]
zich interesseren voor ...	érdeklődik	[e:rdɛklø:dik]
zich scheren (ww)	borotválkozik	[borotva:lkozik]

zich trainen (ww)	edzeni magát	[ɛdzi mɒga:t]
zich verdedigen (ww)	védekezik	[ve:dɛkɛzik]
zich vergissen (ww)	hibázik	[hiba:zik]
zich verontschuldigen	bocsánatot kér	[botʃa:nɒtot ke:r]

| zich vervelen (ww) | unatkozik | [unɒtkozik] |
| zijn (ww) | van | [vɒn] |

zinspelen (ww)	céloz	[tse:loz]
zitten (ww)	ül	[yl]
zoeken (ww)	keres	[kɛrɛʃ]
zondigen (ww)	bűnt követ el	[by:nt køvɛt ɛl]

zuchten (ww)	sóhajt	[ʃo:hɒjt]
zwaaien (met de hand)	integet	[intɛgɛt]
zwemmen (ww)	úszik	[u:sik]
zwijgen (ww)	hallgat	[hɒllgɒt]